ÉRASE UNA VEZ AL-ANDALUS

ÉRASE UNA VEZ AL-ANDALUS

Juan Castilla Brazales

Ilustraciones de Antonio Guardiola Sáenz

JUNTA DE ANDALUCIA
Consejería de Cultura

Fundación
El legado andalusí

3ª edición (abril de 2009)

Edita: Consejería de Cultura
a través de la Fundación El Legado Andalusí

Coordinación editorial: Inmaculada Cortés
Maquetación: Copartgraf
Diseño portada: Jacinto Gutierrez & Laduna estudio
Impresión: Copartgraf

ISBN: 84-930615-3-0
Depósito Legal: GR.-673-2000

Parque de las Ciencias - Pabellón de al-Andalus y la Ciencia
Avenida de la Ciencia s/n
18006 Granada
Tel.: 958 - 22 59 95 Fax: 958 - 22 86 44
www.legadoandalusi.es
info@legadoandalusi.es
Impreso en España - Printed in Spain

A Juan e Irene,
que pronto serán
«jóvenes lectores».

El Paraíso es en al-Andalus como la novia
que, tras descubrirse, ofrece belleza y fragante aliento.
Es su boca, de hermosos dientes, la que ilumina sus mañanas
y son sus labios, de rojo intenso, los que dan negrura a
[sus noches.
Siempre que el viento sopla del Este
grito: «¡Ay, cuánta es mi pasión por al-Andalus!».

Ibn Jafaya, *Diwan*

Índice

Presentación

Empeño esencial de este libro es tratar de probar que la búsqueda de conocimientos no ha de ser una tarea necesariamente aburrida. Estoy seguro de que todos guardamos en la memoria una larga lista de profesores que con sus enseñanzas tediosas, extremadamente teóricas, ajenas a todo espíritu práctico, nos hicieron creer que el aprendizaje no llevaba nunca aparejada la idea del placer, del deleite. Pero también estoy convencido de que, para suerte de unos cuantos, algún maestro habrá pasado por nuestras vidas al que recordaremos de manera especial por haber sabido despertar nuestro interés por una materia a fuerza de saborearla, de disfrutarla, de vivirla apasionadamente.

Tuve un profesor que vivía la Historia. La contaba de manera tan sencilla que jamás sospechamos que fuera una materia complicada. Luego, con el tiempo, descubrimos que era en sus manos donde aquellos acontecimientos cobraban tal vida que se nos hacían reales y, por tanto, fáciles de entender. Confieso que su recuerdo ha estado muy presente mientras redactaba estas páginas. Porque no sé si el lector lo sabe, pero este que abre es un libro de historia. Conviene, por tanto, que no se llame a engaño y crea que recorre las páginas de una novela o de un cuento.

Es verdad que el título que lo encabeza recrea la idea de aproximarse a un mundo imaginario, pero ello sólo obedece al claro propósito que lo guía, cual es contar el desarrollo de unos acontecimientos de la forma más sencilla posible, fórmula que desde siempre han venido utilizando todas las culturas y civilizaciones para transmitir la historia o las tradiciones de sus individuos y pueblos.

La idea de dirigirlo a un lector medio planteó desde un principio la conveniencia de que la narración, además de simple, debía ir desprovista de ciertos tecnicismos que, fuera del ámbito de los especialistas, a menudo no hacen sino entorpecer y confundir.

Más tarde, concebido para un lector joven, requirió de un esquema inicial sobre el que construir el desarrollo de la narración. No había de ser sólo un relato sencillo sino que debía, además, contar con ciertos ingredientes que lo hicieran atractivo, original y fácil de digerir, calificativos demasiado ambiciosos para contar ocho siglos de historia muy densos, enormemente cargados de sucesos, de actuaciones, de luchas, de relevos en el poder, o de continuos cambios de dinastías.

Si ya en el plano teórico la tarea se adivinaba complicada, traspasarla al terreno práctico puso de manifiesto las muchas dificultades que un trabajo de este tipo entrañaba: no sólo había que narrar de manera sencilla unos acontecimientos, utilizando para ello un lenguaje asequible; también había que sortear de continuo los obstáculos de una historia protagonizada por unas comunidades llegadas desde muy lejos, familiarizadas con un paisaje, un clima y unos vínculos sociales demasiado distintos de lo que nosotros conocemos; y aún más, portadoras de unas creencias que, aun procediendo de una de las grandes religiones de la humanidad —el Islam—, siguen siendo muy desconocidas del mundo occidental.

Pensé que hacía falta cubrir el contenido histórico con un planteamiento poco habitual. De manera que aposté por que fuese un muchacho musulmán quien contase la historia. Este recurso enseguida me convenció, ya que abría puertas a otro de mis propósitos: al tiempo que el protagonista narraba episodios históricos, podía explicar conceptos y nociones básicas de su religión o de su cultura. Lógicamente, la apuesta requería que me pusiese bajo la piel de un joven que profesa el Islam, quien, en algunas circunstancias, habría de exponer puntos de vista o enfoques que no siempre compartiría un cristiano o un adepto a otras doctrinas religiosas. En todo caso, eso me ha obligado a medir muy bien cada una de mis palabras a fin de que cualquier musulmán pueda reconocerse en la exposición de este libro.

Luego se me ocurrió tender un puente entre familias que, aun estando próximas en kilómetros, se hallaban tremenda-

mente separadas por una rica y variada maraña de elementos culturales, folclóricos y religiosos. Tal puente ayudaría a que el lector de este lado del Estrecho conociese y entendiese algo mejor al vecino que se asomaba desde el otro continente.

Fue así como surgió la historia de una familia de Tetuán que entablaba relación con otra de Madrid en la costa española. Así nacieron los personajes de Karim y María, jóvenes de edades similares, a quienes separaban ambientes y tradiciones distintas, pero a quienes unía el interés por conocer el rico pasado de un país que pisaban juntos durante un verano.

Se podría haber acudido a cualquier otro recurso para tratar de hacer llegar de manera simple la historia de al-Andalus. Quiero con ello decir que el marco ficticio que envuelve el contenido de los hechos históricos que aquí se presentan es uno más entre otros muchos planteamientos posibles. No obstante, he de confesar que siempre me atrajo la idea de que fuera un muchacho musulmán quien contara la historia, pues, de acuerdo con lo que yo pensaba, quizás ésa sería la forma de que las historias que nos hubiesen contado previamente nos sonasen ahora algo distintas.

Pero, insisto, este libro contiene historia. Todos sus capítulos están documentados y respaldados por el rigor histórico. Únicamente es el lenguaje utilizado el que ha tratado de adaptarse al joven lector no familiarizado con la materia. En este sentido, el libro trata de combinar expectativas; de tal modo que pretende que lo mismo pueda leerlo el joven que quiera acercarse al estudio de la historia de al-Andalus de una forma sencilla, como el estudiante no universitario que necesite información para el desarrollo de sus estudios en el campo de la Historia. Quizás sea osado por mi parte sugerirlo, pero, una vez concluido el trabajo, no encuentro nada descabellado que se asomen a estas páginas los lectores interesados en tener una idea global de esta etapa de la historia de España.

Atendiendo a esto último, el subtítulo del libro ha evitado emplear los términos «niños» o «jovencitos» y ha optado por el de «jóvenes», por entender que en él tienen cabida desde el niño que es capaz de seguir esta narración, hasta el adulto que en otro tiempo no tuvo oportunidad de acercarse a esos ocho siglos de historia y ahora dispone del momento y de las ganas necesarias para hacerlo.

Y ¿por qué contar a los jóvenes la historia de al-Andalus?, se puede preguntar. Son muchas las respuestas que se me ocurren, pero, quizás, la principal derive de mi experiencia como estudiante de Bachillerato, muy similar a la de otros muchos compañeros y amigos, quienes reconocen arrastrar importantes carencias y deficiencias en lo referente a esta parte de nuestra historia. No está en mi ánimo cargar las tintas sobre posibles culpables de que la historia de al-Andalus haya sido minoritariamente conocida. Todo lo contrario, eso es algo que queda fuera de estas líneas y, por tanto, huiré de tópicos fáciles que atribuyen toda la responsabilidad a épocas, ideologías y regímenes políticos determinados. Pero, al margen de estas cuestiones, hay un hecho objetivo y poco discutible como es que muchas generaciones de españoles han recibido una información muy escasa sobre ocho siglos que, por sí solos, constituyen más de una tercera parte de la historia de España.

Es verdad que en los últimos años se detecta entre el profesorado de la Enseñanza Media un afán por tratar de paliar esas lagunas a costa de esfuerzo personal. Y eso es algo que las nuevas promociones de alumnos habrán de agradecerles. También es cierto que entre los especialistas actuales se advierte un talante más abierto que pasa por dar a conocer a la sociedad algunos resultados de nuestros trabajos.

Y, aun temiendo que queda mucho por hacer, soy optimista y quiero pensar que esta parte de la historia recobrará en pocos años la valoración que le corresponde por justicia. Aunque para eso, creo que será fundamental, entre otras cosas, que se dé a conocer a un público más mayoritario, pues, al igual que no concibo una vacuna o una fórmula magistral encerradas en los cajones de los laboratorios para conocimiento de unos cuantos privilegiados, tampoco entiendo que este material haya de permanecer siempre depositado en las páginas de libros que difícilmente pueden llegar al lector medio si no han sido proyectados con esa finalidad.

Conforme se adentre en las páginas del libro, el lector conocerá a un personaje que, a mi entender, es fundamental en el proceso narrativo. Me refiero al de «la abuela», una pieza clave por la que también aposté desde un principio. Si lo hice así fue porque entendí que el papel de «la abuela» como narradora de historias forma parte común de la tradición árabe y occidental. Y si bien en nuestra cultura y en la del propio pueblo árabe el nuevo tipo de vida ha hecho que ese papel haya ido desapareciendo en favor de otros elementos más deshumanizados como, por ejemplo, la televisión, aún hoy es posible —aunque, lógicamente, cada vez menos— encontrar en determinadas zonas del mundo árabe familias que mantienen inalterados ciertos valores, como puede ser el de reservar para la abuela la tarea de transmitir la tradición popular mediante el relato de historias y cuentos que producen el goce de todos, incluidos niños y mayores.

Como sabrá deducir el lector, sería difícil encontrar una abuela similar a la de este libro. En primer lugar, porque, sospechando su edad algo avanzada, se le supondría perteneciente a una época en la que, lamentablemente, la mujer no tuvo acceso a una formación intelectual. Y, en segundo lugar, porque, como antes decía, constituiría un hallazgo valioso descubrir que hoy día una familia tetuaní de clase media —como ocurriría en el caso de cualquier familia española— prestase oídos a los relatos de «la abuela».

Líneas más arriba lo decía: es la tradición la que nos muestra la imagen de una abuela contando las historias a todos, niños y mayores. Ésa fue la imagen que me sugirió la idea de no restringir la lectura de estas páginas a un sector de público de una determinada edad. Confío, por tanto, en que el estilo empleado en la redacción sea suficientemente claro como para que lo entienda un niño, pero convenientemente adaptado como para que un joven no lo estime demasiado infantil.

Uno de los criterios adoptados para la elaboración de este libro fue el de eliminar fechas que pudiesen abrumar al lector. En consecuencia, opté por encabezar cada capítulo con el tramo cronológico que comprende los acontecimientos ocurridos en cada una de las etapas de la historia de al-Andalus. Los inconvenientes derivados de esta medida —no sé si acertada, pero, al menos, sí útil para quien gusta leer desahogadamente— traté de compensarlas con la inclusión de un «Apéndice cronológico», donde quedan reservados para el lector interesado los períodos de gobierno en que reinaron en al-Andalus sus distintos mandatarios.

Es difícil imaginar que en la historia pudieran detectarse cortes tan bruscos como para que una noche nos acostásemos bajo un techo gobernado por una dinastía y despertásemos al día siguiente al amparo de un cielo dirigido por otra. Quiero decir que la narración de la historia habría de ser continuada y que, por tanto, sus períodos deberían carecer de títulos, que no son más que obra de los historiadores. Pero, ante la manifiesta imposibilidad de narrarla así, y, aunque sólo sea por cuestión de orden, claridad y método, ni siquiera aquí, donde tratamos de huir de la exposición tediosa, podemos escaparnos de la división de la historia de al-Andalus conforme a sus tradicionales capítulos.

Cada capítulo histórico adopta la forma de carta. Evidentemente, no sería éste el vehículo de comunicación más actual entre dos jóvenes. Pero se convendrá conmigo en que tampoco el correo electrónico sería el medio más idóneo para contar el pasado de un país. Los distintos capítulos van acompañados de apartados encabezados con el título «La historia de...», con los que he tratado de relajar la rigidez de los episodios puramente históricos. A propósito de esos apartados, conviene aclarar que son leyendas o historias que proceden en su totalidad de pasajes incluidos en crónicas musulmanas y/o cristianas. Por tanto, son leyendas que cuentan con un respaldo histórico. La selección de historias que el lector podrá descubrir atiende al atractivo que puede derivar de ellas, pero, como se comprenderá, se podrían haber hecho muchas otras selecciones.

Como decía más arriba, el hecho de que fuese un joven musulmán quien contase la historia me brindaba la posibilidad de que él mismo tratase de algunas cuestiones relativas a su religión o a su cultura. De tal modo que el lector, en medio del contenido histórico, encontrará detalles básicos acerca de cómo, por ejemplo, reza el musulmán, cuándo y dónde lo hace, en qué consiste el ayuno de ramadán, la peregrinación a La Meca, cómo se celebra una boda en Marruecos, o cómo se viven los festejos que rodean al acto de la circuncisión. Tal vez, además de resultar curioso para los lectores ajenos a la religión y la cultura islámicas, ello ayude a entender mejor el espíritu que dominó la Península durante los siglos que gobernaron en ella los musulmanes.

Contar la historia sin más me pareció al final una labor incompleta a tenor de los propósitos divulgativos que inspiraban este trabajo. Por eso, decidí incluir un último capítulo —el denominado «Los árabes y el legado de al-Andalus»— que hiciera las veces de conclusión e incidiera en aspectos que deberían hacernos reflexionar: ¿Qué papel desempeñaron estas gentes en el desarrollo de la Península?, ¿qué aportaron a España y a otros países de Europa?, ¿de qué forma intervinieron en la transmisión de conocimientos?, ¿en qué campos del saber destacaron?, y, sobre todo, ¿qué nos legaron?, ¿dónde son visibles hoy sus huellas?, ¿se ha perdido todo lo que nos dejaron?, ¿permanece vivo algo de ellos?

Acerca del criterio adoptado para transcribir al castellano las palabras árabes que aparecen en el texto —me refiero tanto a sustantivos y adjetivos como a nombres propios de personas y lugares— he de admitir que me ha planteado más de un interrogante. Al final, he optado por reproducir en castellano las consonantes que se corresponden con cada uno de los fonemas del alifato (alfabeto) árabe, dejándolas posteriormente desprovistas de los signos que acostumbramos a emplear los arabistas para indicar equivalencias fonéticas. Creo que ello evitará lecturas engorrosas, si bien soy consciente de que creará no pocas dudas al lector al que va dedicado este libro, por cuanto no sabrá en muchos casos cómo pronunciar correctamente un nombre.

En cuanto a la acentuación, cabría haberse servido de nuestra tilde y emplearla de acuerdo con las normas de nues-

tro sistema ortográfico para indicar cuál de las sílabas de la palabra árabe es la tónica. Pero, igualmente, he desechado esa opción por considerarla válida en el caso de nombres como Úmar, Táriq, Yúsuf, Málik, Amrús, Firnás o Gálib, pero ineficaz en el caso de sustantivos y nombres propios a los que, tratándose de palabras graves o agudas en árabe, no sería correcto acentuar gráficamente en castellano. Me refiero, por ejemplo, a shaháda, *Rusáfa, al-Ballúti, Amína, Hishám, al-Mansúr o Ziryáb.*

De todos modos, en el «Apéndice cronológico» me he decidido a poner de una manera elemental los acentos castellanos, incluso en los casos en que sería incorrecto hacerlo. Con ello, trato al menos de orientar al lector sobre cómo han de acentuarse debidamente los nombres de conocidos gobernantes que se suceden en el transcurso de la narración.

A lo largo del texto, el lector podrá observar cierto número de palabras que van acompañadas de asterisco (*). Todas ellas remiten a un glosario final que trata de dar explicación muy básica sobre el contenido y significado de los términos que se han estimado necesitados de aclaración.

No quiero extenderme más en esta presentación. Sólo me queda desear al joven lector que encuentre en la lectura de este libro provecho similar al placer que me produjo a mí escribirlo. Pero antes de cerrar estas páginas quiero manifestar mi más expreso agradecimiento a personas que, en mayor o menor medida, están presentes en este trabajo: A

Inmaculada Cortés Martínez, por su delicado y entrañable trato en cuantas gestiones se han derivado de esta publicación; a Myriam Font Ugalde, por su sobrada disposición en los momentos puntuales en que hube de contar con su ayuda; a María López Fernández, por su amable disponibilidad para imprimir y encuadernar los distintos borradores de la obra; a Rocío García Castilla, por su valiosa colaboración en la corrección de pruebas; a Lorenzo Vera Franco, por su desinteresada diligencia para proporcionarme datos institucionales; a Jesús Olivares Lucas, por la paciencia que empleó en la realización de las diapositivas; a Juan Manuel García García, por las largas horas que robó al sueño con el noble propósito de lograr los mejores mapas; a Antonio Guardiola Sáenz, por el extremado cariño que puso en la elaboración de las ilustraciones, pero, sobre todo, por su manifiesta humanidad y por su contagiosa grandeza de espíritu; al profesor José María Fórneas Besteiro, por su acostumbrada generosidad, que le llevó a comprometerse a leer estas páginas con el fin de aportarme sugerencias; y a Jerónimo Páez López, por la rápida y entusiasta acogida que dio desde el comienzo a esta iniciativa.

Párrafo aparte quiero dedicar a mi querido amigo Juan Francisco Rodríguez Martínez, un excelente conocedor de la psicología infantil y juvenil al que debo en buena parte que este libro exista. Con él he compartido muchas horas de entusiasmo al servicio de este proyecto y con él quiero compartir ahora sus resultados, tan suyos como míos.

Pero, sin duda alguna, si alguien se merece mi agradecimiento con mayúscula es María Dolores Guardiola González, que, una vez más, ha estado a mi lado de principio a fin y aún sigue creyendo en mí.

Juan Castilla Brazales
Granada, enero de 2000

Capítulo I

Érase una vez al-Andalus

He llegado a casa fatigado tras mi primer día de colegio. Después de los meses de vacaciones se me hace muy cuesta arriba el horario escolar. Este septiembre, además, viene siendo muy caluroso y, de seguir así, temo que las clases de la tarde van a ser insoportables.

La pícara sonrisa de mi madre esperándome en la puerta de casa ha hecho que me despida con rapidez de Muhammad, un compañero de clase con el que he venido hablando por el camino de nuestras vacaciones. Él me ha dicho que las ha pasado en Arcila, un encantador pueblo de la costa atlántica de Marruecos y yo le he contado que este verano he estado con mi familia en España.

Vestida con el caftán verde que tanto me gusta, mi madre, nada más llegar, me ha pedido un beso a cambio de una sorpresa. Le he dado más de uno, pero, a pesar de eso, se ha resistido a entregarme una carta que ocultaba entre sus ropas. Y es que a mi madre, que siempre está de buen humor, le encanta bromear conmigo.

Lo cierto es que, nada más ver el sobre blanco, lo he sabido. Esa carta no podía ser más que de María. ¡Por fin me ha escrito! La verdad es que la estaba esperando con auténtica ansiedad, pues es la primera que recibo desde que nos separamos en España. Me dice que ya está en Madrid y que aún no tiene los libros del nuevo curso, cuando éste está a punto de comenzar. También me recuerda, emocionada, los días que vivimos juntos en la playa y, sobre todo, nuestras largas e interesantes conversaciones.

Leyendo su carta he sentido un cosquilleo parecido al que tuve cuando empezamos a acercarnos a la costa. Era la primera vez que viajaba en avión, y todo suponía una auténtica aventura para mí: el embarque, el despegue, el vuelo, el aterrizaje... El día, claro y limpio, dejaba ver nubes flotando en el cielo y un enorme mar azul.

Algo me hizo presentir que aquel viaje, el primero que realizaba con mi familia fuera de nuestro país, iba a ser especial.

Al principio, la imagen de la costa española no me pareció tan diferente de la que acabábamos de dejar en Marruecos. Una y otra mostraban una fotografía poblada por puntitos blancos. Al final, conforme descendía el avión, esos puntitos fueron transformándose en grandes edificios y en gigantescos hoteles, repletos de ventanas que daban al mar.

Algunos torreones destacaban altivos. Me dijo mi padre que formaban parte de una antigua fortificación conocida con el nombre de alcazaba. Ésta se levantaba sobre la falda de una de las colinas de Málaga, que era la ciudad donde estábamos aterrizando.

Una vez en tierra, nos trasladamos en coche hasta Benalmádena (Málaga), que era el lugar en el que íbamos a pasar las vacaciones. Antes de iniciar el viaje, mi padre nos había aclarado que el nombre de este pueblo era de origen árabe. Luego, a través de un mapa de carreteras, dedujimos que los nombres de otras muchas poblaciones cercanas podían derivar también de la lengua árabe.

En años anteriores habíamos veraneado en la playa de Cabo Negro, cerca de Tetuán. En esta última ciudad del norte de Marruecos nacieron mis padres, mis abuelos y muchos de mis antepasados. Según mi abuela, vivimos aquí desde siempre, si bien algo de nuestro carácter y costumbres nos recuerda que descendemos de gentes que, en tiempos lejanos, habitaron las tierras de lo que hoy es España.

Sé también por mi abuela que España no siempre se llamó así. Con el paso del tiempo fue recibiendo distintas denominaciones. Según me dijo ella, durante ocho siglos este país fue conocido con el nombre de al-Andalus. Así se le llamaba cuando vivían allí mis más remotos antepasados y así se le conocía cuando, hace más de quinientos años, algunos de sus descendientes cruzaron el mar para instalarse en Tetuán.

Tengo que reconocer que mi abuela no es una mujer corriente. Su juventud coincidió con una época en la que las mujeres no tenían, por lo general, acceso a la cultura. Eran tiempos en los que la sociedad ponía trabas a la mujer que quisiese recibir una mínima formación.

En cierta ocasión, me dijo mi padre que, afortunadamente, mi abuela pudo instruirse y desarrollar su inquietud por la lectura gracias a que contó con un padre de mentalidad bastante avanzada para su época. Eso hizo que mi bisabuelo se preocupase en igual medida por la educación de sus hijos e hijas, sin importarle la censura de quienes le rodeaban.

Mi abuela mostró desde muy joven un gran interés por los temas históricos. En especial, la historia de al-Andalus es algo que siempre le ha apasionado y hablar de ella le produce una emoción que es incapaz de ocultar.

Ciertamente, aquéllas fueron unas vacaciones maravillosas. Ahora, cuando de nuevo me encuentro en casa, las añoro especialmente. Me parece estar viendo a María, con su pelo rubio, nadando entre las olas y mirándome con sus ojos vivos y castaños...

Los dos primeros días de vacaciones coincidieron nuestras familias en la playa. Mientras ayudaba a mis padres a instalar nuestras cosas, pude observar cómo María jugaba con su padre cerca de la orilla. Más tarde, mientras los mayores tomaban el sol, ella se dedicaba a leer. Cuando al tercer día mis padres saludaron a los suyos y todos entablaron una amistosa conversación, intuí que María sería mi amiga.

Me parece escucharla de nuevo, interrumpiéndome a cada instante mientras yo le hablaba de cómo mis antepasados lejanos habían vivido en España. No olvido su gesto de sorpresa cuando comprobó lo poco que sabía de un grupo muy numeroso de personas que, como yo, eran de religión musulmana. Ignoraba que muchas de ellas habían habitado en otro tiempo en al-Andalus, la tierra que pisábamos. Tuve que explicarle que con tal nombre se conocía el país ocupado por los musulmanes* dentro de la Península Ibérica; es decir, se trataba de un territorio que comprendía zonas de las actuales España y Portugal. Dependiendo de las distintas épocas, ese país fue más grande o más pequeño, conforme ganaba o perdía regiones su población musulmana.

—Pero, Karim, ¿cómo puedes inventarte tantas historias sobre tus antepasados y su vida en España? —solía preguntarme María.

Yo le aclaraba que aquellas historias no eran un invento mío, sino algo real. Y si las sabía se lo debía a mi abuela, que, interesada por el pasado de nuestra familia, había acabado enamorándose de España y de la época en que ésta se había llamado al-Andalus.

Recuerdo lo impresionada que quedó María al saber que una tarde de invierno, poco antes de irme a la cama, había venido a buscarme mi abuela y me había llevado con mucho misterio hasta su cuarto. Había cerrado la puerta y nos habíamos quedado a solas, casi en penumbra. Luego vi cómo abría el enorme baúl que siempre había estado a los pies de su cama. De su interior comenzó a sacar, entre otras cosas, algunos vestidos bordados en colores muy vivos, un candil que había perdido ya su brillo y un alfanje con perlas incrustadas en su empuñadura. Con lágrimas en los ojos, me refirió que esos vestidos habían sido cosidos en la ciudad de Málaga durante el período andalusí. Habían formado parte del ajuar de una antepasada nuestra que había vivido en al-Andalus. El candil, fabricado en Almería, había iluminado casas de antiguos familiares. Le pregunté después sobre la procedencia del alfanje, pero no me contestó. Luego me di cuenta de que no lo había hecho porque la presencia de varios pergaminos enrollados en el fondo del baúl había acaparado su atención. Con sumo cuidado los fue sacando de uno en uno hasta que la oí exclamar:

—¡Aquí está lo que te quería enseñar!

Dirigí la mirada a lo más profundo del baúl, y allí, medio oculto aún por algunos pergaminos, pude ver un pequeño cofre de madera labrada. Lo dejó caer sobre la alfombra y con la mano me indicó que me sentara a su lado. Lo que menos me podía imaginar es que, en lugar de un preciado tesoro, fuera a sacar una vieja llave; tan grande que ocupaba casi todo el cofre.

Emocionada, con una voz que apenas le salía del cuerpo, me contó que la llave había cerrado por última vez la puerta de una casa de Granada que había pertenecido a antepasados nuestros. Luego cogió uno de los pergaminos que aún estaban en el baúl, lo desenrolló y, poniendo la llave sobre él, me explicó que era el documento donde se acreditaba que aquella casa era propiedad de nuestra familia.

El baúl se lo había confiado mi abuelo poco antes de morir. Ella le había prometido que lo dejaría en manos de sus herederos. Ahora, viéndose ya muy vieja, había decidido encomendarme a mí el cuidado de todos aquellos tesoros.

Le pedí entonces que me llevase a ver la casa de Granada. Mi abuela, sonriente a la vez que triste, me dijo:

—Eso no es posible, mi querido Karim, porque esa casa está muy lejos. Hace mucho tiempo que nuestra familia hubo de dejarla. Ocurrió cuando nuestros antepasados, obligados por la intolerancia y las severas medidas que reyes cristianos les impusieron, tuvieron que abandonar al-Andalus y venir hasta Tetuán.

Aquella noche no pude conciliar el sueño. Y es que, sabiéndome heredero directo de aquel legado, me sentí muy importante. Como decía mi abuela, aquellos papeles y, sobre todo, aquella llave, suponían para nuestra familia la prueba inequívoca de que teníamos un pasado andalusí.

Con el final de las vacaciones llegó la despedida. Si bien me sentí algo triste por no saber cuándo volvería a ver a María, me reconfortó la promesa que nos hicimos de escribirnos con frecuencia. Momentos antes de que partiera mi avión, le aseguré que en cada una de mis cartas le hablaría de los episodios de la historia de al-Andalus que me fuera contando mi abuela. Recuerdo su alegre sonrisa cuando le dije que, junto con las cartas, le incluiría también alguna leyenda relacionada con cada uno de esos episodios.

CAPÍTULO II

Los árabes llegan a la Península

(del año 710 al año 756)

Tetuán, diecisiete de septiembre

Querida María: No puedes imaginar la alegría que he sentido al recibir tu primera carta. Comenzaba a pensar que ya te habías olvidado de tu amigo Karim. Entre otras cosas, me pides que te hable de los árabes* y de los musulmanes. Insistes, además, en que sabes poco de ellos y que lo que te cuentan no te queda muy claro.

Mi abuela dice que, para responder a tus dudas, debo remontarme muchos siglos atrás, justo hasta llegar a una época en la que vivió Mahoma, un hombre nacido en un país muy lejano que recibió por inspiración las bases de una religión llamada Islam*. Esta religión comenzó por atraer a muchos pueblos y después ha terminado influyendo en los habitantes de una gran parte del mundo.

Fue Mahoma quien comenzó a crear un imperio formado por los pueblos que iban abrazando la nueva religión.

Con el paso de los siglos, sus sucesores se encargaron de engrandecer ese imperio y hacerlo tan extenso que sus dominios ocuparon muchos territorios de Asia, África y Europa.

Mi abuela me explica que los miembros de la familia omeya* fueron los que dieron un gran impulso a ese imperio. Sus mandatarios, que recibían el nombre de califas*, residían en Damasco, una importante ciudad de Oriente (capital de la actual Siria). Entre muchos otros, conquistaron territorios del norte de África y del sur de Europa. Fue precisamente bajo su gobierno cuando el pueblo árabe entró por primera vez en la Península Ibérica.

Esos primeros árabes que llegaron a la Península se encontraron con que ésta estaba habitada por gentes procedentes del centro de Europa. Estas gentes recibían el nombre de visigodos*. Pero ya antes que ellos, otros pueblos se habían asentado en esas mismas tierras. Creo recordar que mi abuela me habló de los fenicios*, los griegos y los romanos.

Los fenicios fundaron algunas ciudades en la Península. Luego, los griegos fueron los que le dieron a ésta el nombre de Iberia. Más tarde, los romanos la convirtieron en una provincia de su imperio y la llamaron Hispania. Estos últimos vivieron algunos siglos en ella, pero al final, cuando su poder vino a menos, fueron los pueblos germánicos* los que la invadieron. Uno de estos pueblos, los visigodos, terminaron por instalarse en la Península.

Los visigodos practicaban el cristianismo, una religión diferente de la musulmana. No obstante, al igual que ésta, se había extendido por gran parte del mundo. Los visigodos gobernaron la Península Ibérica desde Toledo, ciudad que eligieron como capital del reino que acababan de establecer en ella.

Ya antes de la llegada de los musulmanes, había en la Península gentes que profesaban una religión distinta de la cristiana: eran los judíos*, una población sometida a las medidas restrictivas de los visigodos, que seguirían viviendo en estas tierras durante la época en la que los árabes las ocuparon.

Los judíos recibieron con agrado la llegada de los árabes e incluso ayudaron a éstos a conquistar la Península. Por su parte, los jefes musulmanes fueron dejando en manos de dirigentes judíos las plazas que, en su avance hacia el norte, iban consiguiendo.

Dice mi abuela que, a lo largo de la historia, se ha podido comprobar que los judíos siempre conservaron su religión, pero que, al mismo tiempo, supieron asimilar las costumbres y las formas culturales de los países en los que vivieron. Así fue como procedieron en la Península antes y después de la llegada de los musulmanes. Y, en concreto, a las costumbres de estos últimos supieron adaptarse tan bien que llegaron a desempeñar en al-Andalus cargos muy relevantes en el ámbito de la política, la economía y la cultura.

Los visigodos, por su parte, dieron al país épocas de esplendor. Pero las injusticias que cometieron sus reyes con la población y las frecuentes luchas que sus nobles mantuvieron por hacerse con el poder, motivaron el descontento de sus habitantes y el progresivo debilitamiento de su reino.

Los últimos años de gobierno visigodo en la Península se caracterizaron por los enfrentamientos que mantuvieron los partidarios del general Rodrigo contra los de Ágila, un hijo del rey Witiza. A la muerte de este último monarca, Rodrigo se hizo proclamar rey de los visigodos y Ágila, sin opción al trono, hubo de huir.

Mientras esto ocurría en la Península, los árabes ya se habían apoderado del norte de África. Dice mi abuela que esos árabes comenzaron a tener noticias que hablaban de la tierra tan rica y fértil que había al otro lado del mar Mediterráneo. No tenían más que cruzarlo para llegar hasta lo que ellos comenzaban a conocer con el nombre de al-Andalus. La riqueza de la que les hablaron pudo ser, entre otras, una de las causas que animaron a estos árabes a embarcar rumbo a las costas de lo que hoy es España.

El gobernador del norte de África era entonces Musa ibn Nusayr, un destacado personaje que controlaba la región en nombre del califa de Damasco. Al igual que otros gobernadores anteriores, Musa —al que creo que vosotros llamáis Muza—, antes de dominar aquella zona, hubo de enfrentarse en numerosas ocasiones a las gentes que la habitaban: los beréberes*.

Este pueblo fue convirtiéndose poco a poco a la religión musulmana y sus hombres acabaron enrolándose en las filas de las tropas árabes. Precisamente, muchos de estos beréberes tomarían más tarde parte en las primeras incursiones militares que Musa dirigió contra la Península.

Este gobernador encargó a un pequeño grupo de hombres dirigidos por Tarif la misión de explorar las costas de al-Andalus. Dice mi abuela que la localidad de Tarifa (situada en la actual provincia de Cádiz) debe su nombre a este último personaje. Tras el éxito de esta primera incursión, otro destacado militar, Tariq, hombre de confianza de Musa, embarcó hacia la Península al mando de varios miles de beréberes. Según mi abuela, desde la actual Gibraltar, lugar que debe su nombre a este último jefe militar, partieron las primeras expediciones árabes hacia el norte de al-Andalus.

En el río Barbate, también en la provincia de Cádiz, los hombres del rey visigodo Rodrigo fueron derrotados por las tropas de Tariq. Los éxitos militares de este último jefe musulmán se fueron sucediendo. Así, fue conquistando algunas ciudades cuyo gobierno iba dejando en manos de los habitantes que las poblaban hasta ese momento. Y finalmente llegó a Toledo, capital del reino visigodo, a la que conquistó con facilidad porque gran parte de su población había huido.

A Musa le llegaron hasta el norte de África noticias de estas conquistas. Decidido a protagonizar la gloria que venía alcanzando Tariq en al-Andalus, se puso a la cabeza de un gran contingente de hombres que penetraron en la Península y llegaron también a Toledo. Desde esta capital, Musa y Tariq unieron sus ejércitos y avanzaron hasta adentrarse en el sur de la actual Francia.

Musa y Tariq, requeridos después por el califa de Damasco, tuvieron que renunciar a más conquistas. Entonces emprendieron el camino hacia Oriente y el gobierno de la Península quedó bajo el control de un hijo de Musa. Los nuevos territorios conquistados por los árabes, llamados al-Andalus, pasaban a convertirse en una provincia más del gran imperio dirigido desde Oriente por los califas omeyas.

El hijo de Musa gobernó al-Andalus desde Sevilla. En los dos años que estuvo en el poder llevó a cabo nuevas conquistas. Luego, tras ser asesinado, al-Andalus vivió un período de cuarenta años durante los cuales fueron sucediéndose muchos gobernadores. Algunos de ellos fueron nombrados por el califa de Oriente y otros por el mandatario que controlaba el norte de África. Pero también hubo quienes resultaron elegidos por las propias tropas instaladas en la Península.

Después de numerosos éxitos, fue en este período cuando los ejércitos árabes, muy alejados de sus puntos de abastecimiento, sufrieron un importante revés. Ocurrió durante la conocida batalla de Poitiers, librada en la región central de la actual Francia.

En esta última época, al-Andalus vivió situaciones adversas. Algunas derivaron en enfrentamientos de sus militares por hacerse con el gobierno del país. Otras, en luchas contra los cristianos, quienes, ante el progresivo avance de los árabes, no habían tenido más remedio que ir cediendo sus territorios y habían terminado por hacerse fuertes en el noroeste de la Península. En concreto, un noble visigodo llamado Pelayo y sus seguidores resistieron en Asturias y lograron algunas victorias sobre los árabes. Tal es el caso de la obtenida, al parecer, en la montaña de Covadonga.

Mientras tanto, en Oriente también había conflictos. Sus crisis sociales, económicas y políticas impedían a sus califas prestar suficiente atención a la situación que se vivía en al-Andalus. Me explicó mi abuela que el califa omeya que entonces gobernaba en Damasco fue destronado por otra poderosa familia: la de los abbasíes*. Éstos trasladaron la capital del imperio a Bagdad, otra importante ciudad de Oriente (capital de la actual Iraq), y, para evitar que los omeyas accedieran de nuevo al trono, ordenaron la matanza de todos sus miembros.

María, no sé si coincidirás conmigo, pero, cuando mi abuela terminó de narrarme este episodio, quedé algo confuso. Tal admiración me habían causado las conquistas llevadas a cabo desde tan lejos por la familia omeya, que, impulsivamente, le pregunté a mi abuela:

—¿Todos los omeyas fueron asesinados?

Me contestó que no. Según ella, la matanza había sido cruenta, pero algunos omeyas, entre ellos un joven príncipe, habían logrado sobrevivir. Una vez que consiguió escapar de las persecuciones de los abbasíes, ese príncipe se vio obligado a abandonar Oriente y emprendió un largo viaje a través de territorios conquistados por su familia. Así, viajó y viajó hasta acabar en al-Andalus. Precisamente, con él y con sus descendientes el esplendor de los omeyas perduró en la Península algunos siglos más.

María, tal y como te prometí, te envío junto con la carta dos de las historias que mi abuela me ha contado sobre esta época. Hay otras muchas, pero estas que te mando son las que más me han gustado.

Mi familia me dice que te mande muchos recuerdos.

Los árabes llegan a la península

La historia del conde Julián

Cuenta la leyenda que en los tiempos en que el trono de la Península estaba ocupado por Rodrigo, último rey visigodo, había un conde llamado Julián, que gobernaba Ceuta, una ciudad situada en las costas del norte de África.

No se sabe bien si este conde guardaba relación con los bizantinos* o con los visigodos que habitaban la Península. Tampoco se sabe si en realidad era un beréber cristiano. Hay quienes dicen que estaba al servicio de los visigodos y que defendía la causa de Ágila, el hijo del rey Witiza que se había quedado sin trono. Otros, en cambio, defienden que era leal a Rodrigo.

Lo que sí se conoce es que mantenía relaciones tanto con los beréberes de Ceuta como con los nobles visigodos de la Península. Es posible que, en su condición de personaje relevante que gozaba de cierta independencia, entablase también contactos con Musa, que gobernaba el norte de África en nombre de los califas omeyas.

Fiel a las costumbres de la época, el conde Julián decidió enviar a su hija Florinda a Toledo, para que recibiese una esmerada educación en la corte visigoda. Lo que no sabía Julián es que tal decisión le acarrearía no pocos problemas en un futuro inmediato.

Refiere la leyenda que la muchacha fue muy bien acogida y gozó de un trato distinguido. También cuentan que un día, mientras se bañaba en las aguas del río Tajo, fue sorprendida por Rodrigo, quien, prendado de su hermosura, se aprovechó de ella.

Al conde Julián le llegaron noticias de los abusos que Rodrigo cometía con su hija. Sabedor de los sufrimientos que venía padeciendo Florinda, embarcó entonces hasta la Península y viajó a Toledo. La rescató de la corte y la trajo de vuelta a Ceuta. Pero en tales circunstancias, la indignación que sentía Julián acabó convirtiéndose en odio contra el rey Rodrigo. Así que se juró a sí mismo vengar tal afrenta.

Y no tardó en hacerlo, pues, al poco de regresar a Ceuta, pensó que una buena manera de vengarse era facilitar a los árabes la entrada en la Península. Envió entonces misivas al gobernador del norte de África, Musa ibn Nusayr. En ellas le indicaba que las tierras del otro lado del mar eran muy ricas y fértiles. También le informaba de que estaban gobernadas por gentes que se hallaban enfrentadas entre sí. Además de notificarle tales circunstancias, le ofrecía naves y hombres y detallada información acerca de cómo entrar con éxito en la Península y apoderarse de cuantiosos botines.

Musa, que contaba con unos ejércitos poco familiarizados con el mar, en un primer momento no pareció estar muy convencido de llevar a cabo tal empresa. Luego, no obstante, aceptaría y enviaría en sendas ocasiones a dos de sus hombres de confianza.

Se dice que el conde Julián hizo una primera incursión de reconocimiento con sus naves. Eso le permitió brindar a Musa detalles precisos de la situación de las costas. Esas mismas naves fueron utilizadas luego por Tarif en la primera entrada de árabes en la Península. Más tarde, el propio Julián acompañó a Tariq en una segunda expedición. Por último, guías proporcionados por Julián fueron los que acompañaron a Musa en el desembarco de éste en al-Andalus.

Desde ese momento, el conde Julián vio vengada la afrenta cometida por el rey Rodrigo. Las tropas de éste, mermadas por las continuas deserciones de sus hombres, acabaron derrotadas por Tariq en el río Barbate. No se sabe qué fue finalmente de Rodrigo, si bien cuenta la leyenda que murió ahogado.

Con el paso del tiempo, en la España cristiana aparecieron varios romances que harían referencia a la derrota del rey Rodrigo. Uno de ellos decía así:

Las huestes de don Rodrigo
desmayaban y huían
cuando en la octava batalla
sus enemigos vencían.

Rodrigo deja sus tiendas
y del real se salía:
solo va el desventurado,
que no lleva compañía.

El caballo de cansado
ya mudar no se podía,
camina por donde quiere,
que no le estorba la vía.

El rey va tan desmayado,
que sentido no tenía;
muerto va de sed y hambre
que de velle era mancilla;
iba tan tinto de sangre,
que una brasa parecía.

Las armas lleva abolladas,
que eran de gran pedrería;
la espada lleva hecha sierra
de los golpes que tenía;
el almete, de abollado,
en la cabeza se hundía;
la cara lleva hinchada
del trabajo que sufría.

Subióse encima de un cerro,
el más alto que veía:
desde allí mira su gente
cómo iba de vencida.

De allí mira sus banderas
y estandartes que tenía,
cómo están todos pisados,
que la tierra los cubría.

Mira por los capitanes,
que ninguno parecía;
mira el campo tinto en sangre,
la cual a arroyos corría.

Él, triste de ver aquesto,
gran mancilla en sí tenía;
llorando de los sus ojos
de esta manera decía:

—Ayer era rey de España,
hoy no lo soy de una villa;
ayer villas y castillos,
hoy ninguno poseía;
ayer tenía criados,
hoy ninguno me servía;
hoy no tengo una almena
que pueda decir que es mía.

¡Desdichada fue la hora,
desdichado fue aquel día
en que nací y heredé
la tan grande señoría,
pues lo había de perder
todo junto y en un día!

¡Oh muerte!: ¿por qué no vienes
y llevas esta alma mía
de aqueste cuerpo mezquino
pues se te agradecería?

La historia de la casa cerrada de Toledo

Cuentan las leyendas que había en la ciudad de Toledo una casa con muchos cerrojos. Unas dicen que tenía veinte. Otras hablan de veinticuatro. El caso es que cada rey visigodo que accedía al trono en la Península le ponía uno nuevo.

Fieles a la tradición, ninguno de aquellos reyes dejó de poner su correspondiente cerrojo. Tampoco hubo entre ellos quien osara abrir la casa para conocer lo que pudiese guardar en su interior. Con tal proceder no hacían más que seguir los consejos de sus asesores religiosos y los de los nobles de la corte.

Así vino ocurriendo hasta que subió al trono el rey Rodrigo. Parece ser que éste nunca tuvo intención de respetar esta tradición, pues, poco tiempo antes de ser conquistada al-Andalus por los musulmanes, se juró a sí mismo no morir sin antes descubrir lo que ocultaba aquella casa. De manera que ni puso a ésta cerrojo ni se resistió a la tentación de abrir los que ya tenía.

Torturado por la curiosidad, se decía una y otra vez que era indispensable abrir aquella casa para conocer lo que contenía. Entretanto, sus consejeros insistían en recordarle que debía pensar muy bien lo que quería hacer, pues, con tal medida, podía provocar calamidades que nunca habían conocido con reyes anteriores. Tal y como le repetían, debía seguir el ejemplo de sus predecesores en el trono, que habían sido hombres sabios.

—¡No lo hagas!, ¡no pretendas conocer lo que otros reyes quisieron ignorar! —le aconsejaban.

Pero Rodrigo, desoyendo tales recomendaciones, se dirigió a la casa y mandó abrir todos sus cerrojos. Se dice que, al entrar en ella, quedó sorprendido por su austeridad, pues estaba casi vacía. Tan sólo halló un arca de madera envuelta en telas de araña. De su interior extrajo un pergamino en el que pudo ver representadas figuras humanas montadas a caballo. Lucían turbantes en la cabeza, esgrimían espadas engalanadas y portaban lanzas y arcos.

Bajo estas figuras, presentaba el pergamino un escrito en lengua extranjera. Explicaba éste que aquéllas representaban a los árabes, quienes entrarían en la Península y la conquistarían. Más adelante, el escrito presagiaba que una vez fueran violados los cerrojos de la casa y mostradas las figuras de los árabes en el pergamino, la fuerza de éstos sería tal que acabarían haciéndose con el país.

Al leer aquellas palabras, Rodrigo y quienes le acompañaban advirtieron que su final estaba próximo. Y, llenos de amargura por entender que iban a perder sus dominios, pensaron que al final tendrían que huir.

Aquel presagio terminó por cumplirse. Los árabes llegaron a la Península poco después de que fuesen abiertas las cerraduras y se penetrara en la casa. Rodrigo lamentó entonces haberla abierto y ordenó cerrarla.

RUTAS DE LAS PRIMERAS CAMPAÑAS MUSULMANAS EN LA PENÍNSULA (SIGLO VIII)
MAR MEDITERRÁNEO
ISLAS BALEARES
Menorca
Mallorca
Ibiza
Barcelona
Tarragona
Huesca
Pamplona
Zaragoza
Valencia
Almería
Elvira
Toledo
Talavera
Córdoba
Málaga
Algeciras
Gibraltar
Tarifa
Ceuta
NORTE DE ÁFRICA
Gijón
León
Astorga
Mérida
Sevilla
Huelva
Beja
Ocsonoba
OCÉANO ATLÁNTICO

Cuentan que al entrar Musa en Toledo montó campamento junto a la casa. Algunos de sus hombres refirieron que habían intentado en vano clavar las estacas de las tiendas. La explicación que dieron fue que, bajo el suelo, encontraron enterradas planchas de oro y plata.

También dicen que Musa, antes de llegar a la casa cerrada de Toledo, había entrado en otra que se hallaba justo al lado. Ésta era llamada «la casa de los reyes».

Al abrirla, Musa descubrió en su interior coronas adornadas con perlas y jacintos. Dicen algunos que había veinticinco y que este número se correspondía con el de los monarcas que habían dirigido los destinos de al-Andalus. Parece ser que cuando moría un rey era trasladada su corona hasta aquella casa. Entonces se escribían sobre ella el nombre del monarca a quien había pertenecido, datos sobre la vida que éste había llevado y el número de años durante los cuales había gobernado.

CAPÍTULO III

Los emires de al-Andalus

(del año 756 al año 912)

Tetuán, veinticuatro de septiembre

Hola, María: Hoy es viernes y, por tanto, una jornada especial para los musulmanes. Como recordarás, nuestra religión nos obliga a que asistamos este día a la mezquita y recemos en ella. Precisamente, de allí acabo de llegar con mi padre. Tal y como te expliqué en cierta ocasión, hemos de entrar descalzos después de haber hecho las abluciones, que consisten en lavar algunas partes del cuerpo con agua. De esta forma es como se purifica el musulmán.

No sabes la alegría que me ha dado ver tu nueva carta encima de la mesa. Me llena de satisfacción comprobar cuánto te gustó lo que te contaba en la mía. Espero que ésta sea también de tu agrado.

Le he hablado mucho a mi abuela de ti. Ahora, si cabe, me relata más entusiasmada la historia de nuestros antepasados y se esmera mucho más en la narración.

Por mi anterior carta, recordarás que un joven miembro de los omeyas de Damasco logró escapar de la matanza organizada por los abbasíes contra su familia. Se trataba de un príncipe que posteriormente pasaría a la historia con el nombre de Abd al-Rahman I. En su huida desde Oriente hubo de realizar un largo viaje a través de Palestina, Egipto y el norte de África.

En las regiones gobernadas por hombres fieles al nuevo califa abbasí, no fue bien recibido. En concreto, en algunas zonas del norte de África no tuvo muy buena acogida. Sufrió incluso más de una persecución, por lo que, después de algún tiempo, pensó en cruzar el mar para llegar hasta la tierra de la que había oído hablar maravillas: al-Andalus.

Envió allí a un hombre de su confianza llamado Badr para que le trajese noticias sobre la situación que se vivía en la Península. Éste le informó de las rivalidades, divisiones y enfrentamientos que había en al-Andalus entre grupos de árabes que, en origen, procedían de tribus distintas.

Precisamente, los miembros del grupo que salió derrotado de aquellos enfrentamientos, al saber de la existencia de un príncipe omeya al otro lado del mar, decidieron prestarle ayuda. Proporcionaron entonces a Abd al-Rahman un barco para que se trasladase hasta al-Andalus.

Acompañado de unos pocos hombres, desembarcó en Almuñécar (en la actual provincia de Granada). Al llegar allí, fue recibido por algunos fieles a la familia omeya, quienes le ofrecieron su hospitalidad.

Gobernaba entonces al-Andalus Yusuf al-Fihri, que en aquellos días dirigía una campaña militar por el norte. Cuando supo de la llegada del joven príncipe y de la gran cantidad de seguidores que iba agrupando en torno a su causa, regresó precipitadamente a Córdoba, que ya era la capital del país. Y aunque, en un principio, proyectó luchar contra Abd al-Rahman, las inclemencias del tiempo y las numerosas deserciones de sus hombres le hicieron desistir. Viendo amenazada su autoridad por los éxitos que venía cosechando Abd al-Rahman entre la población, pensó que podía apartarlo de sus ambiciones políticas ofreciéndole la mano de su hija.

No obstante, el príncipe rechazó el ofrecimiento de Yusuf y, plenamente decidido a perpetuar la causa de la dinastía omeya en el nuevo territorio, conquistó Archidona (en la actual Málaga), Medina Sidonia (en la actual Cádiz) y Sevilla, dirigiéndose después al norte, camino de Córdoba. Más tarde, se apoderó de ésta y se hizo nombrar emir* en la mezquita mayor de la ciudad. Nada más hacerse con la capital, sus propios partidarios se dedicaron al saqueo y a vengarse de sus enemigos. Pero Abd al-Rahman I supo controlar con mano firme tales desmanes.

Luego se enfrentó a Yusuf y a un general de éste llamado al-Sumayl. El primero de ellos se dirigió a Toledo. El segundo, dando por hecho que Abd al-Rahman acudiría a su encuentro, reunió un ejército en Jaén. Con ello pretendía que un hijo de Yusuf aprovechara la ausencia del príncipe para entrar en Córdoba y hacerse con el poder. Pero al-Sumayl, equivocado, cayó derrotado y no vio ejecutados sus planes.

Yusuf y al-Sumayl solicitaron perdón a Abd al-Rahman. Éste no sólo se lo concedió sino que les permitió conservar sus propiedades. Yusuf, de acuerdo con lo pactado, reconoció a Abd al-Rahman I como emir de al-Andalus y hubo de dejar en Córdoba como rehenes a dos de sus hijos. No obstante, más tarde, animado por los enemigos del emir, huyó de la capital para intentar luego tomarla. Pero fracasó su proyecto y partió para Toledo. Antes de llegar allí, hombres fieles a Abd al-Rahman le dieron muerte. Mientras eso ocurría, al-Sumayl era encarcelado. Y no había transcurrido aún un año cuando murió estrangulado.

Cuenta mi abuela que fue entonces cuando Abd al-Rahman I se entregó a la tarea de proporcionar paz a al-Andalus. No fue ésta una labor fácil, pues, si bien pudo acabar con levantamientos de rebeldes musulmanes en muchas zonas de la Península y logró desplazar a los cristianos hacia el norte, hubo también de sufrir traiciones por parte de allegados y parientes que habían venido de Oriente.

Por cierto, dice mi abuela que fue durante el gobierno de Abd al-Rahman I cuando las tropas musulmanas se enfrentaron a Carlomagno, un poderoso rey del centro de Europa que mantenía relaciones con el califa abbasí de Bagdad.

No sé qué pensarás, María, pero creo que hay que considerar a Abd al-Rahman I como uno de los más grandes gobernantes musulmanes. Dicen que acabó siendo un tanto déspota. La explicación que dan es que las traiciones de las que fue víctima, tanto por parte de sus adversarios como de sus aliados, le obligaron a serlo. Pero la verdad es que comenzó desarrollando una política de acercamiento y reconciliación. Y lo mismo lo hizo con sus enemigos que con sus familiares, muchos de los cuales, procedentes de Oriente, acabaron en al-Andalus.

Abd al-Rahman fue un gran estadista. Organizó el Estado tomando como base las estructuras administrativas que venían funcionando en Oriente. De tal forma que hizo una división del país por distritos y al frente de cada uno de ellos puso a un gobernador. A propósito de esto, según dicen, tuvo gran acierto al nombrar buenos y fieles gobernadores para las provincias del Estado que acababa de fundar.

Este emir llevó a cabo reformas en el ejército y nombró jefes militares muy leales. Se le atribuye también la formación de un ejército profesional, para el que reclutó mercenarios beréberes en el norte de África y esclavos de muy diversa procedencia en el sur de Europa.

Pero, además, Abd al-Rahman I tuvo la suficiente sensibilidad como para ser un excelente poeta y saber embellecer la ciudad de Córdoba. Y así, lo mismo compuso emocionados poemas donde evocaba a su querida Damasco que ordenó importar frutales de Oriente con los que adornar hermosos huertos. A su iniciativa se deben, por ejemplo, los jardines llamados al-Rusafa —vuestra Ruzafa—, que, en las inmediaciones de Córdoba, fueron considerados como una de las más espléndidas maravillas de la época.

En la última parte de su reinado aumentó con rapidez la población. Entre otras, ésa fue la causa que llevó a Abd al-Rahman a concebir la necesidad de ampliar los espacios dedicados al culto de los musulmanes. En un principio, cuando los árabes habían conquistado Córdoba, habían respetado una iglesia visigótica de la ciudad a fin de que los cristianos siguieran cumpliendo allí con sus deberes religiosos. Pero luego se habían adueñado de la mitad del templo para que los musulmanes pudieran también practicar su culto. De manera que hubo una época en la que las dos religiones compartieron un mismo edificio.

Luego, con el aumento de la población cordobesa, Abd al-Rahman I quiso hacerse con la mitad utilizada por los cristianos, pero, ante la oposición de éstos, hubo de negociar con ellos su compra. Fue entonces cuando ordenó transformar la antigua iglesia visigótica en una mezquita que constaba de una sala cubierta para la oración y un patio descubierto rodeado de arcos. Sus columnas de mármol se unían mediante arcos de herradura. Esta construcción, con el paso de los siglos, ha llegado a ser mundialmente famosa: la Mezquita de Córdoba.

En al-Andalus, Abd al-Rahman I impuso de una forma pacífica, pero contundente, el proceso de arabización e islamización. A propósito de ello, cuentan que siempre supo rodearse de personas que dominaban la lengua árabe.

Este emir, además de ser un buen estadista, fue también un reconocido poeta que añoraba su tierra de origen. Famoso se hizo aquel poema que hablaba de una palmera que le recordaba su Damasco natal. Algunos de sus versos dicen:

Puse mis ojos en una palmera de la Ruzafa
que, lejos de su tierra, en el Poniente estaba.
Alejados nos hallamos —le dije— en país forastero.
¡Cuán largo se me hace estar alejado de los míos!
Has madurado en una tierra donde eres una extraña
y vives, al igual que yo, en el sitio más recóndito.
¡Que las nubes de la aurora te den lozanía en tu retiro
y las lluvias pródigas alivien tu pesar!

María, tengo que ir a cenar. Mis padres me están llamando desde hace casi media hora. He querido terminar de contarte este período histórico de al-Andalus, pero, de pronto, me doy cuenta de que es demasiado extenso como para incluirlo en una sola carta. Ya ves que sólo te he hablado de

Abd al-Rahman I, cuando quedan aún varios emires más a los que referirse. Prometo volver a escribirte el próximo viernes.

Te envío, no obstante, un nuevo relato de mi abuela. Me lo contó ayer tarde mientras el resto de la familia estaba fuera de casa. Para hacerlo corresponder con la etapa que hoy te iba a contar, eligió el pasaje histórico que narra las aventuras y vicisitudes que hubo de pasar Abd al-Rahman I desde que partió de su ciudad de origen, Damasco, hasta que llegó a al-Andalus. Espero que te guste. A mí, particularmente, me ha entusiasmado la vida de este personaje. Muchos besos de mi familia.

La historia del Sacre de Quraysh*

Supongo, María, que te estarás preguntando por el significado del título que encabeza esta historia. A mí también me llamó la atención cuando se lo escuché decir a mi abuela. No sabía lo que era un sacre ni conocía lo que significaba el término «Quraysh». Me explicó que el sacre es una variedad de halcón que vive en Europa y en Asia Menor. Se caracteriza por tener el dorso pardo y la cabeza clara. También me dijo que «Quraysh» hace referencia al nombre de una tribu árabe anterior a Mahoma. A esta tribu pertenecía el clan de los omeyas.

Pues bien, según relata la historia, con el apelativo de «Sacre de Quraysh» se conocía a Abd al-Rahman I. Dice mi abuela que los antiguos árabes le llamaron así porque este emir dio vida a un régimen ya extinguido, el administrado por una familia emparentada con la tribu de Quraysh: la de los omeyas. Para ello, Abd al-Rahman I, tal y como lo habría hecho un sacre, tuvo que cruzar desiertos y mares y penetrar en unas tierras lejanas. Y en ellas hubo de vencer a su gobernador hasta conquistarlas.

Mucho antes de que la Península fuese conocida con el nombre de al-Andalus, ya existía en Oriente una floreciente ciudad llamada Damasco. Ésta fue la capital del imperio árabe durante algo menos de un siglo, tiempo en el que gobernaron los califas omeyas. No era de extrañar que la dirección de un imperio que comenzaba a extenderse por gran parte del mundo fuese codiciada por otras familias tan importantes como la de los omeyas.

Dice mi abuela que el último califa omeya que reinó en Oriente sufrió muchas persecuciones, víctima de la codicia de una de esas familias: la de los abbasíes. Al final, ese último califa murió en Egipto a manos de éstos. En el transcurso de esas persecuciones, los abbasíes, preocupados por eliminar a todos los miembros de la familia omeya, decidieron tenderles una trampa. Así, convocados los omeyas para celebrar juntos un banquete, fueron traidoramente asesinados por hombres del que más tarde sería el primer califa abbasí.

No obstante, algunos omeyas, recelosos de las intenciones de los abbasíes, no acudieron a aquel banquete, con lo que lograron escapar de una muerte segura. Los abbasíes creyeron que todos los omeyas habían muerto. Pero se equivocaban, pues, entre otros, un joven llamado Abd al-Rahman, que apenas contaba veinte años, se ocultó de sus enemigos y consiguió huir.

El padre de Abd al-Rahman había muerto cuando éste sólo tenía cinco años. Fue entonces criado por su abuelo y, a la muerte de éste, por su tío. Parece que durante esa etapa, siendo aún pequeño Abd al-Rahman, su tío-abuelo le predijo que, cuando fuese mayor, llegaría a ocupar el trono de un lejano y próspero país.

Cuenta la historia que era Abd al-Rahman un joven alto y rubio que se peinaba con dos trenzas y tenía escasa barba. Lo caracterizaban, además, un lunar en el rostro y la falta de uno de sus ojos.

Cuando Abd al-Rahman logró escapar de la matanza de su familia, estuvo un tiempo escondido con uno de sus hermanos. Luego fue descubierto el lugar donde se hallaban ambos, pero sólo pudo escapar Abd al-Rahman. Su hermano no corrió la misma suerte y cayó prisionero de los abbasíes, quienes inmediatamente lo mataron.

En compañía de sus dos hermanas, de otro hermano más joven y el hijo de éste, Abd al-Rahman logró llegar a orillas del Éufrates. Y, aunque otra vez fue descubierto, pudo escapar de nuevo cruzando el río a nado.

Desde que comenzó su huida, Abd al-Rahman siempre estuvo acompañado de un fiel sirviente llamado Badr. Sólo se separaron cuando éste se encargó de recoger y trasladar los bienes que Abd al-Rahman había dejado en Damasco. Ambos, más tarde, se reunieron en Palestina y desde allí emprendieron un largo viaje a través del norte de África. Así llegaron hasta la región que se conoce hoy con el nombre de Túnez.

Vivieron unos años poco afortunados, durante los cuales el ánimo de Badr salvó al príncipe de la desesperación. Y es que Abd al-Rahman comenzaba a dudar de que se cumpliera la predicción de su tío-abuelo, según la cual gobernaría unas lejanas tierras.

En su viaje, fue haciendo alto en distintas localidades del norte de África, donde fue despertando recelo e incomprensión por parte de los jefes locales. Especialmente fue perseguido por el entonces gobernador de aquella región. La actitud hostil de éste fue tal que llegó incluso a atentar contra la vida del joven príncipe.

Cuenta mi abuela que, viéndose acosado, Abd al-Rahman no tuvo más remedio que esconderse entre las mujeres. En concreto, se dice que, durante algún tiempo, estuvo hospedado en casa de un personaje importante de la zona y que, conocido su paradero por los hombres del gobernador, irrumpieron éstos en la vivienda para capturarlo. Pero la esposa de su anfitrión, una mujer muy gruesa llamada Takafat, a fin de salvar al príncipe, se abalanzó sobre él y lo escondió bajo sus ropas. Luego deshizo sus trenzas y comenzó a peinarse. Al tiempo que los hombres del gobernador entraban en la estancia, Takafat se puso a llorar mientras se recogía la ropa. Los soldados, temerosos de las represalias que pudiera tomar el marido, abandonaron la casa sin poder capturar a Abd al-Rahman. Una vez más, la suerte acompañaba al príncipe.

La astucia y el instinto de supervivencia llevaron a Abd al-Rahman a proseguir su viaje en compañía de su fiel Badr. Juntos llegaron a un pueblo costero habitado por miembros de la misma tribu a la que pertenecía su madre, una cautiva beréber que había acabado en Damasco.

La idea de cruzar el mar y conocer las tierras de al-Andalus fue adueñándose de Abd al-Rahman. Y así envió a Badr en una primera misión de reconocimiento. Éste tuvo contactos con gentes de al-Andalus fieles a la causa omeya. También se entrevistó con jefes locales que, en su origen, pertenecían a tribus diferentes que estaban enemistadas entre sí. Algunos grupos vieron en Abd al-Rahman la persona que podía traer unidad y paz a al-Andalus. Luego, las promesas que Badr les transmitió en nombre de su señor, contribuyeron finalmente a que aquéllos decidieran prestar a Abd al-Rahman la ayuda solicitada. De tal manera que le enviaron una nave para recogerlo y trasladarlo hasta la Península.

Se cuenta que una noche, mientras Abd al-Rahman hacía las abluciones para la oración, vio cómo un barco se aproximaba entre las olas y anclaba cerca del lugar donde él se encontraba. Al poco divisó a un hombre que, tras saltar desde la embarcación, se acercaba nadando hacia la orilla. Era Badr, que regresaba con buenas noticias.

Poco después, con un mar terriblemente agitado, el propio Abd al-Rahman embarcaba rumbo a las costas de al-Andalus. Tras breve travesía, pisó tierra en Almuñécar. Era el año 755 de la era cristiana.

Decidido a hacerse con el gobierno de al-Andalus, avanzó en dirección a Córdoba mientras iba multiplicándose el número de sus seguidores. Cuenta la leyenda que hasta ese momento lideraba un ejército sin bandera propia, pero que, antes de llegar a la capital, uno de sus incondicionales partidarios izó un turbante verde en la punta de su lanza a modo de estandarte. Éste le sirvió de emblema hasta que, poco después, cuando contaba veintiséis años, Abd al-Rahman se convirtió en el primer emir de la dinastía omeya en al-Andalus. Con él comenzaba un período de gobierno que sus descendientes prolongarían en estas tierras durante cerca de tres siglos.

Abd al-Rahman nunca superó su odio por los abbasíes, los responsables de la muerte de su familia. Así, dos años después de ser proclamado emir, maldijo el estandarte negro de aquellos asesinos. También prohibió a los predicadores que pronunciasen el nombre del califa abbasí de Bagdad en sus sermones y oraciones. Pero su arrojo le llevó más lejos y ordenó que fuese su nombre el que se invocara a partir de entonces en todas las mezquitas de al-Andalus.

Uno de los episodios más cruentos protagonizados por Abd al-Rahman I fue el sucedido en el año 763. Tuvo el emir que dirigirse a Beja (ciudad de la actual Portugal), para sofocar un levantamiento liderado por un rebelde que defendía en al-Andalus los intereses del califa abbasí de Bagdad. Pero aquel sublevado no sólo mostró rebeldía, sino que se atrevió a usar ropas con el color negro que distinguía a los abbasíes. No contento con ello, invocó en los sermones el nombre del califa abbasí, quien había prometido darle el gobierno de la Península si conseguía derrotar a Abd al-Rahman.

Llegado esto a sus oídos, marchó el emir contra el rebelde, que se había retirado a Carmona (en la actual provincia de Sevilla). Al poco, tras feroz resistencia, salió derrotado el sublevado. Abd al-Rahman ordenó cortar su cabeza, envolverla en la bandera negra de los abbasíes y enviarla dentro de un cofre a La Meca, una de las ciudades santas del Islam (en la actual Arabia Saudí). Hallábase el califa de peregrinación en esta ciudad cuando llegó el mensajero que portaba el cofre. Dicen que, al ver la cabeza del rebelde, el califa abbasí pronunció unas palabras que se harían célebres con el paso de los siglos:

> *«Gracias a Dios por colocar el mar entre nosotros y este demonio».*

Muchas son también las anécdotas que se cuentan de Abd al-Rahman, un príncipe atormentado en ocasiones por el recuerdo de su Damasco natal. Dicen, por ejemplo, que su hermana le envió desde esta ciudad diversos obsequios; entre ellos, algunos frutos como la granada. Cuando el enviado venido de Oriente le hizo entrega de los presentes, Abd al-Rahman reunió a sus allegados y juntos evocaron con nostalgia a su querida Damasco. Cuenta la leyenda que un hombre llamado Safar sembró un tallo de granado y éste prosperó y dio brotes. Parece ser que una variedad de este fruto, la denominada «granada zafarí», debe tal apelativo al nombre de quien la cultivó.

Abd al-Rahman I murió en Mérida a la edad de cincuenta y nueve años, tras treinta y tres de gobierno. Durante ese tiempo fue traicionado en numerosas ocasiones, tanto por aliados como por enemigos. Incluso algunos de sus familiares venidos desde Oriente acabaron conspirando contra él pese a haber sido muy bien acogidos a su llegada. Pero, quizás, la traición más dolorosa que hubo de sufrir el emir le vino de su querido servidor Badr. A éste, convertido en un victorioso general del ejército, le llevó la soberbia a enfrentarse al propio Abd al-Rahman, quien se vio obligado a confiscar sus bienes y a desterrarlo. No obstante, poco después, el emir, benevolente, le perdonó.

Tetuán, treinta de septiembre

Querida María: Esta semana me adelanto un día en escribirte, porque mañana viernes no podré hacerlo. Mi familia está invitada a pasar unos días en Fez, una ciudad también de Marruecos, con motivo de la boda de una prima mía llamada Fátima. Desde mi última carta hasta ahora, mi abuela ha venido contándome nuevas historias sobre al-Andalus y ha prometido narrarme otras más durante nuestro viaje a Fez.

Por cierto, me pides que te refresque la memoria acerca de los cinco pilares del Islam, algo que, al parecer, te interesó mucho. Dices que una compañera de tu clase tiene en el edificio donde vive unos vecinos musulmanes y quiere, por tanto, conocer detalles de su religión. Lo que no entiendo es por qué tu compañera no se decide a entablar relación con ellos; máxime cuando algunos son, según dices, jóvenes de nuestra edad.

¿Recuerdas que en la playa te hablé de cinco deberes con los que el musulmán tenía que cumplir? Si tu memoria no te falla, ya sabrás que uno de ellos era lo que se conoce en árabe con el nombre de *shahada*. Cuando te hablé de ese deber, supiste entender que la *shahada* era la profesión de fe musulmana.

La *shahada* se trata, pues, de un testimonio de fe que el musulmán hace públicamente a través de una fórmula que se pronuncia en árabe y que, traducida literalmente al castellano, dice: «Doy testimonio de que no hay otro dios que no sea Allah y de que Mahoma es el enviado de Dios». Quizás te guste saber que Dios, el Dios Único, se dice en árabe «Allah».

Espero que esta explicación le sea suficiente a tu compañera. Dile de mi parte que en próximas cartas te iré recordando cuáles son los otro cuatro pilares. ¿Te vienen ya a la memoria los cinco?: la *shahada*, la oración ritual, el ayuno en el mes de ramadán, la limosna legal y la peregrinación a La Meca.

Bueno, paso ya a hablarte de historia. Como recordarás, ya te dije que el período histórico del que te vengo hablando comprende tantos acontecimientos que he preferido dividírtelo en varias cartas. En la de hoy te hablaré de los dos primeros emires que sucedieron al Sacre de Quraysh y te incluiré una nueva leyenda que anoche mismo me contó mi abuela.

En contra de lo que cabía esperar, Abd al-Rahman I, en lugar de nombrar heredero a su hijo Sulayman, que era el mayor, eligió para el trono a su hijo Hisham. Sulayman había nacido en Oriente mientras que Hisham, doce años menor, vino al mundo en al-Andalus. Cuentan que el primero era un tanto ignorante, en tanto que el segundo poseía amplia cultura. Uno y otro gobernaban en nombre de su padre diferentes zonas de al-Andalus, lo que explica que, en el momento en que murió su padre, Sulayman se hallase en Toledo y Hisham en Mérida (en la actual Badajoz).

La ausencia de Hisham hizo que un hermano más joven, llamado Abd Allah, recibiera juramento de fidelidad en Córdoba en nombre del futuro emir. Aunque Abd al-Rahman I había elegido como sucesor a su hijo Hisham, hay quien dice que, poco antes de morir, pudo haber encargado a Abd Allah la tarea de entregar el trono a aquel de sus dos hermanos que llegase antes a Córdoba.

En cualquier caso, Hisham fue quien sucedió a su padre. Gobernó durante siete años con el nombre de Hisham I y durante gran parte de su reinado hubo de luchar contra sus propios hermanos, Sulayman y Abd Allah, para defender el trono. En concreto, éstos habían unido fuerzas en la ciudad de Toledo y Hisham se vio obligado a sitiarlos. Después de un tiempo, Hisham les ofreció cierta cantidad de dinero a cambio de que depusieran su actitud rebelde y abandonasen al-Andalus para instalarse en el norte de África. Ellos accedieron y se marcharon.

Pero, además de defenderse de sus hermanos, Hisham hubo de sofocar sublevaciones en Tortosa (ciudad de la actual provincia de Tarragona), en Zaragoza, en Huesca y en la serranía de Ronda (en la actual provincia de Málaga).

Como tuvo que enfrentarse a un escaso número de levantamientos en el interior de al-Andalus, pudo organizar campañas militares contra los cristianos. Así, envió algunas tropas que atacaron a los reyes asturianos Bermudo I y Alfonso II, mientras que otras combatieron a los francos* en territorios de la actual Cataluña y avanzaron hasta el sur de lo que hoy es Francia. En estas tierras extranjeras, las tropas del emir obtuvieron gran número de esclavos, oro y plata.

María, antes de seguir creo que debes saber que en el Islam la religión y el derecho están muy relacionados. Hasta tal punto es así que ambos forman un conjunto de normas y reglas que hemos de cumplir los que somos musulmanes. Algún tiempo después de la muerte de Mahoma, las personas encargadas de estudiar en profundidad esas normas no se pusieron de acuerdo en la manera de entenderlas. De esa forma, surgieron cuatro modos diferentes de ver tales reglas, o, lo que es lo mismo, cuatro escuelas distintas dentro del derecho musulmán.

Si te digo esto es porque durante el reinado de Hisham I fue cuando una de estas cuatro escuelas o doctrinas jurídicas impuso en al-Andalus su manera de entender esas normas. Y lo mismo que esa escuela triunfó en al-Andalus y en el norte de África, las otras tres tuvieron éxito en otras zonas del mundo musulmán. Malik, un estudioso del derecho musulmán, fue quien fundó en Oriente la escuela que se impuso en al-Andalus. Esta escuela recibió el nombre de «malikí»* debido a su fundador.

Mi abuela me dijo que fue Hisham I el que se preocupó de que la doctrina malikí se implantara de manera oficial en su reino. Si se decidió por ella fue porque tuvo la oportunidad de conocer las enseñanzas de Malik a través de un buen número de estudiosos que habían viajado desde al-Andalus hasta Oriente para aprender más sobre el derecho musulmán. Estos estudiosos habían sido allí discípulos del propio Malik. Luego habían vuelto a la Península y habían difundido las enseñanzas de su maestro.

Durante el corto tiempo que estuvo en el poder, Hisham I ordenó que se llevaran a cabo algunas obras en Córdoba, como, por ejemplo, la reconstrucción del puente romano y algunos arreglos en el interior de la mezquita mayor de la ciudad.

María, me dijo mi abuela que Hisham I murió cuando no tenía aún cuarenta años. Dicen de él que conocía muy bien las tradiciones proféticas y era un gran estudioso del Corán*.

Este emir no nombró como heredero a su hijo mayor sino a otro llamado al-Hakam. Éste contaba veintiséis años cuando llegó al poder y pasó posteriormente a la historia con el nombre de al-Hakam I.

Al contrario que su padre, al-Hakam I hubo de enfrentarse a muchos levantamientos surgidos dentro de sus territorios. En concreto, sus tíos Sulayman y Abd Allah, que, como recordarás, habían sido expulsados años atrás al norte de África, se rebelaron contra él en diferentes ocasiones. Abd Allah lo hizo en el norte de la Península, pero acabó derrotado y tuvo que huir a tierras del centro de Europa. Al tiempo regresó y se apoderó de Huesca, de donde tuvo que salir más tarde. Acabó en Valencia y tras tres años de negociaciones con el emir recibió de éste una cierta autonomía para gobernar aquella región.

Por su parte, Sulayman llevó a cabo seis intentos de ataque contra Córdoba sin éxito. Se refugió finalmente en Mérida (en la actual provincia de Badajoz) y allí fue atrapado por el jefe beréber de esta localidad, quien, después de darle muerte, mandó su cabeza al emir. Al-Hakam ordenó que fuese expuesta en público y, más tarde, la hizo enterrar junto a la tumba de Abd al-Rahman I.

Pero, como dice mi abuela, no sólo hubo de resolver los problemas causados por sus dos tíos, sino que, a lo largo de su reinado, se vio obligado a acabar con insurrecciones en las fronteras de al-Andalus. Así, por ejemplo, durante algún tiempo, controló la frontera de Zaragoza, es decir, la frontera superior del país, sirviéndose de uno de sus leales hombres.

En la frontera de Toledo, o frontera media de al-Andalus, ese mismo hombre, llamado Amrus, sofocó diversos levantamientos de muladíes*. Recibía este nombre la población que había sido cristiana antes de convertirse a la religión musulmana. Amrus tuvo la suficiente habilidad y perfidia como para eliminar a los musulmanes muladíes más poderosos de la ciudad. Lo hizo invitándolos a un banquete que se celebraba en honor del heredero de al-Hakam I, quien, de paso por Toledo, al frente de una supuesta campaña militar, los acompañaría en persona. El día de aquella celebración pasó a conocerse con el nombre de «la Jornada del Foso». Se le llamó así porque a los muladíes que asistieron se les fue cortando la cabeza según iban entrando en la fortaleza donde tendría lugar la comida. Sus cuerpos fueron seguidamente arrojados a un foso que había sido dispuesto para tal fin.

Por último, a la frontera inferior del país, la de Mérida (en la actual Badajoz), tuvo que enviar en momentos distintos a dos de sus hijos para contener los levantamientos de Lisboa y de la propia Mérida.

Pero, sin duda, los hechos más importantes a los que hubo de enfrentarse al-Hakam I durante su reinado fueron las diferentes rebeliones ocurridas en la misma ciudad de Córdoba. Una de ellas estuvo protagonizada por un grupo de personas importantes que, cansadas de la actitud tiránica del emir, intentaron sustituir a éste en el poder por un primo suyo. No obstante, este primo omeya de al-Hakam I traicionó a los provocadores del levantamiento y dio todos sus nombres al propio emir, quien, implacable como siempre había sido, no dudó en ordenar la muerte de setenta y dos de ellos.

Este levantamiento provocó que el emir adoptase algunas medidas para evitar nuevos conflictos. Así, por ejemplo, reforzó las murallas de la ciudad e incorporó más esclavos a su guardia personal. No obstante, tuvo que hacer frente a una nueva rebelión llevada a cabo por las gentes que vivían fuera del recinto amurallado de la ciudad de Córdoba. Dice mi abuela que, en aquel entonces, al conjunto de casas levantadas extramuros de una ciudad se le llamaba arrabal. Por eso, como esta rebelión fue promovida por gente que vivía en un arrabal, se le conoce históricamente como «la Revuelta del Arrabal».

Esta revuelta derivó de algunas medidas impopulares como fueron la subida de los impuestos y el hecho de que éstos fuesen recaudados por una persona no musulmana. Si a eso se le añade que un soldado de la guardia del emir dio muerte a un niño en el arrabal, no es de extrañar que la población se agitara.

Un día, cuando el emir regresaba de cazar, al atravesar el arrabal sufrió las protestas de sus gentes. Ante la magnitud de los acontecimientos, los hombres de la guardia detuvieron y luego dieron muerte a diez personas. Se paralizaron todas las actividades del arrabal y sus habitantes se armaron con cuchillos, lanzas y hachas y se dirigieron al palacio real. Después de varios enfrentamientos, las tropas del emir sofocaron la revuelta y llevaron a cabo una cruel matanza entre la población. De no ser por uno de los consejeros del emir, éste habría ordenado dejar sin vida a todos los habitantes del arrabal. Pero hizo caso a lo que se le recomendó y perdonó a los que habían logrado sobrevivir con la condición de que abandonasen Córdoba. No obstante, mandó crucificar a trescientos hombres notables y encargó que fuese incendiado y arrasado el arrabal, prohibiendo que sobre él se volviese a edificar.

Dice mi abuela que aquellos habitantes expulsados del arrabal tomaron caminos distintos. Unos pocos marcharon a Toledo. Otros cruzaron el mar y se instalaron en Fez, ciudad marroquí en la que fueron muy bien acogidos. Un tercer grupo llegó hasta la ciudad de Alejandría, en Egipto. Pero estos últimos no corrieron la misma suerte y fueron expulsados a la isla de Creta, en el mar Mediterráneo. Allí vivieron cierto tiempo dedicados a la piratería.

Al-Hakam I, ocupado en resolver los problemas internos de al-Andalus, marchó en contadas ocasiones contra los cristianos. Éstos, libres del acoso de los musulmanes, avanzaron ligeramente por el noroeste de la Península y en mayor medida por el nordeste. No obstante, se puede decir que el reinado de este emir se caracterizó por continuas incursiones y contraincursiones de uno y otro bando.

Al-Hakam I fue un monarca autoritario y vengativo, más preocupado por mantener los territorios recibidos de sus antepasados que por satisfacer las necesidades de su pueblo. Esa preocupación le permitió afianzar el poder de la familia omeya en Occidente. Pero también le llevó a inspirar más miedo que afecto entre los habitantes de al-Andalus.

Este emir valoró mucho la capacidad de las personas que habían de rodearle. Tal vez por eso eligió entre sus colaboradores más cercanos a hombres que no pertenecían a su familia ni a la raza árabe. Se dice que fue el primer emir en introducir esclavos cristianos en el ejército. Para evitar revueltas en el país creó una valiosa y eficaz red de espías. En

Córdoba, por ejemplo, dio instrucciones para que un buen número de caballos y espías estuviesen permanentemente alerta ante las puertas de su palacio a fin de evitar conspiraciones y levantamientos. Dice mi abuela que también se sirvió de cinco mil esclavos que no hablaban la lengua árabe y que por eso fueron llamados «los mudos».

Parece ser que al-Hakam I fue un hombre serio y enérgico que gustaba de cazar y jugar a la pelota. Además, escribía poemas. Por ejemplo, escribió uno donde celebraba el fin de una revuelta en Toledo. Recuerdo que mi abuela me leyó unos versos suyos, dirigidos a quien habría de sustituirle en el trono. A través de ellos se resume muy bien el propósito principal que guió a este emir durante su reinado:

Lo mismo que el sastre emplea la aguja para unir retazos de tela,
yo he empuñado la espada para agrupar mis provincias desunidas...
Te lego, hijo mío, un país en paz, como un lecho sobre el que puedes
[reposar en calma,
porque me preocupé de que ningún agitador perturbe tu sueño.

Pero me dijo mi abuela que, principalmente, este emir escribía poemas de amor. A propósito de esto último, cuentan que compuso uno con el que supo pacificar una sedición protagonizada por cinco de sus concubinas.

Mis padres me encargan que te dé muchos recuerdos y saludos para tu familia.

La historia de los piratas de Creta

Son muchas las leyendas sobre piratas que habrás escuchado contar, pero seguro que ninguna como la vivida por unos andalusíes que marcharon a la isla mediterránea de Creta.

Conviene recordar que un grupo de cordobeses que vivían en el arrabal de la capital, fueron expulsados por el emir al-Hakam I a causa de sus sublevaciones. Se quejaban éstos de las severas medidas fiscales con las que el gobierno venía presionándolos. Eso, unido a una prolongada carestía de alimentos, provocó el malestar de la población.

Después de ser incendiado y asolado el arrabal, sus habitantes tuvieron que huir de Córdoba sin más remedio. Unos acabaron en Toledo, otros en Fez y unos terceros, los más numerosos, embarcaron en el puerto de Pechina —lo que luego se conocería como Almería— y llegaron a Alejandría, en el norte de Egipto.

Parece ser que en Pechina, a bordo de cuarenta naves, embarcaron unas quince mil personas con la idea de dirigirse a Oriente a fin de iniciar allí una nueva vida. Faltos de experiencia en el arte de la navegación, estos cordobeses recurrieron a la destreza de algunos marinos de oficio. Una vez en el mar, antes de llegar a Egipto, atacaron algunas islas del Egeo, donde se hicieron con cuantiosos botines que llevaron consigo a Alejandría.

No se sabe muy bien quiénes fueron los andalusíes que se dedicaron a la piratería. Unos dicen que fueron los andalusíes expulsados de Córdoba con motivo de la Revuelta del Arrabal. Otros aseguran que los corsarios de origen andalusí ya estaban en Alejandría cuando llegaron los expulsados del arrabal. Fueran unos u otros, el caso es que una colonia andalusí se estableció en el norte de Egipto y, aprovechando los disturbios internos que se vivían en aquel país, se hicieron con el control de la ciudad y fundaron en ella una pequeña república. Ésta se mantuvo durante diez años, al cabo de los cuales, el gobernador de Egipto expulsó a los andalusíes de aquellos dominios.

Encabezados por un aventurero cordobés llamado al-Balluti, los andalusíes embarcaron rumbo a Creta, isla que ya conocían con anterioridad por haber emprendido contra ella pequeñas incursiones en las que se habían apoderado de algunos botines.

La isla de Creta era muy codiciada por su privilegiada situación estratégica. Contaba además con ricos y frondosos bosques, importantes recursos con los que poder construir barcos.

Al-Balluti dirigió el desembarco definitivo en la isla, el que llevaría a los andalusíes a conquistarla. Después de hacerse con algunas fortalezas, al-Balluti fundó una ciudad que circundó con un enorme foso para defenderla de sus enemigos. Desde este punto, situado al norte de la isla,

A.Guardiola

avanzó al-Balluti en todas direcciones hasta hacerse con el control de Creta.

Hasta la llegada de los andalusíes, la isla formaba parte del imperio bizantino. Según dicen, su población nativa no ofreció ninguna resistencia ante la invasión andalusí; en cambio, las fuerzas militares bizantinas que la ocupaban la defendieron con arrojo y ahínco. Pero, a pesar del coraje empleado por los cristianos bizantinos, al-Balluti conquistó por entero la isla.

Los cordobeses establecidos en Creta aprendieron en poco tiempo las artes de la navegación. Entretanto, se dedicaron a la construcción de un gran número de barcos. Con ellos, a partir de ese momento, desarrollaron una forma de vida basada en la piratería y emprendieron un gran número de ataques contra las islas cercanas. Pero también basaron parte de su economía en la exportación de queso y miel producidos en la isla.

Los andalusíes de Creta sembraron el terror en gran parte del Mediterráneo oriental y, según cuenta la leyenda, no hubo en aquellos tiempos navío alguno que, a su paso por el mar Egeo, no fuese abordado por los piratas andalusíes.

No obstante, su empresa más ambiciosa fue el ataque emprendido contra los alrededores de Constantinopla, capital del imperio de Bizancio*. En esta incursión, los andalusíes de Creta emplearon cuarenta naves y se apoderaron de botín y cautivos.

A pesar de los reiterados ataques de que fueron objeto por parte de las tropas bizantinas, estas gentes intrépidas mantuvieron el control de la isla durante casi siglo y medio e instauraron allí a lo largo de este tiempo un pequeño estado musulmán. Lo perdieron cuando las tropas cristianas, tras ocho meses de asedio, consiguieron derrotar a los descendientes de al-Balluti.

Tetuán, ocho de octubre

Hola, María: He llegado tan emocionado de mi viaje a Fez que, antes de hablarte de historia, me gustaría contarte algunas cosas de la boda de mi prima Fátima. Es la segunda boda a la que asisto, pero, en realidad, es la primera que he vivido de verdad, pues en la anterior tenía tan sólo dos años y no recuerdo nada de ella.

Partimos de Tetuán el viernes a las ocho de la mañana. El viaje fue muy placentero y entretenido, porque mi abuela, tal y como me había prometido, se dedicó a contarme más historias. Cuando llegamos a Fez ya estaba allí la familia de mi padre que vive en Marrakech y unos tíos míos que trabajan en Holanda.

La celebración duró dos días: el sábado y el domingo. Así que el viernes lo dediqué a estar con mis primos y mis primas. Les dije que tenía una amiga española a la que le encantan las historias de la abuela y les hablé de nuestras vacaciones en Benalmádena. Tantas cosas les conté del verano que mi prima Amina quiso convencer a mis padres para que la lleven con nosotros las próximas vacaciones. Y es que se ha quedado con muchas ganas de conocerte.

Mientras tanto, mi padre asistió a la ceremonia religiosa. Es un acto al que sólo acuden hombres. Lo hacen el novio, los padres de los novios, dos notarios y otros familiares y testigos. Precisamente, mi padre acudió como testigo. Fue él quien me dijo luego que en este acto se lee la *Fatiha*, nombre que se le da al capítulo con que da comienzo el Corán, que, como ya te expliqué en la playa, es el libro sagrado de los musulmanes.

Fue mi prima Amina la que me explicó que la novia, acompañada de su madre y de su suegra, ya había ultimado los preparativos de la boda. El sábado vi cómo Fátima se marchaba con las mujeres de la familia al *hammam*, nombre que le damos a los baños públicos. Allí le dieron un baño ritual que sirve, según nuestra tradición, para purificar a la novia. Luego la peinaron, la maquillaron y le hicieron dibujos con *henna* en las manos. La *henna* es lo que en tu idioma se conoce con el nombre de alheña —palabra que viene del árabe *al-hinna*—, planta de la que se extrae un polvo que sirve para teñir. Las mujeres musulmanas la emplean como un símbolo que ha de traerles suerte.

Las mujeres, como es tradicional, no pararon de lanzar albórbolas, gritos que suelen emitir para manifestar su alegría ante acontecimientos de importancia. Ellas también habían decorado especialmente la casa y habían cocinado muchos y deliciosos platos. De todos ellos los que más me gustaron fueron los pasteles de miel y los de hojaldre. Y a última hora de la tarde las mujeres más jóvenes bailaron algunas danzas típicas de Fez y de otras regiones de Marruecos.

Lo que sin duda me llamó más la atención fue ver cómo Fátima, siguiendo la costumbre, cambió de vestido muchas veces a lo largo de la noche. Caí rendido de sueño cuando estaba casi amaneciendo. En el viaje de regreso, mi madre me explicó que, al concluir la fiesta, la novia, su madre y su suegra se habían retirado a otra habitación para abrir los regalos de los invitados.

Fue también en el viaje de vuelta cuando mi abuela me contó que el cuarto emir de al-Andalus, Abd al-Rahman II, tenía treinta años cuando accedió al poder y que gobernó durante más de veinticinco. Con él vivió el país una época de relativa calma ya que los problemas en las fronteras y en el interior del reino disminuyeron considerablemente. Al subir al trono, heredó de su padre unos territorios en paz y una administración en orden. Recibió también un reino económicamente próspero donde los ciudadanos se sintieron más a gusto que con su padre.

La rica formación que recibió Abd al-Rahman II hizo de él una persona preocupada por establecer importantes cambios culturales en al-Andalus. Además, su amor por la poesía y su interés por muchas artes y ramas del saber le llevaron a rodearse de gran número de literatos, músicos, poetas, juristas, filósofos... Él mismo tuvo especial predilección por las ciencias religiosas y profanas.

Hizo venir hasta al-Andalus mercancías, libros y sabios de Oriente, lo que dio gran prestigio al país. Precisamente fue durante su reinado cuando Ziryab, un conocido poeta de Bagdad, llegó a al-Andalus y protagonizó importantes cambios culturales en Córdoba. Dicen que Abd al-Rahman

II le dio una casa amueblada y muchos regalos. Asimismo, cuentan que el emir pagaba a este poeta un salario de doscientos dinares* mensuales y otras cantidades añadidas que le entregaba en fechas que se correspondían con festividades religiosas. Pero no sólo fueron los poemas de este cantor oriental los que acapararon la atención de la corte y la población. Fue en general su talento el que influyó notablemente en todos los ámbitos culturales de la capital. Así, su modo de entender el arte fue determinante para modificar la moda de los cordobeses: introdujo nuevos peinados, transformó la gastronomía y estableció la manera de vestir de la población en cada estación del año y en los acontecimientos importantes. Luego extendió la moda cordobesa por todas las provincias de al-Andalus y por el norte de África. Pero su mayor contribución radicó, sin duda, en el terreno educativo, ya que, por ejemplo, fundó un conservatorio musical en Córdoba que introdujo una nueva forma de enseñar música.

Ziryab, siempre bajo la protección de Abd al-Rahman II, llegó a tener tal posición que acumuló una cuantiosa fortuna. Fue recompensado por el emir con el gobierno de varias localidades, lo que, entre otras cosas, originó la envidia de muchos otros poetas y cortesanos de la época.

Otro personaje destacado de su corte fue Abbas ibn Firnas, un inventor singular que diseñó una especie de cielo donde podían verse relámpagos y escucharse truenos; que ya intuyó que el hombre podría volar y que descubrió una manera de elaborar cristal.

En general, Abd al-Rahman II fue conocido por ser un generoso mecenas. Así, contribuyó sobremanera a introducir en la corte el gusto por la literatura, tradición que perduraría con sus sucesores.

Abd al-Rahman II, hombre culto y refinado, contribuyó a la mejora de las ciudades de su reino. Así, por ejemplo, modificó el alcázar de Córdoba y en dos ocasiones diferentes amplió su mezquita mayor, añadiéndole dos naves a las nueve que ya existían. Además canalizó el agua desde la sierra hasta esta ciudad.

Bajo su reinado se edificó la ciudad de Murcia y se construyeron la alcazaba de Mérida y las murallas de Sevilla. Ordenó también la creación de dos nuevas mezquitas: una en Jaén y otra en Sevilla.

Dispuesto siempre a perfeccionar la administración del país, Abd al-Rahman no tuvo inconveniente en adoptar cambios imitando el modelo de gobierno que sus enemigos abbasíes venían manteniendo en Oriente. En este sentido, se puede decir que el emir orientalizó la administración cordobesa al favorecer las costumbres árabes. De tal modo que fue dejando algunas tareas en manos de sus visires o ministros, si bien el poder supremo lo tuvo siempre controlado.

No parece que los pocos levantamientos internos que el reino tuvo que padecer durante algún tiempo hiciesen mucho daño a la economía del país. Estos brotes de rebeldía se localizaron en Murcia, Ronda (en la actual Málaga), Mallorca, Menorca y Toledo.

Muchas fueron, sin embargo, las campañas militares que protagonizaron las tropas de Abd al-Rahman II contra los cristianos. Así, por ejemplo, en varias ocasiones atacaron con gran éxito Álava.

Es muy posible que dos de sus ejércitos saliesen derrotados de sus enfrentamientos con los cristianos: uno de ellos había marchado hacia Galicia mientras que el otro lo había hecho en dirección a Coimbra.

Fue también Abd al-Rahman II quien ordenó asediar León empleando máquinas de guerra que lograron intimidar y hacer huir, presas del pánico, a los habitantes de la ciudad, a pesar de lo bien protegida que ésta estaba.

Los propios reyes cristianos alentaron levantamientos musulmanes contra Abd al-Rahman II que obligaron a éste a emprender sucesivos asedios contra la ciudad de Mérida. En concreto, Alfonso II, rey de Asturias, y Ludovico Pío, rey de los francos, apoyaron a un grupo de muladíes y mozárabes* de esa ciudad. Como recordarás, María, ya te expliqué que los muladíes eran las gentes que habían sido cristianas antes de convertirse a la religión musulmana. Pues bien, los mozárabes eran los cristianos que se quedaron a vivir en las tierras conquistadas por los musulmanes y, no obstante, se mantuvieron fieles a su religión, si bien adoptaron las costumbres, la cultura y la lengua de los árabes.

María, a propósito de los mozárabes, me viene ahora a la memoria lo que me contó mi abuela acerca de la actitud desafiante que algunos de ellos mantuvieron en Córdoba enfrentándose de esa forma a las autoridades. Me llamó mucho la atención la historia de una joven, hija de padre musulmán y de madre cristiana, que insultó públicamente a Mahoma. Has de saber, María, que ésa es una de las mayores ofensas que se puede cometer contra la religión musulmana.

En concreto, se trataba de un delito que se pagaba con la propia vida. Con ese gesto, esta joven, llamada Flora, como otros tantos mozárabes, buscaba la muerte en defensa de la religión cristiana. Los representantes religiosos cristianos intervinieron para que actitudes como ésta, quizás de intención noble, no se propagasen.

Las autoridades comenzaron siendo bastante tolerantes con la conducta de Flora. Pero ésta persistió incansablemente en su actitud, de modo que un juez no tuvo más remedio que dictaminar su muerte. Al final murió junto a una fanática amiga suya. Con el tiempo, los cristianos las proclamaron santas.

Dice mi abuela que los jueces musulmanes pudieron controlar el comportamiento de algunos de estos extremistas mozárabes, pero que la actitud de éstos acabó por alterar la buena convivencia que existía entre musulmanes y cristianos en al-Andalus.

Abd al-Rahman II también se ocupó de hacer incursiones en los dominios de los francos. Sus tropas llegaron a adentrarse, aunque sin gran éxito, en tierras de la actual Cataluña. También envió ejércitos a Pamplona que se enfrentaron a los vascones*.

A lo largo de su reinado, Abd al-Rahman II tuvo oportunidad de demostrar su vasta experiencia militar. Supo emplearla cuando hubo de enfrentarse a los normandos*, que eran gentes procedentes del norte de Europa cuyas naves desembarcaron en las costas este y oeste de al-Andalus. Los normandos llegaron finalmente a las actuales provincias de Cádiz y Sevilla. Durante el camino fueron sembrando el terror hasta que fueron derrotados por las tropas de Abd al-Rahman II. Casi todas sus naves fueron destruidas y sufrieron numerosas bajas entre sus hombres. Si de algo valió al emir la llegada de estas naves fue para convencerse de que debía incrementar el número de barcos de la flota andalusí. Y así lo hizo.

Querida María, no sé muy bien por qué, pero conforme me iba hablando mi abuela de esta etapa, no pude evitar sentirme atraído por la figura de Abd al-Rahman II. Ahora sospecho que el motivo de esa atracción se debe a la época de esplendor que al-Andalus vivió durante sus años de reinado. De hecho, mi abuela afirma que fue a partir de este emir cuando el país dio al resto del mundo musulmán una imagen de verdadera independencia. En esta época, al-Andalus fue admirada por los estados musulmanes que se habían ido formando en el norte de África. Incluso

Bizancio, nombre de un poderoso imperio cristiano del este de Europa, quiso aliarse con Abd al-Rahman II en contra de su enemigo común: la familia abbasí que aún gobernaba en Oriente. Para ello, el emperador de Bizancio envió a al-Andalus embajadores que portaban ricos regalos. Por su parte, Abd al-Rahman II aceptó establecer un pacto con el emperador de Bizancio y encargó a personas de su confianza que se entrevistaran con él.

Dice mi abuela que Abd al-Rahman, además de ser un buen administrador y gobernante, supo atender las necesidades de su pueblo. También afirma que fue uno de los príncipes más ricos de los países bañados por el mar Mediterráneo.

Adiós, María. Besos para tu familia. Para ti, uno muy especial de tu amigo Karim.

La historia de Tarub

Has de saber que Tarub fue el nombre que recibió una hermosa mujer que vivió en el palacio real de Córdoba durante los años de gobierno de Abd al-Rahman II.

Pero no es posible entender la historia de Tarub sin antes conocer algunas cuestiones propias de la religión islámica. Como tampoco es fácil comprenderla si se ignoran ciertos detalles relativos a la vida de los esclavos que vivían en palacio.

Por eso, conviene saber que a la religión musulmana la caracterizan ciertos aspectos que la distinguen de la cristiana. Quizás, una de las cosas que llaman más la atención de las personas que no profesan el Islam es que esta religión permita al musulmán tener más de una esposa. En concreto, el hombre de esta religión puede estar casado hasta con cuatro mujeres a la vez. Lo que sí se le exige en cualquier caso es que las mantenga y se comporte de manera equitativa con todas ellas. Bien es verdad, no obstante, que en la sociedad actual va siendo cada vez más habitual que el hombre musulmán tenga una única esposa.

La religión de Mahoma permitía el concubinato; es decir, no ponía obstáculos a que el hombre pudiera mantener permanentemente una relación marital con una o más mujeres sin estar casado con ellas. Por tanto, podía tener una o más concubinas además de contar con una o más esposas. Pero, claro está, esta situación sólo era habitual entre los hombres poderosos, pues únicamente ellos podían mantener los gastos ocasionados por esposas y concubinas.

Las concubinas solían proceder de los grupos de esclavos que eran apresados en el transcurso de campañas militares o en incursiones realizadas en territorios enemigos. Normalmente, formaban parte de los botines obtenidos y luego pasaban a ser vendidas o regaladas.

Abd al-Rahman II tuvo muchas esposas y concubinas. Todas ellas vivieron bajo su dependencia y le dieron cuarenta y cinco hijos y cuarenta y dos hijas. Pudo haber hombres poderosos a los que no importó demasiado conocer el pasado de sus concubinas. Sin embargo, no fue éste el caso de Abd al-Rahman II, siempre preocupado por saber la zona y la familia de las que sus mujeres procedían.

En general, las concubinas solían ejercer mucha influencia sobre su señor. En el caso de que éste fuese monarca, cuando quedaban embarazadas y le daban un hijo, recibían el apelativo de «princesa madre» y gozaban entonces de unos privilegios especiales. Así, en el momento en que moría su señor, la princesa madre podía ejercer su derecho a convertirse en una mujer libre y disfrutar de sus bienes. No obstante, lo normal era que, conforme pasaba el tiempo, su influencia sobre su señor disminuyera y que el de otras concubinas más jóvenes y bellas aumentase.

Mi abuela me contó detalles de algunas concubinas de Abd al-Rahman II. Así, por ejemplo, a una de ellas, Muammara, se debe la restauración de un conocido cementerio cordobés que luego llevó su nombre. Otra, al-Shifa, además de ser una de las más bellas concubinas de palacio, destacó por su dulzura y su piadoso proceder. En concreto, el emir le estaba agradecido porque, al tiempo que había criado a su propio hijo, se había encargado de amamantar al que habría de ser el sucesor de Abd al-Rahman, el pequeño Muhammad.

En cuanto a la concubina Fajr, fue una encantadora joven que siempre se mantuvo fiel a su señor, el emir Abd al-Rahman II. Y muy famosas se hicieron tres concubinas que eran conocidas con el nombre de «las medinesas». Se llamaban así porque habían sido educadas en Medina, una de las ciudades santas del Islam (en la actual Arabia Saudí). Estas tres concubinas se habían especializado en el arte de la música y, particularmente, en el del canto. Una de estas tres medinesas, de origen peninsular, era hija de un noble vascón. Se llamaba Qalam y había sido capturada y hecha esclava siendo aún pequeña. Fue llevada a Oriente y allí aprendió a la perfección la más exquisita cultura árabe. Luego regresó a al-Andalus con dos de sus compañeras y junto con ellas dirigió en el palacio del emir una auténtica orquesta medinense. Abd al-Rahman II, gran amante de la música, hizo construir para las tres unas dependencias particulares en el alcázar cordobés.

Y, como se dijo al principio, fue la concubina Tarub la que dio título a esta historia. Abd al-Rahman II la colmó de riquezas y compuso para ella hermosos poemas. Uno de ellos llegó a ser muy conocido. Algunos de sus versos dicen:

Cuando el sol del día se me muestra
elevado, me recuerda a Tarub.
Yo, hijo de sirios, soy el triunfador
que lo mismo enciende que apaga las guerras.

Parece que Tarub ejerció siempre una especial influencia sobre el emir. Incluso cuando no era ya tan joven sus opiniones siguieron teniendo peso en las decisiones de Abd al-Rahman II. Cuando Tarub creyó próxima la muerte de éste, albergó la idea de que fuera su propio hijo, y ningún otro, el heredero al trono. Y si lo pensó así fue porque Abd al-Rahman II no había nombrado sucesor hasta ese momento. El emir, no obstante, dejaba ver por entonces que sus preferencias estaban del lado de su hijo Muhammad, que nada tenía que ver con la concubina Tarub.

Viendo que sus aspiraciones fracasarían, Tarub echó mano de su astucia y actuó de manera infame. Así que tramó un minucioso plan para acabar con la vida de Muhammad y de su padre, el emir. Y lo preparó con la ayuda de un eunuco de palacio que le era fiel. Éste se llamaba Nasr.

Los eunucos eran esclavos de diversas razas que habían sido sometidos a una operación quirúrgica a fin de que no pudiesen tener hijos. Algunos conseguían llegar a altos puestos de confianza en la corte. Y sólo a ellos y a las esclavas les estaba permitido entrar en las habitaciones reservadas para las concubinas.

El eunuco Nasr, un destacado oficial de Abd al-Rahman II, recibió con el tiempo el nombramiento de jefe de la servidumbre de palacio. Había llevado a cabo diferentes empresas en nombre del emir. Así, por ejemplo, dirigió una de las reformas de la mezquita mayor de Cordoba, pues ésta, cada vez más insuficiente para albergar a la población musulmana de la capital, tuvo que ser ampliada.

Pues bien, Tarub y Nasr acordaron envenenar al que iba a ser designado heredero del trono y, después, al propio emir. Para ello no tenían más que encontrar una pócima mortal y hacérsela beber a padre e hijo sin levantar sospechas. Ambos perderían así la vida.

Aprovechando que había llegado a la ciudad de Córdoba un afamado médico de Oriente llamado al-Harrani, Nasr fue a visitarle para convencerle de que le preparase una medicina mortal. El honrado médico se negó en un principio, pero luego, obligado por las circunstancias, hubo de elaborarla, pues Nasr era una persona de gran influencia al que difícilmente podía negársele algo. No obstante, al-Harrani, en cuanto se marchó el eunuco, se entrevistó con una concubina de palacio que era leal al emir: la agradable y encantadora Fajr.

Preocupada por las terribles consecuencias que pudieran derivar de tal situación, la fiel Fajr no dudó en informar al emir de la trama que se preparaba contra él a fin de que aquello no le cogiese desprevenido. Fueron, por tanto, sus advertencias las que evitaron que Abd al-Rahman II muriese asesinado, víctima del veneno preparado por al-Harrani.

Luego, cuando Nasr ofreció el preparado a Abd al-Rahman con la aparente intención de querer remediar las dolencias que venían atormentando desde hacía tiempo al emir, fue éste quien obligó al eunuco a tomárselo.

Cuando sintió los primeros efectos del veneno, Nasr salió de palacio en busca de al-Harrani. El eunuco pretendía que el médico le diese un nuevo brebaje que pudiese anular los efectos del primero. Pero, aunque al-Harrani se afanó en buscar una nueva medicina que aliviase los efectos del veneno, de nada sirvieron sus esfuerzos. Nasr bebió el antídoto demasiado tarde y murió presa de su propia ponzoña.

Dicen que Abd al-Rahman II, a pesar de saber que su concubina Tarub había tomado parte en el perverso plan, no la castigó. Y dicen que si no lo hizo fue por el inmenso amor que sentía por ella. Otros ponen en tela de juicio lo anterior y señalan que el perdón otorgado por el emir no fue más que una consecuencia del poderoso influjo que Tarub ejerció siempre sobre el soberano.

En cualquier caso, el emir falleció de repente dos años después de ocurrir el intento de asesinato planeado por Nasr y Tarub. En el momento de morir contaba sesenta años y algunos aseguran que pudo ser una nueva intriga de la corte la que acabó con su vida.

De cualquier manera, Tarub nunca abandonó la idea de que fuera su hijo el nuevo emir. Con tal fin quiso contar con la ayuda de otros dos eunucos llamados Sadun y Qasim. Éstos hicieron todo lo posible por complacer los deseos de Tarub. Pero el temor del resto de los servidores de palacio a sufrir las represalias de la nobleza y el pueblo cordobeses acabaron con las aspiraciones de la concubina. Así, a la mañana siguiente de morir Abd al-Rahman II, la ciudad de Córdoba amaneció con un nuevo emir que pasaría a la historia con el nombre de Muhammad I.

Tetuán, quince de octubre

Querida María: En mi última carta me limité a hablarte del emir Abd al-Rahman II. Si lo hice así es porque, como ya te dije, fue durante su reinado cuando al-Andalus tuvo un gran esplendor y desarrollo en todos los ámbitos de la vida social, cultural, económica y política.

Con esta nueva carta trato de resumirte lo más brevemente posible la historia de los tres últimos emires de al-Andalus. Dice mi abuela que es preferible hablar con más rapidez de los sesenta años de historia en los que gobernaron estos tres emires y detenerse más en el período que se abre con el último de ellos y la llegada al poder de su nieto, el primer califa de al-Andalus.

El primero de estos tres emires pasó a la historia con el nombre de Muhammad I. A los treinta años heredó el trono de su padre, Abd al-Rahman II. A lo largo de su reinado se vivieron momentos de calma política que permitieron entablar buenas relaciones con el rey de los francos y hacer más fuertes los vínculos que ya su padre había establecido con los reinos del norte de África.

Dicen que fue un monarca inteligente y sagaz. Aseguran también que contaba con experiencia cuando llegó al trono, pues ya había sido gobernador de la zona fronteriza superior. Parece ser que no tuvo grandes problemas en su reinado hasta el momento en que murió el primer ministro de su

LA PENÍNSULA DURANTE EL EMIRATO (SIGLO IX)
Territorios controlados por los reinos cristianos
Territorios controlados por los musulmanes
AL - ANDALUS
OCÉANO ATLÁNTICO
MAR MEDITERRÁNEO
ISLAS BALEARES
NORTE DE ÁFRICA
CASTILLA
ASTURIAS-LEÓN
NAVARRA
ARAGÓN
CATALUÑA
Santiago
Oviedo
León
Astorga
Zamora
Oporto
Pamplona
Jaca
Barcelona
Tarragona
Lérida
Huesca
Zaragoza
Tortosa
Medinaceli
Calatayud
Gormaz
Guadalajara
Alcalá
Madrid
Salamanca
Toledo
Talavera
Coimbra
Badajoz
Mérida
Évora
Lisboa
Valencia
Denia
Alicante
Córdoba
Sevilla
Jaén
Granada
Almería
Málaga
Algeciras
Gibraltar
Tarifa
Huelva
Ocsonoba
Ceuta
Menorca
Mallorca
Ibiza

gobierno, un relevante personaje que ya había ocupado el mismo cargo con Abd al-Rahman II. Pero luego, cuando Muhammad I nombró un nuevo primer ministro, se encontró con algunos problemas: entre otros, las designaciones para altos cargos realizadas por este último provocaron el descontento de una parte de la población, que veía en los recién llegados a la administración a personas poco preparadas.

Si bien al-Andalus siguió siendo con Muhammad I un país rico y próspero, donde los impuestos constituían una importante fuente de ingresos, también es verdad que la vida en la corte no tuvo el esplendor que caracterizó a la de su padre. En este sentido, se dice que en sus años de gobierno, las mujeres y los eunucos gozaron de menor influencia.

Con Muhammad I se terminaron las obras de ampliación de la mezquita mayor de Córdoba, iniciadas ya por su padre. A él se debe también la decoración de algunas fachadas de este recinto religioso.

Este emir aumentó el ejército andalusí con la incorporación de mercenarios, que eran soldados profesionales a los que se pagaba expresamente para que combatiesen al lado de los ejércitos musulmanes.

Como todos sus antecesores, Muhammad I tuvo que enfrentarse a graves problemas internos. Por ejemplo, durante su reinado los habitantes de Toledo volvieron a sublevarse. Comenzaron por privar de libertad al gobernador de la ciudad nombrado desde Córdoba. Después intentaron establecer una alianza con el entonces rey de Asturias, Ordoño I. Este levantamiento, instigado por algunos clérigos cristianos, contó con el decidido apoyo de los muladíes toledanos, que pretendían independizarse. Ante tal situación, el emir envió hasta Toledo un poderosísimo ejército que derrotó a los sublevados. Según refieren, murieron cerca de ocho mil rebeldes. Luego, las tropas de Muhammad I continuaron hasta Álava.

Otros sucesos que ensombrecieron el reinado de este emir fueron los enfrentamientos que mantuvo Muhammad contra los hombres dirigidos por los Banu Qasi, una familia muladí que, ya en tiempos de Abd al-Rahman II, gobernaba la mayor parte de los territorios de la frontera superior, incluyendo Zaragoza, Huesca y Tudela (Navarra).

Por otro lado, los conflictos de tipo social y religioso iniciados en época de Abd al-Rahman II aumentaron especialmente en este período cuando un clérigo llamado Eulogio, que en los medios cristianos tenía fama de virtuoso, fue condenado a muerte por manifestarse públicamente contra el Islam.

Muhammad I tuvo también que hacer frente a dos problemas de distinto signo: por un lado, la reaparición de los normandos, un pueblo que, como recordarás, María, había desembarcado en las costas de la Península en los días de gobierno de Abd al-Rahman II. Pues bien, ahora, durante el reinado de Muhammad I, los normandos llegaron a ocupar Algeciras (en la actual Cádiz) y tierras de la actual región de Murcia.

Por otro lado, ésta fue la época en que harían su aparición en al-Andalus dos famosos rebeldes: al-Yilliqi e Ibn Hafsun. Ambos constituyeron una permanente pesadilla no sólo para el emir Muhammad I, sino también para monarcas posteriores.

Al-Yilliqi, un muladí hijo del gobernador de Mérida (Badajoz), se declaró independiente en esta ciudad apoyado por sus paisanos muladíes y mozárabes. El emir envió sus tropas contra él y reconquistó la plaza, procediendo después al traslado del rebelde hasta Córdoba, donde permaneció siete años. Despreciado allí por el primer ministro del emir a causa de su origen muladí, decidió regresar a Mérida y organizar una nueva revuelta. En esta ocasión, los ejércitos cordobeses enviados contra el rebelde fueron derrotados. Al-Yilliqi hizo prisionero al primer ministro, que era quien dirigía las tropas del emir, y lo envió cautivo al rey de Asturias, Alfonso III. Éste no le dio la libertad hasta dos años después, tras recibir del emir una cuantiosa suma de dinero como pago por su rescate.

Dice mi abuela que Muhammad I volvió a enviar un grueso ejército contra al-Yilliqi, que, derrotado, hubo de huir a la corte del rey cristiano de Asturias. Desde allí emprendió una nueva incursión y conquistó Badajoz y algunas otras tierras situadas más al sur. Todos estos dominios seguirían por algún tiempo en manos de descendientes del rebelde.

En cuanto a Ibn Hafsun, fue un muladí de Ronda (Málaga) que se dedicó al bandidaje en la serranía. Las circunstancias hicieron que en su juventud, después de dar muerte a un hombre, tuviese que marchar al norte de África, donde trabajó como aprendiz de sastre. Luego volvió a al-Andalus y fijó su residencia en Bobastro, un enclave situado en la zona de Málaga. Se hizo entonces bandolero y se enfrentó al poder central de Córdoba.

Derrotado por las tropas del emir, Ibn Hafsun se rindió y entró a formar parte de los ejércitos musulmanes, pero luego, después de sostener una violenta pelea con un oficial del emir, desertó y volvió a Bobastro. Desde allí desplegó su poderío a través de numerosas comarcas y fue estableciendo treguas con el poder central conforme le convenía. De esta manera, Ibn Hafsun, que preservó independientes sus dominios durante el reinado de cuatro emires, llegó a convertirse en una figura destacada de al-Andalus.

Dice mi abuela que el poder de Ibn Hafsun se vio reforzado cuando hubo relevo en el trono de Córdoba y al-Mundir sucedió a su padre, el emir Muhammad I. Se hallaba el heredero asediando los dominios de Ibn Hafsun cuando hubo de partir con gran premura hacia la capital enterado de la muerte de su padre. Esa salida repentina favoreció al rebelde, que pudo hacerse con Beja (en la actual Portugal), Cabra (Córdoba), Jaén y otras ciudades.

Ante el avance del rebelde, el nuevo emir envió ejércitos en su contra. Las tropas cordobesas conquistaron algunas fortalezas de Ibn Hafsun e hicieron prisioneros a gran número de jefes que estaban a las órdenes del rebelde. Cuando éste se vio acosado, solicitó una tregua a al-Mundir. El emir se la concedió e Ibn Hafsun la aprovechó para refugiarse de nuevo en Bobastro. La ciudad fue cercada por las tropas cordobesas durante cuarenta y tres días. Todo hacía presagiar que ése sería el final del rebelde, pero la repentina enfermedad del emir y su posterior fallecimiento, cuando sólo tenía cuarenta y dos años, dieron nuevas alas a Ibn Hafsun.

De esta manera, al-Mundir, un emir magnánimo y complaciente para con sus súbditos, sólo pudo gobernar durante algo menos de dos años.

María, a al-Mundir le sucedió su hermano Abd Allah. Según dicen, fue un hombre compasivo y sencillo, aunque esto es algo que no he logrado entender del todo. Y es que no sé si se puede calificar de compasivo a un hombre que mandó asesinar a dos de sus hermanos y a uno de sus hijos. El motivo de que diera muerte a este último es que, al parecer, había sido el responsable del crimen del heredero al trono.

Al margen de esto, señalan que Abd Allah conocía muy bien el Corán y las ciencias religiosas. Fue este emir, también, un gran estudioso de la lengua árabe y de dos importantes disciplinas: la historia y la poesía. Cuentan, además, que poseía una vasta cultura y una particular elocuencia.

El monarca, que había conseguido acceder al poder a la edad de cuarenta y cuatro años, tenía, además, fama de sobrio y de hombre preocupado por conocer personalmente las quejas de la población. Con este fin, hizo abrir en el palacio cordobés una nueva puerta a la que se dio el nombre de Puerta de la Justicia. Dicen que en aquel emplazamiento dedicaba tiempo a escuchar los problemas de sus súbditos. A él también se debe la construcción de un pasadizo cubierto que enlazaba el alcázar y la mezquita. Señalan algunos que el objeto de este corredor no era otro que el de evitar posibles atentados contra su persona.

María, antes te apuntaba que este emir dio orden de matar a uno de sus hijos. Parece ser que al-Mutarrif, que así se llamaba, había asesinado previamente a su hermano Muhammad, que era el que estaba destinado a regir los designios de al-Andalus a la muerte de Abd Allah.

Precisamente, esta circunstancia hizo que el emir pensara en su nieto Abd al-Rahman como heredero del trono. Este último, que era un hijo del asesinado primogénito, Muhammad, empezó a ser educado por su abuelo para que le sucediera en el gobierno de al-Andalus.

Llegado al trono, Abd Allah halló las arcas del Estado repletas de riquezas, lo que económicamente le permitió desenvolverse sin muchas trabas. No obstante, los problemas políticos fueron tales que el poder central hubo de hacer frente a numerosos levantamientos y revueltas.

Por ejemplo, Ibn Hafsun, que había salido airoso de su encuentro con Abd Allah cuando éste era aún el heredero del trono, aumentó su poder en toda la zona sur de al-Andalus y llegó a amenazar a la propia capital. Luego, los muladíes, encabezados por el rebelde, instigaron nuevas revueltas en Murcia, Jaén, Mérida (Badajoz), Écija (Sevilla), Sevilla, Granada, Badajoz, Zaragoza y otras ciudades.

El emir trató entonces de hallar una solución pacífica al peligro que representaba la causa de Ibn Hafsun. De esta manera, le nombró cogobernador de la actual región de Málaga. Pero el rebelde, aprovechando este intento pacificador de Abd Allah, se atrincheró en su posición y se deshizo de la persona que gobernaba con él la zona. Abd Allah envió nuevas tropas contra el rebelde que, no obstante, salieron derrotadas. A partir de entonces, se entró en una fase de continuos enfrentamientos sin claros resultados para ninguno de los dos bandos.

María, me contó mi abuela que este famoso rebelde se convirtió al cristianismo durante esta época. Dicen que, a partir de ese momento, si bien se granjeó las simpatías de los cristianos, comenzó a perder gran número de seguidores entre los musulmanes.

Pero no sólo los muladíes encabezados por Ibn Hafsun crearon problemas al poder central de Córdoba. También los árabes y beréberes asentados en la Península emprendieron otras sublevaciones. Algunas de ellas derivaron en la aparición de estados autónomos.

En Sevilla, Ibrahim ibn Hayyay, miembro de una importante familia, se hizo con el poder de la ciudad y se mantuvo al margen de la autoridad central de Córdoba. Y, aunque fingía dependencia del emir, lo cierto es que creó un ejército propio y recaudó impuestos para las arcas sevillanas, de forma que, a todos los efectos, gobernaba como un auténtico monarca. Incluso sus relaciones con el rebelde Ibn Hafsun fueron excelentes. A la muerte de Ibrahim, Sevilla y Carmona fueron gobernadas por dos de sus hijos y los dominios de la familia quedaron en poder de éstos hasta tiempos posteriores.

Mi abuela dice que, en general, la situación en al-Andalus bajo el reinado de Abd Allah fue un tanto anárquica. Los numerosos focos de conflictos a los que tuvo que hacer frente el emir, le obligaron a disgregar sus ejércitos, que, en consecuencia, perdieron fuerza y consistencia.

Me despido ya de ti, María. Pero antes quiero que saludes de mi parte a tus padres y hermanos. Un beso.

La historia del rebelde Umar ibn Hafsun

Cuentan que hubo en al-Andalus un rebelde cuyas hazañas traspasaron las fronteras del reino hasta hacerse muy conocidas. Nació en el seno de una familia que gozaba de un cierto desahogo económico. Al parecer, sus miembros, descendientes de un visigodo llamado Alfonso, se habían convertido recientemente al Islam y llevaban una vida holgada en la serranía de Ronda (Málaga).

Un día, el joven Umar mantuvo un duro enfrentamiento con uno de sus vecinos y acabó matándolo. Para evitar el castigo de las autoridades, su padre, que en público lo repudió, hubo de enviarle a un lugar seguro de la serranía. Allí comenzaron las fechorías que le conducirían a prisión, donde sólo recibió como castigo una paliza, ya que la justicia desconocía el crimen que le había hecho huir de su casa.

Retenido durante poco tiempo, pudo cruzar el mar hasta llegar al norte de África, donde trabajó como aprendiz de sastre. Fue en esa época cuando un desconocido de origen andalusí que viajaba por tierras norteafricanas le predijo que llegaría a ser una persona poderosa y famosa. Las palabras del desconocido incitaron al joven Umar a volver a al-Andalus. Luego, su ambición y su particular concepción de la justicia hicieron de él un carismático bandolero de las sierras de Málaga.

Una vez establecido Umar en la zona de Bobastro, muchos aventureros y fugitivos se trasladaron al lugar para unirse a su causa. Gracias al aumento de sus seguidores, el rebelde pudo emprender incursiones cada vez más importantes y peligrosas contra los dominios del emir.

En uno de sus numerosos enfrentamientos con el poder de Córdoba, hubo de rendirse. Fue entonces trasladado a la capital y, dada su experiencia en el campo de batalla, pasó a engrosar las filas del ejército musulmán del emir. En concreto, formó parte de las tropas que emprendieron una campaña contra Álava y en el curso de esta expedición destacó como un experto y valiente militar.

Pero Umar, después de regresar a Córdoba, tuvo que enfrentarse no sólo a la rutinaria vida de la capital, sino a algo más doloroso, como fueron los desprecios de la nobleza cordobesa, que no veía en él más que a un recién convertido.

Para colmo de males, Umar tuvo un enfrentamiento con el gobernador de la ciudad y eso fue lo que finalmente le obligó a huir de nuevo a su refugio de Bobastro. Desde esta zona reinició con más bríos su actividad rebelde y se fue apoderando de un buen número de comarcas del sur de al-Andalus.

Los que le conocieron se referían a él como una persona de excepcional valor, perspicacia y sagacidad. También decían que el pueblo le apoyaba y le seguía. Tal vez eso se debía a que Umar se mezclaba con las gentes y les ofrecía librarlas de la injusticia, prometiéndoles un gobierno más equitativo.

Aunque algunos de sus seguidores no pretendían más que enriquecerse y vivir aventuras a su lado, los más sólo ambicionaban acabar con el yugo al que les tenía sometidos el emir.

Umar contaba con el apoyo de una población que le era fiel. En este sentido, parece ser que sus justas decisiones le habían hecho ganar el respeto de sus seguidores. A propósito de esto, se dice que el rebelde se mostró implacable cuando hubo de juzgar a su propio hijo, aunque la leyenda no aclara en qué medida lo fue.

Gozaba del afecto de sus hombres y él mismo se encargaba de enaltecer a aquellos que se empleaban con mayor arrojo combatiendo ante el enemigo.

Según la leyenda, Umar trataba con gran respeto y consideración a las mujeres. A este respecto, afirman que en sus dominios éstas podían trasladarse de una ciudad a otra sin sufrir ningún acoso.

Algunos cronistas insisten en la idea de que Umar entabló contactos con enviados de los abbasíes. Lo que no se sabe es si algunas de las luchas que le enfrentaron al emir omeya de Córdoba, estuvieron dirigidas desde Oriente por los califas abbasíes.

Aseguran que durante un enfrentamiento contra el emir de Córdoba, Umar sufrió una gran derrota y muchos de sus jefes fueron hechos prisioneros. Buena parte de ellos pagaron con su vida el apoyo incondicional prestado al rebelde. Me impresionó mucho, María, el hecho de que fueran crucificados y, sobre todo, que a uno de ellos le colocaran un cerdo a la derecha y un perro a la izquierda.

Tras una enfermedad muy dolorosa, el rebelde murió en tiempos de Abd al-Rahman III, quien en vano había intentado arrebatarle en vida la ciudad de Bobastro. Los hijos de Umar ibn Hafsun heredaron sus posesiones, pero no supieron mantener la unidad suficiente como para defenderlas del poder de Córdoba. Así, unos años más tarde, las tropas omeyas entraron en la mítica ciudad de Bobastro tras una rendición pacífica.

Al poco llegaría hasta allí el nuevo monarca de al-Andalus, Abd al-Rahman III, que ordenó desenterrar los cadáveres de Ibn Hafsun y de su hijo mayor, profanando así sus tumbas. Después hizo trasladar sus cuerpos a Córdoba, donde fueron expuestos públicamente para ser sometidos al desprecio de los cordobeses. Piensan algunos que, con tal conducta, Abd al-Rahman III procedió de forma poco digna y respetuosa con este rebelde.

Capítulo IV

Los califas de al-Andalus

(del año 912 al año 1031)

Tetuán, veintidós de octubre

Querida María: Por fin voy a hablarte del período de al-Andalus que más me fascina. Como te dije durante nuestras vacaciones en España, se corresponde con los cincuenta años de reinado de Abd al-Rahman III, el emir que no tardó en proclamarse primer califa omeya de al-Andalus. Espero que todo lo que hizo este monarca y el esplendor que se vivió en su corte te gusten tanto como a mí.

Pero, antes de que se me olvide, quiero hablarte, aunque sea muy brevemente, de otro de los pilares básicos con los que tiene que cumplir el buen musulmán. Me refiero a la oración ritual. Supongo que recordarás aquel día en la playa en el que traté de escenificarte algunos gestos para que tuvieras una idea aproximada de cómo rezamos los musulmanes. Te lo digo porque la oración consta esencialmente de una serie de gestos y posturas, tales como inclinar el cuerpo o hincarse de rodillas, que se realizan al tiempo que se pronuncian unas determinadas palabras.

Esos gestos, unidos a esas palabras, constituyen en su conjunto una acción de alabanza. El buen musulmán realiza esta acción de alabanza cinco veces al día. Según me explicó mi padre, existe una razón fundamental para que se haga así y es que el musulmán, rezando cinco veces al día, no deja de sentirse acompañado del sentimiento religioso desde que amanece hasta que anochece. Tal y como se interpreta en el Islam, ése es el estado que corresponde al hombre por naturaleza.

Creo recordar que, en cierta ocasión, te hablé de la ablución. Según el rito de nuestra religión, la ablución es la acción con la que el musulmán se purifica por medio del agua antes de cumplir con la oración. Quiero decir que, a través de la ablución, el musulmán llega al estado de pureza necesario para poder orar. Hasta hace muy poco, yo pensaba que todos los musulmanes hacíamos la ablución con lo que llamamos «agua de abluciones». No creas que se trata de algo raro. No es más que agua corriente llegada a través de un grifo. Eso sí, no ha de estar contaminada. Pero, como te decía, no hace mucho me explicó mi padre que el musulmán puede también purificarse frotándose con arena. La explicación de esto último la entendí enseguida: mi padre me hizo pensar en las zonas de los países desérticos donde escasea o no existe el agua. Pues, justo allí, o en situaciones en las que se carezca de agua, está permitido efectuar la ablución con arena.

Estoy seguro de que, en alguna ocasión, viendo una película o algún documental, habrás oído gritar a un musulmán desde lo alto de una mezquita. Se trata de un almuédano, un hombre que, desde el alminar, llama a los fieles para la oración. Lo hace gritando invocaciones tales como «Dios es grande», «doy fe de que no hay más dios que Allah», «doy fe de que Mahoma es el enviado de Dios», «¡acudid a la oración!», o «¡acudid a la salvación!».

Las cinco oraciones que realizan los musulmanes diariamente se corresponden con cinco momentos del día: la oración de la madrugada se practica entre la aurora y la salida del sol; la oración del mediodía se realiza entre las doce del mediodía y la una de la tarde; aproximadamente, a las cuatro se suele hacer la oración de la tarde; luego, cuando se pone el sol, se realiza la oración vespertina; y, por último, normalmente al acostarse, se hace la oración de la noche.

A excepción de la correspondiente al mediodía del viernes, el musulmán puede practicar todas las oraciones en el interior de su vivienda o en cualquier lugar al aire libre. Eso sí, ha de rezar orientado hacia La Meca, la principal ciudad santa del Islam (en la actual Arabia Saudí). Para saber orientarse ha de observar el punto por el que sale el sol. Y al rezar ha de establecer en el suelo un elemento que le haga separarse del mundo exterior. Para esto último, suele emplear una esterilla, una alfombra o un tapiz de plegaria.

En cambio, la oración del mediodía del viernes exige al hombre musulmán, siempre y cuando no padezca enfermedad, su presencia en la mezquita. Esto último es voluntario en el caso de la mujer.

Este acto celebrado los viernes en comunidad incluye un sermón pronunciado por un predicador. Los musulmanes toman posición en la mezquita formando filas y permanecen atentos a los movimientos y rezos del imán. Éste, situado delante de ellos, es el hombre encargado de presidir la oración. El imán se halla delante del *mihrab*, que es algo similar a una hornacina excavada en el muro *qibla* de una mezquita. Este último es el muro de fondo frente al cual se forman las filas de musulmanes, y ha de estar situado conforme a la dirección de La Meca.

Me dijo mi padre que esta dirección varía dependiendo de los distintos países y que son personas especialistas las que están encargadas de hacérsela saber a los arquitectos que construyen las mezquitas.

Bueno, creo que esto le será suficiente a tu compañera para que sepa algo más sobre cómo rezamos los musulmanes. Sin más, paso a hablarte del primer califa de al-Andalus.

Cuentan que Abd al-Rahman III fue un hombre inteligente, amable y generoso. Además, parece ser que tuvo como gobernante una gran visión de futuro y una enorme ambición.

Los que le conocieron hablaban de él como una persona poco devota a la que preocupaba mucho que se guardasen las formas en el ámbito de la corte. También decían que gustó mucho de la ostentación en público, si bien en la intimidad era un hombre sencillo.

Sus contemporáneos lo describían como un hombre de complexión fuerte y baja estatura. Sus ojos azules y su cabello rojizo le proporcionaban un buen aspecto.

María, recordarás que Abd al-Rahman III fue criado por su abuelo, ya que su padre había sido asesinado cuando el futuro monarca sólo tenía tres semanas. Hijo de una esclava vascona llamada Muzna, su abuelo, el emir Abd Allah, se encargó de procurarle desde muy niño una educación propia de los mejores príncipes.

En contra de lo que cabía esperar, Abd al-Rahman III no encontró oposición por parte de sus tíos cuando hubo que jurarle fidelidad para llegar al trono. Contaba entonces con tan sólo veintiún años y estuvo ejerciendo el poder de al-Andalus hasta el día de su muerte, cincuenta años más tarde.

Nada más llegar al trono, hizo públicas sus intenciones. Por ejemplo, pretendía devolver al gobierno del país firmeza y castigar a los que se rebelaran contra la autoridad central de Córdoba. Era también su deseo recuperar territorios perdidos y acabar de una vez por todas con los problemas que le había creado a su predecesor el rebelde Ibn Hafsun.

Dice mi abuela que esto último no fue todo lo fácil que hubiese deseado Abd al-Rahman III. Así, en cuanto fue nombrado monarca, él mismo se puso al frente de una campaña dirigida contra algunos jefes de las comarcas de Jaén y Granada que eran aliados de Ibn Hafsun. Estos jefes se rindieron y pasaron a formar parte de los ejércitos de Abd al-

Rahman, quien, al cabo de tres meses, regresó victorioso a la capital tras haber recobrado un buen número de fortalezas. Tal y como había proyectado Abd al-Rahman, esta campaña acabó con quienes daban apoyo a Ibn Hafsun al este de sus dominios.

Un año más tarde, Abd al-Rahman volvió a hacer lo mismo en algunas comarcas de Ronda y Málaga y se fue adueñando de las fortalezas que aprovisionaban al rebelde en su refugio de Bobastro. A su vuelta a Córdoba, conquistó Sevilla, que, como recordarás, María, estaba en manos de la familia de los Banu Hayyay. Los habitantes de esta ciudad habían pedido ayuda a Ibn Hafsun, pero las tropas de Abd al-Rahman derrotaron al rebelde antes de que éste pudiese llegar a Sevilla. Una vez conquistada ésta, la ciudad de Carmona (Sevilla), gobernada también por los Banu Hayyay, acabó acatando el poder de Córdoba.

La sequía, el hambre y las epidemias obligaron a Abd al-Rahman a interrumpir por un tiempo las campañas militares. De otro lado, el rebelde Ibn Hafsun, para regocijo de los musulmanes, enfermó y murió. Sus cuatro hijos heredaron entonces los territorios que eran dominio del padre.

Después de algunos años en los que se fueron sucediendo treguas y enfrentamientos, el último hijo de Ibn Hafsun que quedaba con vida entregó de manera pacífica la tan ansiada ciudad de Bobastro a las tropas de Córdoba. Este hecho incrementó la fama de Abd al-Rahman III, cuya buena reputación corrió de región en región tanto dentro como fuera de al-Andalus.

Cuentan los cronistas que, según tenía ya pensado, fue éste el momento elegido por Abd al-Rahman para hacerse proclamar califa y Príncipe de los Creyentes, al tiempo que adoptaba el sobrenombre honorífico de «al-Nasir li-din Allah» (= el que combate victoriosamente por la religión de Allah). Con la proclamación de califa y Príncipe de los Creyentes, Abd al-Rahman III cortaba los escasísimos vínculos que unían al gobierno de Córdoba con el de Oriente y se erigía en señor absoluto de al-Andalus. Es decir, si hasta este momento los gobernantes cordobeses sólo habían mantenido una reducida y prudente dependencia del califa de Oriente, ahora esa dependencia desaparecía por completo. Los monarcas de al-Andalus pasaban así a llamarse califas y no emires.

Después de estos acontecimientos, Abd al-Rahmam III se propuso reconquistar para su reino dos zonas conflictivas: la de Badajoz y la de Toledo.

Para hacerse con Badajoz, el califa encabezó un ejército que destruyó los arrabales de la ciudad. Después dejó a sus tropas asediándola y él marchó a tierras de la actual Portugal donde venció a diversos jefes rebeldes. El gobernante de la ciudad de Badajoz se rendiría más tarde a las tropas de Abd al-Rahmam III y sería trasladado a Córdoba.

El control de Toledo requirió dos años de asedio. Durante este tiempo los habitantes de la ciudad solicitaron ayuda al rey de León, Ramiro II. No obstante, las tropas de este monarca cristiano fueron interceptadas por las del califa antes de llegar a Toledo. Quien gobernaba la ciudad se rindió a Abd al-Rahman y éste, tras dejar allí una guarnición de hombres, regresó a Córdoba y premió a los soldados que habían participado en el asedio. Feliz como estaba por haberse hecho con el control de una ciudad que tantos problemas había causado a los omeyas andalusíes, el califa dispuso la celebración de algunas fiestas en la corte.

Otros hechos favorables se vivieron durante el gobierno de Abd al-Rahman. Por ejemplo, las fuerzas de algunos gobernadores que disfrutaban de cierta independencia en la frontera superior de al-Andalus, se vieron mermadas por guerras que los enfrentaban entre sí. De esta forma, muchos de ellos fueron acatando el poder de Abd al-Rahman. El caso de Zaragoza supuso una excepción, pues, si bien en un principio sus gobernadores mostraron obediencia al califa, el último de ellos se unió al rey cristiano Ramiro II.

Por otro lado, las relaciones de Abd al-Rahman III con los reinos cristianos de León y Pamplona atravesaron diversas etapas. Durante algunos años, los ejércitos de ambos bandos mantuvieron ataques y contrataques que no derivaron en éxitos o en fracasos concretos. No obstante, hubo un período en que Abd al-Rahman III pudo imponer sus condiciones a los cristianos.

Durante el reinado de Ramiro II, rey de León, Abd al-Rahman III perdió algunos dominios importantes a manos de este monarca cristiano. Fue en esta época cuando el entonces gobernador de Zaragoza se unió a Ramiro II. El califa entonces atacó esta ciudad y mientras la sometía a cerco fue haciéndose con algunas fortalezas de la zona. Zaragoza finalmente se rindió y Abd al-Rahman emprendió desde allí algunas incursiones en territorio del reino de Navarra.

Si algo ensombreció el poderío que Abd al-Rahman desplegó a lo largo de su prolongado reinado, fue, probablemente, la derrota militar que sufrió en Simancas (en la actual provincia de Valladolid). El rey Ramiro II y el gobernador de Zaragoza habían vuelto a unir sus fuerzas contra el califa y en uno de los enfrentamientos que sostuvieron ambos bandos, Abd al-Rahman III fue derrotado de forma humillante. El califa había reclutado para la ocasión cien mil hombres, que combatieron durante varios días contra un enemigo cuyo arrojo puso en evidencia la inferioridad de las tropas musulmanas.

Dándose cuenta de que los musulmanes no se estaban empleando a fondo en la lucha, los ejércitos cristianos les hicieron retroceder para que fuesen cayendo en un foso que los hombres de Ramiro II habían excavado previamente. Abd al-Rahman III tuvo que huir precipitadamente, dejando en su campamento algunos objetos personales de muchísimo valor. Dice mi abuela que fue entonces cuando el Corán que siempre acompañaba al califa en sus campañas cayó en manos de los cristianos. Y, según pudo leer en algún libro, fue también en Simancas donde perdió su espléndida cota de mallas, que era de oro puro. No obstante, dicen que, al cabo del tiempo, le fueron devueltos esos preciados tesoros.

Humillado por tan tremenda derrota, Abd al-Rahman III, nada más llegar a Córdoba, ordenó que fuesen crucificados a orillas del río Guadalquivir trescientos oficiales de su ejército, castigando con tal medida su cobardía.

Contra lo que cabía esperar, los cristianos no hostigaron a las tropas cordobesas y éstas incluso emprendieron algunas incursiones en tierras de Ramiro II. Tales incursiones dieron paso a un período durante el cual la superioridad de las tropas musulmanas fue manifiesta. Gracias a eso, Abd al-Rahman III pudo imponer a los reyes cristianos el pago de cuantiosos tributos a cambio de no atacar sus territorios.

Abd al-Rahman III tuvo también que solucionar problemas fuera de al-Andalus. En concreto, en el norte de África hubo de enfrentarse a los fatimíes*, nombre que recibían los musulmanes integrantes de un movimiento político-religioso que gobernó territorios de las actuales Túnez y Egipto. Los fatimíes consideraban entonces que ellos eran los únicos con derecho a gobernar la comunidad de los musulmanes y, de acuerdo con esa idea, hicieron de al-Andalus uno de sus objetivos. No obstante, la habilidad y el poderío de Abd al-Rahman III impidieron que los fatimíes se apoderasen de la Península.

La flota militar del califa, fortalecida desde los tiempos de su antecesor Abd al-Rahman II, no sólo desempeñó un papel decisivo a la hora de rechazar a los fatimíes —que hubieron de retirarse hacia Egipto, fundando su capital, El Cairo—, sino también cuando hubo de frenar a los normandos, que de nuevo aparecieron en las costas de la Península, pero que una vez más fueron derrotados.

Durante gran parte de su reinado, Abd al-Rahman III mantuvo muy buenas relaciones con el imperio de Bizancio. Ambos gobiernos intercambiaron embajadas, no sólo políticas, sino también culturales y científicas. Este buen entendimiento perduró posteriormente en los tiempos del sucesor de Abd al-Rahman.

María, he tratado de resumirte hasta aquí los problemas a los que tuvo que enfrentarse el primer califa cordobés. Ahora voy a hablarte de otros aspectos muy distintos relacionados con su reinado. Pero, antes que nada, me gustaría insistirte en algo que, según mi abuela, tuvo una gran trascendencia para al-Andalus: Abd al-Rahman III llegó a pensar que su familia había conseguido el suficiente prestigio y poder como para justificar que, a partir de él, todos los gobernantes omeyas del país andalusí habrían de ser califas y no emires. Cuando decidió proclamarse califa envió inmediatamente cartas a todos los gobernadores del país para hacerles saber que, a partir de ese momento, cada vez que se dirigieran a él debían hacerlo empleando el título de califa y Príncipe de los Creyentes. En esas mismas misivas les encargaba que ordenasen a los predicadores de sus respectivas ciudades que invocasen su nombre con igual expresión en los sermones y oraciones de los viernes.

A propósito de esto que te vengo contando, debes saber que el califa tenía poder absoluto sobre sus súbditos, siendo su jefe político y religioso, y lo mismo dirigía los ejércitos que la oración de los viernes. Si lo deseaba, delegaba el poder en gente de su confianza, nombraba o cesaba a los funcionarios, y ordenaba que se acuñase moneda con su nombre.

Me explicó también mi abuela que Abd al-Rahman III fue el primer omeya de al-Andalus que utilizó un sobrenombre honorífico. Como recordarás, fue el de «combatiente victorioso por la religión de Allah». Además, me hizo ver que, a diferencia de un emir, el califa contaba con un poder absoluto que aquél no poseía, e impartía una justicia contra la que era imposible oponerse.

Cuentan que, a ojos del pueblo, Abd al-Rahman, consciente de su nueva dignidad de califa, se transformó en un personaje misterioso y distante. Sólo en contadas ocasiones se mostraba en público y cuando lo hacía buscaba por lo general la exaltada aprobación de las multitudes. Llegó un momento en que sus audiencias estuvieron reservadas a un escaso número de gente noble. De esta forma, su corte se fue nutriendo de una clase privilegiada que no siempre resultó beneficiosa para el buen gobierno del califato.

A diferencia de lo que habían hecho sus predecesores, Abd al-Rahman dispuso que sus hijos se quedasen en Córdoba instruyéndose. Quiere esto decir que evitó dar gobiernos a sus hijos en las provincias y procuró que éstos viviesen de sus rentas en los palacios cordobeses. Con ello, el papel de los príncipes se limitaba a participar en los actos oficiales presididos por el califa, lo que evitaba, a su vez, el riesgo de que envidias o rencillas pusiesen en peligro la seguridad del legítimo heredero.

Durante el reinado de Abd al-Rahman III, los mozárabes gozaron de un período de gran tranquilidad. Eso les permitió contribuir sobremanera al desarrollo de al-Andalus, desempeñando actividades como la de artesanos y funcionarios.

Su corte estuvo formada por un gran número de esclavos procedentes en su mayoría del norte de la Península, Francia, Alemania y países del este de Europa. Eran los llamados eslavos*. Cuando aún eran niños se compraban en los mercados, por lo que aprendían con facilidad la lengua árabe, las prácticas religiosas del Islam y las costumbres de la corte. Pasado un tiempo, obtenían la libertad y ocupaban cargos relevantes en la administración; cargos que, en otros tiempos, habían sido exclusivos de las clases nobles. Los más sobresalientes pasaron a prestar sus servicios como miembros de una guardia personal del califa y hasta pasado bastante tiempo, coincidiendo con el declive del califato omeya, tuvieron gran influencia en la corte. Abd al-Rahman III los prefirió a árabes y beréberes y se dice que bajo el reinado de este califa sumaron un número de trece mil. Sea o no esta cifra, lo cierto es que los eslavos siempre permanecieron fieles a los distintos califas omeyas.

Pero no sólo los eslavos formaron parte de su corte. Abd al-Rahman III depositó también su confianza en personajes que profesaron otras religiones. Es el caso del judío Hasdai ben Shaprut, que fue consejero privado, médico de la corte y embajador ante los reyes cristianos.

María, recuerdo ahora que, al llegar a este punto, interrumpí a mi abuela. Yo quería saber cómo se divertían las personas que formaban parte de la corte cordobesa durante el reinado de este califa. Ella me explicó que lo habitual en aquellos tiempos era celebrar grandes fiestas varias veces al año. Se solían organizar para festejar triunfos militares, para recibir pomposamente a embajadas venidas de otros reinos, con ocasión de festividades religiosas, etc. Las fiestas eran amenizadas por hermosas bailarinas y excelentes músicos. Ante la complacencia del califa y sus allegados, brillantes poetas de dentro y fuera de al-Andalus aprovechaban la ocasión para recitar sus versos. Me habló por último mi abuela del bufón, un simpático personaje que nunca faltaba en las cortes de los monarcas de aquella época. Su único cometido, según ella, era el de provocar la risa del califa.

María, no sé qué opinarás tú, pero yo creo que de los monarcas omeyas que habían gobernado al-Andalus hasta esa época, Abd al-Rahman III fue, sin duda, el más importante. Hay quien le compara con Abd al-Rahman I porque, como él, se encontró con un país dividido y supo, no obstante, darle consistencia y unidad. Pero al margen de comparaciones, lo cierto es que, además de unificar los territorios del país, dio a éste una gran prosperidad e hizo de Córdoba una de las ciudades más importantes del mundo. A ella acudían sabios y embajadores procedentes de otras naciones, a quienes el esplendor y la magnificencia de la corte cordobesa solían dejar maravillados.

En consonancia con la prosperidad que vivió la corte de Abd al-Rahman III, la industria, la agricultura y el comercio en al-Andalus alcanzaron un grado muy elevado de desarrollo.

Abd al-Rahman III hizo importantes mejoras en la mezquita mayor de Córdoba. Así, por ejemplo, agrandó el templo e hizo elevar un nuevo alminar de unos setenta y dos metros de altura.

Me llamó mucho la atención algo que me dijo mi abuela sobre Abd al-Rahman III y es que, al parecer, este califa comentó en cierta ocasión a sus allegados que los días durante los cuales había disfrutado a lo largo de su prolongada vida se reducían a catorce.

Me ha dicho mi padre que la próxima semana te llamaremos por teléfono para felicitarte en tu cumpleaños. Un besazo.

La historia de Medina Azahara

Cuenta la leyenda que, pasados unos años desde el comienzo de su reinado, Abd al-Rahman III comenzó a sentirse un tanto angustiado dentro de los muros del alcázar cordobés, el mismo palacio que había venido dando albergue a sus predecesores.

Al parecer, para combatir ese sentimiento tan sofocante, solía trasladarse con cierta frecuencia a las almunias reales que poblaban la campiña cordobesa. En aquellas fincas de recreo, rodeado el califa de hermosos jardines, encontraba algún alivio a las preocupaciones que le ocasionaba el ejercicio de su gobierno. Pero, consciente del nuevo papel que había de desempeñar como califa, estimaba que aquellos palacetes no guardaban consonancia con su elevado rango.

A decir de algunos, ésta habría sido la causa que llevó a Abd al-Rahman a ordenar la construcción de una nueva y majestuosa ciudad en las cercanías de Córdoba. En cambio, aseguran otros que la urbe fue levantada a raíz de la muerte de una concubina del califa. Al parecer, ésta legó una cuantiosa suma de dinero que Abd al-Rahman decidió utilizar como pago para rescatar cautivos musulmanes en tierras cristianas. Pero los hombres enviados por el califa a los territorios cristianos volvieron a Córdoba sin haber gastado nada de aquel dinero. Se debió esto a que no fue hallado en tierras enemigas ningún cautivo musulmán.

Cuenta la leyenda que Abd al-Rahman hallábase muy enamorado de una esclava suya llamada al-Zahra, que era por aquel entonces su favorita. Dejábase aconsejar con frecuencia por ella; así que no es de extrañar que el califa hubiese seguido su opinión cuando la hermosa al-Zahra le pidió que emplease aquel dinero en la construcción de una ciudad que llevase su nombre. Accedió Abd al-Rahman y mandó edificar una ciudad, a la que llamó Madinat al-Zahra (= la ciudad de al-Zahra), que, en su versión castellana, es conocida hoy por Medina Azahara.

La pasión que despertaba en Abd al-Rahman su favorita al-Zahra hizo que el califa, atendiendo a los deseos de la concubina, ordenase plantar en una montaña vecina gran número de almendros e higueras para deleite de sus hermosos ojos.

Pero el amor llevó al califa más allá e hizo esculpir la imagen de al-Zahra sobre la puerta principal de la ciudad.

Tengan razón los que apuntan que Medina Azahara nació por la necesidad de expansión del califa, o los que piensan que fue levantada por amor a una concubina, lo cierto es que la nueva ciudad fue construida a la mitad del reinado de Abd al-Rahman III.

Para su edificación se eligió una zona privilegiada situada al noroeste de Córdoba, desde donde se tenía acceso a una hermosa imagen del valle del Guadalquivir y de la campiña cordobesa. En concreto, se levantó a cinco kilómetros de la capital, sobre la llamada «montaña de la desposada», en las laderas de Sierra Morena. Debido a las características del terreno, se dotó a la ciudad de tres construcciones escalonadas que se asomaban a la vega cordobesa. En la plataforma superior se erigió el palacio del califa y sus dependencias. En la intermedia se plantaron los jardines de la ciudad. Y la plataforma inferior albergó las habitaciones privadas y la mezquita mayor.

La nueva ciudad fue adornada con ricas pinturas, maderas talladas y estatuas de animales de oro y piedras preciosas. Algunos salones estaban recubiertos de cristal y dicen que sus puertas eran de marfil con incrustaciones de oro.

Dicen las crónicas que en el duro trabajo de construcción se empleó mucho tiempo. Unos hablan de trece años y otros —seguramente los más exagerados— afirman que fueron necesarias cuatro décadas para terminarla. El caso es que el califa invirtió en ella gran parte del presupuesto de las arcas del Estado. En concreto, aseguran que se gastaba anualmente en la nueva ciudad un tercio de lo recaudado por el impuesto fiscal.

Cuentan que el príncipe heredero al-Hakam se encargó de supervisar personalmente los trabajos de edificación y que éstos duraron unos veinticinco años. Al parecer, se emplearon a diario seis mil piedras talladas y trabajaron en ella en torno a diez mil obreros. Cada uno de éstos cobraba al día entre uno y medio y tres dirhames*. También trabajaron mil quinientas bestias de carga.

Algunos cronistas señalan que se llegaba a Medina Azahara a través de un camino que partía de Córdoba. Finalizaba éste ante la que era primera puerta de la ciudad, que daba paso al patio de honor. Allí estaba situada la puerta del palacio, a través de la cual se accedía a un largo corredor que conducía a los espléndidos salones califales, destinados a recibir a personajes importantes.

Hay quien asegura que Medina Azahara contó con cuatro mil columnas. Éstas, en su mayoría, fueron traídas desde Cartago y Sfax, ciudades de la actual Túnez. El mármol utilizado en la construcción de la ciudad procedió de dos localidades andalusíes: el veteado venía de la región de Málaga y el blanco, de la comarca de Almería.

Según cuentan, fue un obispo mozárabe el que se encargó de negociar para la ciudad una bella pila de mármol esculpida con bajorrelieves que representaban figuras humanas. Parece ser que esta pila había sido construida en alguna ciudad de Oriente y, desde allí, había sido trasladada hasta Medina Azahara con grandes esfuerzos.

Dicen que Abd al-Rahman III se permitió muchos caprichos en la nueva ciudad. Quizás, uno de los más llamativos fue el de construir en el interior de Medina Azahara una gigantesca jaula que llenó de aves raras y exóticas. Además, mandó levantar un recinto especialmente diseñado para albergar a diversos animales salvajes procedentes de África.

La nueva ciudad fue paulatinamente rivalizando con la capital cordobesa. Hasta ella fueron trasladados los servicios administrativos y la casa de la moneda. Luego, para la organización de Medina Azahara, Abd al-Rahman III imitó las estructuras que venían funcionando en Córdoba. De este modo, a su condición de ciudad destinada al recreo del califa, vino a sumársele su nuevo papel como centro administrativo.

Abd al-Rahman se encargó de que la ciudad contase con un barrio mercantil. Para ello, ordenó el establecimiento de mercados e ideó una fórmula para que se instalasen en ellos nuevos comerciantes. Consistía ésta en ofrecer cuatrocientos dirhames a todos aquellos mercaderes que estuviesen dispuestos a fijar allí sus negocios. Con tal medida, el califa pretendía que hubiese actividad en la ciudad.

Las cifras que aportan los cronistas son para algunos un tanto exageradas. Por ejemplo, dicen que había en Medina Azahara unos tres mil setecientos cincuenta eslavos, que el número total de mujeres que componían el harén, incluidas las esclavas, ascendía a seis mil trescientas, y que en la alimentación de la población de la ciudad se empleaban a diario trece mil libras de carne, sin contar pollos, perdices o pescado.

El heredero de Abd al-Rahman III, al-Hakam, vivió también en Medina Azahara. Durante su reinado procuró nuevas edificaciones a la ciudad. No obstante, a su muerte, la ciudad que su padre construyera por amor a la bella al-

Zahra, entró en fase de progresivo declive hasta que fue saqueada en última instancia por mercenarios beréberes. Ése sería el final de Medina Azahara.

Tetuán, veintinueve de octubre

Querida María: Nada más empezar quiero advertirte de algo sobre lo que me hizo especial hincapié mi abuela cuando empezó a hablarme del heredero de Abd al-Rahman III. Según ella, si hubo un monarca en al-Andalus preocupado por la cultura y la ciencia, ése no fue otro que el que pasó a gobernar con el nombre de al-Hakam II.

Cuentan de él que fue un gran amante del buen gusto. En este sentido, la historia del arte hispanoárabe quedaría bastante incompleta sin el nombre de al-Hakam II. No en vano, Córdoba vivió con su reinado una etapa de esplendor como pocas otras. Por ponerte algún ejemplo, te puedo decir que, con este califa, la mezquita mayor de Córdoba fue ampliada y embellecida sobremanera.

Pero su preocupación por el arte, la ciencia y la cultura en general, no restó importancia a su labor como hombre de Estado. De hecho, a decir de algunos, en el ejercicio del gobierno igualó a su padre. Además, los ciudadanos de al-Andalus vivieron durante sus quince años de reinado un fructífero período de paz y estabilidad.

Todos hablan de la espléndida formación que recibió al-Hakam II. Seguramente, el hecho de que fuese nombrado heredero a muy temprana edad y, en cambio, no llegase al poder hasta pasados los cuarenta años, explica que tuviese durante largo tiempo la oportunidad de aprender al lado de su padre muchos de los entresijos del gobierno de Córdoba. Esto le habría proporcionado la experiencia necesaria para gobernar.

Una vez que ocupó el trono de al-Andalus, adoptó el título honorífico de al-Mustansir bi-llah (= el que busca la ayuda victoriosa de Allah). A partir de ese momento comenzó a desarrollar una política semejante a la que había practicado su padre. Y lo hizo así tanto para enfrentarse a los conflictos que se vivían en las fronteras de al-Andalus como para solucionar los problemas que iban surgiendo en el norte de África.

Los que gustan de hacer comparaciones entre el reinado de Abd al-Rahman III y el de al-Hakam II, coinciden en afirmar que este último apenas si modificó la etiqueta y el protocolo que su padre había introducido en la corte cordobesa. A este respecto, cabe destacar el importante papel que seguirían desempeñando en la vida califal los oficiales eslavos de palacio.

Al parecer, aunque careció de la fuerte y enérgica personalidad de su padre, sí supo mostrarse autoritario cuando hubo de llamar al orden en dos ocasiones a gobernadores de provincias que se habían relajado un tanto en sus funciones.

Insisten los cronistas en resaltar su devoción religiosa; devoción que, en ocasiones, con el fin de ganarse su paso a la otra vida, le llevaba a repartir muchas limosnas entre los pobres, a fundar instituciones pías a favor de los niños desvalidos, a reducir algunos impuestos, etc. Esos mismos cronistas destacan que al-Hakam II vivió a lo largo de su vida etapas durante las cuales su salud estuvo algo debilitada, lo que hacía incrementar, si cabe, su piedad y su devoción religiosas. Además, en dos ocasiones sufrió ataques de hemiplejia: uno de ellos le mantuvo postrado sin actividad durante algún tiempo y el otro le sobrevino muy poco antes de morir.

Refieren algunas fuentes que cuando accedió al trono, al-Hakam no tenía aún descendencia. Ciertamente, sus mujeres tardaron en darle hijos. Fue una concubina de procedencia vascona llamada Subh la que terminó dándole uno, al que el califa llamó Hisham. Luego, a la edad de once años, el joven Hisham sería nombrado heredero al trono.

María, como ya venía siendo habitual en todos los gobiernos de al-Andalus, al-Hakam II tuvo también que hacer frente a peligros que llegaban del exterior. Así, por ejemplo, este califa rechazó en las cercanías de Lisboa una incursión de los normandos que, a bordo de veintiocho navíos, habían desembarcado en las costas del sur de Portugal. El encuentro con los normandos fue muy sangriento pero, al final, las tropas del califa se alzaron con la victoria. Los cronistas destacan el papel decisivo que desempeñó la poderosa flota andalusí a la hora de rechazar a los normandos. En este sentido, conviene recordar que la armada omeya, muy fortalecida desde los tiempos de Abd al-Rahman II, seguía ejerciendo el control de las costas de la Península. Almería, por ejemplo, había llegado a convertirse en un importantísimo puerto militar desde el que partían barcos para frenar cualquier intento de invasión, ya viniese la tentativa desde Europa dirigida por los normandos, como del norte de África comandada por los fatimíes.

Al-Hakam II también tuvo que hacer frente a los problemas que le causaban sus relaciones con los cristianos de la Península. En principio, el califa exigió los tributos que su padre había impuesto a cada uno de los reinos cristianos. Luego, a la vista de las alianzas que los reyes de la cristiandad establecieron entre sí para evitar el pago de dichos tributos, al-Hakam se vio obligado a declararles la guerra. Fue entonces cuando emprendió campañas contra ellos en el norte, les arrebató algunas plazas importantes y les impuso una tregua que no tuvieron más remedio que firmar. Así, y gracias a la manifiesta superioridad de las tropas musulmanas, en las fronteras de al-Andalus se volvió a respirar seguridad.

María, me llama mucho la atención comprobar cómo un poderoso reino puede perder fuerza y relevancia cuando muere uno de sus monarcas. Es el caso de lo ocurrido en el reino de León cuando al-Hakam II gobernaba al-Andalus. Dice mi abuela que, a la muerte del que era entonces rey de León, le sucedió un hijo que sólo tenía tres años. Como un niño no podía dirigir los designios de un reino, fue una tía del pequeño heredero quien se ocupó de gobernar el reino de León hasta tanto aquél llegase a la mayoría de edad.

Pero María, justo a partir de aquí surgirían los problemas. Los nobles del reino de León, no conformes con ese gobierno, decidieron disgregar el reino y dirigir por separado las tierras a su cargo sin tener en cuenta la unidad de León. De esta forma, cada uno de esos nobles negoció directamente con el califa cordobés unas condiciones particulares de tregua y envió embajadas propias a través de las cuales hacía llegar a Córdoba unos determinados tributos.

El declive político que vivieron por entonces el reino de León y otros reinos cristianos coincidió con la etapa de máximo esplendor del califato de Córdoba. No impidió eso que, pasado un tiempo, una nueva alianza entre los reyes cristianos del norte desafiara al poder califal y realizaran éstos una tímida incursión en territorio musulmán. No obstante, la supremacía de las tropas cordobesas, al mando del general Galib, terminó con toda nueva tentativa de avance cristiano.

María, viene a propósito hablarte ahora de un personaje que destacó sobremanera durante el reinado de al-Hakam II. Me refiero a Galib, el general que acabo de nombrarte. Dice mi abuela que había sido un liberto de Abd al-Rahman III y que fue este califa quien lo elevó a la categoría de general, si bien con al-Hakam II adquirió mayor gloria y fama. Cuentan que a Galib se debe, entre otros éxitos militares, el mantener a raya a los cristianos en las fronteras del norte.

Pero sería injusto olvidar el papel tan importante que desempeñó en el gobierno de al-Hakam II su primer ministro al-Mushafi, una persona íntegra y honesta que estuvo al frente de cargos muy relevantes de la administración cordobesa. Este hombre, de origen humilde, procedía de una familia beréber. Su padre había sido preceptor de al-Hakam cuando éste era aún príncipe heredero. Tal circunstancia había unido estrechamente a al-Hakam y a al-Mushafi desde tiempos atrás y los había convertido en buenos amigos. No es de extrañar por tanto que, cuando al-Hakam cayó enfermo y no pudo atender las obligaciones del Estado, fuera al-Mushafi quien se ocupase de dirigir el gobierno.

Como casi todos sus antecesores, al-Hakam II también tuvo que enfrentarse a problemas originados en el norte de África. Así, por ejemplo, logró sofocar con éxito diversos intentos de los fatimíes por penetrar en la Península.

De otro lado, los idrisíes*, una dinastía independiente que reinaba en actuales territorios de Marruecos, también se enfrentaron con los ejércitos del califa en el norte de África. Aunque en un principio los idrisíes derrotaron a al-Hakam II, éste, tras enviar poderosas tropas al mando del general Galib, consiguió triunfos. Luego hizo venir a Córdoba a los príncipes idrisíes. No obstante, al-Mushafi, consciente de que mantener a estos notables suponía una considerable merma para las arcas del Estado, decidió, con el consentimiento de al-Hakam, enviarlos fuera del país. Así, los príncipes idrisíes tuvieron que partir en dirección a Egipto.

Cuentan también que llegó un momento en el que los gastos de mantenimiento de las tropas omeyas en el norte de

África pesaron enormemente sobre la economía de al-Andalus. Para aliviar tal despilfarro, el califa reclutó gentes del Marruecos actual, que entraron a formar parte de sus ejércitos. Fue entonces cuando las tropas cordobesas pudieron regresar a al-Andalus.

María, como ya te dije, durante el reinado del califa al-Hakam II, al-Andalus vivió un período de especial esplendor en lo que respecta a la vida cultural y científica. Así, por ejemplo, dice mi abuela que sobresalieron en esa época un gran número de estudiosos de la historia, la astronomía, la geometría, la aritmética, la medicina, etc. En su mayoría, estos ilustres hombres de ciencia habían ido a estudiar a Oriente y habían traído a su regreso muchos y nuevos conocimientos. Después, una vez instalados en Córdoba, estos reputados maestros habían impartido sus enseñanzas a gran cantidad de discípulos, quienes acudían a la capital desde todas las zonas del país. Si a la llegada de los árabes a la Península ya hubo un espectacular desarrollo de la ciencia, ahora, durante el reinado de al-Hakam II, ésta logró su punto álgido.

El califa supo rodearse también de los mejores médicos de la época, ya fuesen andalusíes o llegados de Oriente. Cuentan que algunos residieron en Medina Azahara y que, en concreto, al-Hakam II fue muy amigo de uno de ellos, a quien hizo responsable de un dispensario donde se distribuía comida para los pobres y los enfermos.

Por otro lado, al-Hakam fue uno de los primeros gobernantes que intentó universalizar la educación. Se sabe que fundó muchas escuelas y que a éstas podían acudir todos aquellos que lo desearan.

Además, fue este califa un gran erudito que se hizo famoso por la riqueza de su monumental biblioteca, la cual contenía libros acerca de todas las ramas del saber. Así, lo mismo coleccionaba obras de filosofía que de matemáticas o de astronomía. Para hacerse con ellas enviaba agentes por todo el mundo musulmán en busca de manuscritos y otros documentos.

Sin duda, al-Hakam poseyó la biblioteca más voluminosa y rica de cuantas habían existido hasta entonces en el mundo árabe.

Pero María, las inquietudes culturales de este califa no quedaban ahí, pues tenía también fama de ser un gran mecenas, al igual que lo había sido su padre. Así, al-Hakam II ha pasado a la historia como el califa omeya que más se preocupó por proteger a los grandes intelectuales de la época, quienes llegados a Córdoba desde la misma al-Andalus o desde el exterior, encontraban en la corte califal el ambiente más propicio para desarrollar su trabajo.

¿Recuerdas, María, que te dije que tengo un primo mayor llamado Hisham? Pues bien, ése era también el nombre del heredero del califa al-Hakam II. ¿Recuerdas que te hablé de una enfermedad que dejó inactivo a este califa? Esa enfermedad le impidió gobernar durante cierto tiempo y, a la postre, le condujo a la muerte. Su primer ministro al-Mushafi se había hecho cargo del gobierno mientras el califa hubo de estar alejado de toda actividad. Luego, a la muerte del omeya, también tuvo que encargarse de dirigir al-Andalus, ya que el heredero Hisham contaba tan sólo once años.

Ya antes de morir, enfermo y entrado en años, al-Hakam II se había preocupado de que en todas las provincias de al-Andalus se jurase lealtad al entonces niño Hisham. Ordenó, asimismo, que el nombre del heredero fuese mencionado en las oraciones y sermones de los viernes en las mezquitas del país.

Más tarde, viendo próxima su muerte, al-Hakam II ratificó a Hisham como su heredero. Con tal medida, y sin ser consciente de ello, estaba sentando las bases para que gentes influyentes, ávidas de poder, se lanzasen a una carrera desenfrenada por conseguir el gobierno de al-Andalus. Quizás, la juventud e inmadurez del nuevo mandatario cordobés, Hisham II, más preocupado por disfrutar de los placeres de la vida palaciega que por cumplir con su responsabilidad de califa, hizo posible que su simbólico reinado significara el principio del desastre de la dinastía omeya de al-Andalus.

María, antes de despedir esta carta, creo que debes entender bien que Hisham II nunca gobernó de hecho el país. Sí lo hizo como figura decorativa a quien poco importaron los problemas de al-Andalus. La responsabilidad de gobernar la dejó en manos de sus primeros ministros: en un principio al-Mushafi, y, más tarde, Almanzor y sus hijos. Éstos fueron quienes llevaron en realidad las riendas del país.

Besos. Me alegro mucho de que te haya gustado tanto mi regalo de cumpleaños.

La historia de Umar, el niño grandullón

Cuenta la leyenda que el veinticinco de noviembre del año novecientos sesenta y seis de la era cristiana, en un pueblo de la comarca de Málaga, cuyo nombre no se sabe con certeza, nació un niño al que llamaron Umar.

Nada más venir al mundo pudo observarse que la criatura no era del todo normal. Si bien es verdad que, como la mayoría de los niños, había estado gestándose nueve meses en el vientre de su madre, también lo es que nació retajado y con la piel muy flácida.

Pero luego, pasado un corto espacio de tiempo, crióse muy bien y fueron formándosele la carne y los huesos. Pese a haber nacido en tales condiciones, Umar creció muy rápidamente, de forma que, apenas cumplido el año de vida, empezó a andar como lo hacían sus hermanos mayores.

Dicen que el niño hablaba con dificultad, que lo hacía con media lengua. Aseguran, además, que comía como si se tratase de una persona mayor. Quien tuvo oportunidad de conocerlo decía que más que comer, engullía los alimentos.

Cuando estaba a punto de cumplir los dos años, Umar medía ya seis palmos de altura. Para admiración de quienes le rodeaban, el niño perdió los dientes de leche a la edad de cuatro años y diez meses.

Según las gentes del pueblo, ya en esas fechas, Umar era mucho mayor en tamaño que un hermano suyo que le doblaba en edad, lo que da prueba de que el niño sobrepasaba en estatura, envergadura y aspecto físico los límites normales de la edad infantil.

En el mes de septiembre del año novecientos setenta y uno de la era cristiana, cuando Umar contaba cinco años de edad, se tuvo noticia en Córdoba de tan insólito fenómeno. Se envió entonces por él y se le hizo llevar a la capital para que lo vieran nobles y gentes influyentes de la corte.

Según puede leerse en una conocida obra, cierto historiador se interesó por el caso e hizo todo lo posible por averiguar la situación en que se hallaba el niño, de qué forma había nacido y cómo se había criado. Y lo averiguó todo gracias al abuelo paterno de la criatura, un venerable anciano llamado Jalaf.

Fue el anciano quien acompañó a Umar hasta Medina Azahara. Allí fueron recibidos por altas personalidades, que escucharon por boca de Jalaf todas las circunstancias que habían rodeado al niño desde que nació hasta ese momento. El niño, para probar que su abuelo no mentía, comió desmesuradamente ante el asombro general de los presentes, quienes comunicaron con rapidez la singular noticia al propio califa.

Al-Hakam II no tardó en ordenar que abuelo y nieto fuesen llevados inmediatamente a su presencia. Una vez en el

Salón del Trono, el bufón de la corte, que acompañaba en esos instantes al monarca, rogó a éste que obligara al niño a comer. Pese a que el abuelo advirtió al califa de que su nieto acababa de hacerlo, la insistencia del bufón terminó por convencerlo.

Al terminar de comer, el califa obsequió al niño con algunos regalos. Luego dispuso que acudiesen a las dependencias privadas del príncipe heredero para que éste pudiese conocer a Umar. Hisham pudo entonces contemplar de cerca al niño del que tanto había oído hablar y se dedicó a hacerle algunas preguntas.

Cuentan finalmente que, antes de salir de palacio, el abuelo de Umar aprovechó la ocasión para pedir al califa la disminución de algunos impuestos que había de pagar en su pueblo. Hay quien dice que al-Hakam II no sólo se los redujo, sino que dispensó a Jalaf de pagarlos por completo. En ese mismo instante, llamó a uno de sus secretarios y le hizo redactar una carta dirigida al gobernador de la provincia en la que vivían nieto y abuelo para que quedase aquél enterado de que la familia de Umar quedaba exenta del pago de cualquier impuesto.

En el momento de la despedida, el príncipe Hisham entregó a Umar el grandullón un importante donativo, y, a continuación, abuelo y nieto se marcharon a su tierra cargados de regalos.

Tetuán, cinco de noviembre

Hola, María: Como todos los viernes, aprovecho que descanso de las tareas del colegio para escribirte una nueva carta. He de advertirte de que en esta ocasión ha sido mi padre quien me ha ido relatando detalles de la historia de al-Andalus en la época en que un importante primer ministro del califato cordobés gobernó.

El motivo de que sea mi padre y no mi abuela quien me haya hablado de este período no es otro que su ausencia: mi abuela ha ido a pasar unos días con mis tíos que viven en Europa. Ha querido conocer a su nuevo nieto, un niño al que han puesto de nombre Yusuf.

Pero, utilizando la expresión que tú misma me enseñaste, «no hay mal que por bien no venga», he descubierto que mi padre es también un gran conocedor del pasado de tu país. Sólo te pido, finalmente, que prestes atención a estos episodios que siguen, pues son muy intensos y están llenos de emocionantes intrigas. Te envío, como siempre, recuerdos de mi familia. Por cierto, se me olvidaba decirte que mi padre os llamó por teléfono la semana pasada y no contestábais. ¿Es que estábais fuera de Madrid?

Dice mi padre que, a la muerte del califa al-Hakam II, hubo un gran revuelo en la corte cordobesa, a pesar de que este califa, debido a su debilitada salud, se había preocupado de nombrar heredero con prontitud para evitar conflictos. Pero quien habría de sucederle en el trono, contaba en el momento de morir el califa con la corta edad de once años. Por tanto, fue lógico pensar que el que había sido hasta ese momento primer ministro de al-Hakam II, al-Mushafi, fuese la persona que había de seguir gobernando en nombre del pequeño califa.

Si hubo revuelo en la corte fue porque, entre otras cosas, los eslavos de palacio mostraron interés por que fuera un hermano del difunto califa quien ocupase el trono. No obstante, ni el primer ministro al-Mushafi, ni el influyente visir Almanzor consintieron aquello. Ambos personajes, al parecer apoyados por un sector de la vida religiosa y por una parte de la nobleza cordobesa, no dudaron en ordenar la muerte del aspirante y actuaron con presteza para sentar en el trono al niño.

El nuevo califa, conocido como Hisham II, no ejerció en ningún momento el poder, ya que fue primero al-Mushafi y después Almanzor quienes gobernaron en realidad el país. Cuentan que eso se debió, en gran medida, a su débil personalidad, que le hacía entregar su tiempo a la vida placentera de la corte. La institución califal entraba así en un progresivo proceso de deterioro, pues, si en un principio el niño quedó bajo la tutela de Almanzor, éste, con el tiempo fue aumentando su poder hasta que Hisham acabó convertido en una mera estampa decorativa que nunca se oponía a las decisiones de aquél. El reinado de Hisham II supuso, por tanto, el principio del fin de la dinastía omeya en al-Andalus.

María, según mi padre, hablar de este período significa hacerlo de Almanzor, pues, como habrás podido deducir, fue él y no el califa quien llevó las riendas del país.

Los antepasados de Almanzor habían llegado a al-Andalus con las primeras invasiones musulmanas. Descendía de una familia de buen linaje que, en el momento de su nacimiento, debía de residir en la zona de Algeciras. Fue de allí de donde partió Almanzor para ir a estudiar a Córdoba. Sin duda, debió de contar con el respaldo de algunos parientes que habían ocupado cargos de cierta importancia y con el apoyo de su propio padre, un hombre religioso del que recibió una esmerada educación. Todo esto le proporcionó una sólida formación jurídica y literaria.

Refinado y perspicaz trabajador, así como experto calígrafo, tuvo Almanzor el acierto de establecerse como copista en las cercanías del palacio cordobés. Fue allí donde, dedicado a redactar documentos con brillante estilo, entabló los primeros contactos con el personal de la corte. Fue también este trabajo el que le brindó la oportunidad de conocer a la madre de Hisham, la princesa Subh, cuando aún reinaba el califa al-Hakam II.

Gracias a la influencia que la princesa madre ejercía sobre el primer ministro al-Mushafi, el joven Almanzor logró en poco tiempo una posición privilegiada en la corte de al-Hakam II. A partir de entonces, su ambiciosa carrera no tuvo freno y de dirigir la policía de la ceca pasó a ser administrador del departamento de sucesiones de Sevilla.

Luego fue cadí supremo en algunas circunscripciones del sur de al-Andalus y, por último, se encargó de administrar los bienes del pequeño príncipe Hisham.

Pero no quedó ahí la cosa. Coincidiendo con el nombramiento oficial de Hisham como heredero del trono, Almanzor resultó elegido para ser su tutor. Se aseguraba así una inmejorable posición que le proporcionaba los bienes y el poder necesarios para, posteriormente, muerto el califa, manejar a las personas más influyentes del gobierno, incluido el propio primer ministro al-Mushafi.

No obstante, su buena reputación se vio manchada cuando fue acusado de defraudar fondos del Estado en los tiempos en que dirigía la policía de la ceca. Afortunadamente para él, un buen amigo suyo respondió con su propio dinero para librarle de males mayores.

Según dicen, Almanzor nunca hubiera podido ascender tan rápidamente en su carrera si no hubiera estado respaldado por la joven y bella Subh, la princesa madre de origen vascón, que, de simple esclava concubina de al-Hakam II, pasó a ser esposa favorita de este califa. Esta mujer supo influir enormemente en los asuntos de palacio hasta tal punto que el propio primer ministro al-Mushafi le obedecía ciegamente. Pero su relevante papel no desapareció con la muerte de al-Hakam II. Subh tuvo suficiente peso en las decisiones del gobierno como para que sus opiniones fueran muy tenidas en cuenta: en un principio por el primer ministro al-Mushafi y, después, por el propio Almanzor.

La astucia e inteligencia de Almanzor le llevaron a planear muy bien los pasos que habría de dar para dirigir en solitario el gobierno de al-Andalus. Pero se cuidó mucho de darlos sin introducir cambios bruscos que le creasen enemigos en la corte cordobesa. Así, una vez ratificado por Hisham como visir y con buena parte del poder en sus manos, Almanzor comenzó a deshacerse de todos aquellos que pudieran poner en peligro el ascenso de su carrera política. En un principio se valió de al-Mushafi, responsable de administrar bienes y nombrar altos cargos, para eliminar el poder que tenían los eslavos. Y de al-Mushafi también se sirvió para dirigir el ejército, que, a las órdenes de Almanzor, volvió de una exitosa incursión en Galicia con un importante botín. Esta campaña hizo que la popularidad de Almanzor aumentase aún más: si el apoyo del pueblo le había venido con esta victoria, el respaldo de sus soldados se lo supo ganar a base de recompensas. Su generosidad con el ejército, que le hizo contar siempre con su apoyo, fue a partir de entonces una constante a lo largo de su gobierno.

Sin la amenaza de los eslavos y con el apoyo del pueblo y el ejército, Almanzor pudo dar el siguiente paso: eliminar al primer ministro al-Mushafi. Con su singular astucia, se sirvió del famoso general del ejército Galib para lograrlo. Si se fijó en él fue porque había participado con éxito en múltiples campañas y, además, no mantenía buenas relaciones con al-Mushafi.

Un hijo de este último fue expulsado de un alto cargo que se le dio a Almanzor. Eso hizo que al-Mushafi se diera cuenta al fin de las verdaderas intenciones de Almanzor. Viéndose amenazado por el poder que éste iba acumulando, al-Mushafi trató de congraciarse con el general Galib en contra de Almanzor. Con tal fin pidió al militar la mano de su hija Asma para uno de sus hijos, pero no contó con la habilidad del ambicioso Almanzor que, enterado del acuerdo matrimonial, intervino con rapidez y convenció a Galib para que le entregase a él mismo en matrimonio a su hija Asma. De esta manera, el general rompió su acuerdo con al-Mushafi y fue Almanzor quien se casó unos meses más tarde con Asma. La boda se celebró en Córdoba el día de año nuevo y tuvo el esplendor propio de la categoría de los contrayentes.

En contra de lo que cabía suponer, la princesa madre Subh no sólo aprobó el matrimonio de Almanzor con una hija del general Galib sino que, además, encargó a sus damas que se ocupasen de los preparativos y detalles de la boda. Cuentan que Asma, convertida ya en esposa de Almanzor, fue la más querida y mimada de todas sus mujeres.

La boda proporcionó a Almanzor el arma que necesitaba para acabar con al-Mushafi. A partir de entonces, suegro y yerno formaron alianza para deshacerse del primer ministro, quien finalmente fue cesado en su cargo acusado de traición. Fue encerrado en prisión y cinco años después murió. Con esta hábil maniobra, Almanzor conseguía ser primer ministro del gobierno de al-Andalus, su ansiada meta.

Una de sus primeras actuaciones como nuevo primer ministro fue la de sugerir al califa eliminar los impuestos sobre las aceitunas. Con tal medida Almanzor se ganó el favor del pueblo.

Me explicó mi padre que Almanzor procuró al principio de esta nueva etapa mantener buenas relaciones con su suegro. Y la verdad es que fue así, pues emprendieron juntos algunas campañas contra los cristianos del norte, que incrementaron su buena reputación como militar. Pero la unión de Almanzor y Galib no duraría mucho tiempo, pues el ambicioso primer ministro no estaba dispuesto a compartir gloria y poder con nadie.

Y no contento con el grado de autoridad que había conseguido, Almanzor alejó también de la esfera del poder a quien tanto le había ayudado en otro tiempo: la princesa madre Subh. Si bien no pudo apartarla del todo, sí logró sin dificultad acallar su voz en la corte.

Ya sólo quedaba un personaje en Córdoba con peso suficiente como para hacerle sombra y éste no era otro que el famoso general Galib. El reputado militar comenzaba a no estar de acuerdo con los métodos empleados por Almanzor y las buenas relaciones que mantenían hasta el momento terminaron deteriorándose, con lo que surgieron enfrentamientos entre ambos y se distanciaron por completo. Luego, la astucia y la malicia de Almanzor hicieron el resto, pues, para acabar con su suegro, procuró enemistarlo con un importante general beréber, plan que a la postre le daría resultado: Galib, aliado con tropas castellanas para hacer frente a Almanzor, moriría poco después en el campo de batalla.

Como verás, María, a partir de entonces ya no cabía duda: sólo Almanzor gobernaba al-Andalus.

El primer ministro inició una política de acercamiento a los beréberes, a quienes dio preferencia en los altos cargos en perjuicio de árabes y eslavos. Paralelamente a esto, fundó una nueva ciudad en las cercanías de Córdoba con objeto de reforzar su propia seguridad y hacer de ella el centro político y administrativo del país.

La nueva ciudad, levantada en tan sólo dos años a orillas del Guadalquivir, recibió el nombre de al-Zahira (= la radiante). Los elementos que la componían eran el palacio del primer ministro, unos edificios destinados a sede administrativa, comercios, mezquitas y unos hermosos jardines. Todos ellos compitieron en distinción y suntuosidad con la mítica Medina Azahara de Abd al-Rahman III, a la que incluso superaron en algunos aspectos.

Almanzor trasladó a la nueva ciudad su cuerpo de funcionarios y su propia guardia. De igual manera llevó hasta allí a su familia, a los miembros de la corte y a ministros de su gobierno. Luego, con el beneplácito del califa, dio órdenes expresas para que los gobernadores remitiesen hasta al-Zahira los impuestos recaudados en las provincias. Con tal medida se aseguraba de que Hisham, recluido y controlado en el palacio cordobés, quedase al margen de los asuntos del gobierno.

Para dar a la nueva ciudad primacía sobre la de Córdoba, Almanzor otorgó en propiedad los terrenos que la rodeaban a personas de su confianza, entre las que se encontraban visires y secretarios generales del gobierno, quienes edificaron allí hermosos palacios. Mucha gente rivalizó por conseguir una vivienda en la propia ciudad o en sus proximidades. Pero poco duraron las construcciones de la soberbia ciudad. En tan sólo treinta años ésta se vería sometida al saqueo y a la total destrucción.

María, cuenta mi padre que Almanzor fue uno de los gobernantes de al-Andalus que más victorias consiguió en sus luchas contra los cristianos y que, con él, el país vivió épocas de una calma interior similar a la que se respiró con los gobiernos de Abd al-Rahman III y al-Hakam II.

Algunos cronistas señalan que Almanzor emprendió alrededor de cincuenta campañas contra los cristianos y que, en casi todas ellas, tuvo éxito. Por ejemplo, en el transcurso de algunas expediciones se hizo con Zamora, Simancas (Valladolid) y Santiago de Compostela (La Coruña), y, entre otras, tuvo gran repercusión la victoria que consiguió en Rueda, en la provincia de Valladolid.

Las diferencias que mantenían divididos a los cristianos en Galicia hicieron que, en el reino de León, Bermudo II arrebatase el poder a Ramiro III y negociase un tratado con

Almanzor mediante el cual el rey cristiano debía pagar fuertes tributos al Estado cordobés. La feliz coyuntura permitió a Almanzor emprender una poderosa campaña contra Barcelona, si bien antes de dirigirse a aquella plaza hizo alarde de poder mediante un recorrido militar por zonas del este de Andalucía y Levante. Finalmente, los ejércitos cordobeses, tras mantener asediada la ciudad durante seis días, se hicieron con Barcelona.

Dos años más tarde, Bermudo II decidió romper el tratado firmado con Almanzor. Fue entonces cuando el primer ministro cordobés mandó sus tropas contra León, de donde pasaron posteriormente a Zamora, ciudad de la que tuvo que huir el rey cristiano.

El matrimonio de Almanzor con una hija del rey de Pamplona permitió a ambos mandatarios firmar una tregua. Esta princesa, que adoptó el nombre de Abda al convertirse al Islam, llegó a tener cierta importancia por cuanto fue la madre de uno de los hijos de Almanzor que más tarde gobernarían al-Andalus.

La que hemos denominado «astucia de Almanzor» se manifestó de nuevo cuando supo convencer a un hijo del conde de Castilla para que se rebelase contra su padre. Con esta hábil maniobra logró algunos de sus objetivos y se hizo con algunas plazas castellanas. Luego, el conde castellano respondió con tímidas incursiones en tierras musulmanas y en una de ellas cayó en manos de las tropas de Almanzor.

Almanzor emprendió nuevos ataques contra el reino de León. Perseguía con ello lograr un éxito rotundo contra la cristiandad y éste le vino cuando tuvo la oportunidad de arrasar con sus tropas Santiago de Compostela, ciudad de especial significado religioso para los cristianos. Desde aquel lugar trasladó a Córdoba un buen número de prisioneros, las campanas de la catedral y las hojas de las puertas de la ciudad. Estas últimas sirvieron para reforzar los techos de la mezquita mayor de Córdoba. No obstante, Almanzor tuvo el cuidado de encargar a sus hombres que no profanasen la tumba del Apóstol.

Posteriormente, después de que Almanzor llevase a cabo una nueva campaña contra el reino de Pamplona, todos los reyes de la cristiandad se unieron contra el gobernante cordobés. Y, aunque en el transcurso de los enfrentamientos perdieron la vida un buen número de guerreros musulmanes, fueron en definitiva los cristianos los que no tuvieron más remedio que replegarse.

Pero también en la época de Almanzor los ejércitos de al-Andalus tuvieron que luchar en el norte de África. Así, por ejemplo, algunos jefes militares llegaron a conquistar plazas muy relevantes.

La campaña más eficaz fue la que dirigió el general Wadih. En el transcurso de ella se apoderó de diversos territorios del actual Marruecos y los gobernó por un corto espacio de tiempo. Luego, requerido por Almanzor, Wadih regresó a la Península y dejó los territorios conquistados en manos de Abd al-Malik al-Muzaffar, uno de los hijos de Almanzor. El joven gobernador se instaló en Fez y pudo dar a ésta aires de gran ciudad. Luego, llamado por su padre, hubo de regresar a Córdoba, con lo que el gobierno de Fez fue quedando a partir de entonces en manos de sucesivos generales de gran prestigio nombrados por Almanzor. Finalmente, a la muerte del primer ministro del gobierno de al-Andalus, estos territorios se harían independientes.

Me dijo mi padre que la ultima campaña de Almanzor contra los cristianos tuvo lugar en tierras de La Rioja, que entonces dependían de Castilla. También me dijo que fue al regreso de esta expedición cuando tuvo lugar la conocida batalla de Calatañazor, lugar de la provincia de Soria donde el bando musulmán sufrió muchísimas bajas. Tantas que se dice que Almanzor hubo de abandonar su posición y que, probablemente malherido, se vio obligado a detenerse en Medinaceli, también en la provincia de Soria. Allí murió cuando contaba sesenta años.

En este punto, no obstante, he de hacerte la misma observación que me hizo mi padre al relatarme todos estos acontecimientos: a lo largo de la historia ha habido algunos estudiosos que han defendido la existencia de la batalla de Calatañazor, mientras que otros tantos han sugerido que ésta sólo fue una mera leyenda.

Dice mi padre que, cuando Almanzor consiguió el poder absoluto, ordenó que se pronunciase su nombre en las oraciones de los viernes; eso sí, después de que fuese invocado el del califa. También encargó que fuera grabada su efigie en las monedas y en los escritos oficiales. Por último, los visires y cortesanos quedaron obligados a besarle la mano, tal y como procedían con el califa.

Al margen de esos signos externos, lo cierto es que Almanzor suplió el vacío político que el desinterés del califa por gobernar dejaba y, si bien es verdad que empleó una política demasiado férrea, también lo es que por medio de ella logró la tan ansiada unidad del Estado, algo que había obsesionado a todos los mandatarios omeyas. Por otro lado, su ambición y astucia le valieron para dar al país épocas de estabilidad y prosperidad. En este aspecto, como en otros muchos, hay quien lo compara con el mismísimo Abd al-Rahman III, pues, como él, supo mantener en las fronteras a los cristianos y llevar a cabo conquistas importantes en el norte de África.

En otro orden de cosas, la labor de Almanzor en Córdoba fue fructífera, pues a él se debe el inicio de varias obras públicas. Por ejemplo, que yo recuerde, edificó un canal que costó ciento cuarenta mil dinares; amplió, como ya te dije, la mezquita mayor, etc.

Tal y como dice mi padre, Almanzor, como otros muchos personajes destacados, ha tenido a lo largo de la historia partidarios que lo han defendido y detractores que lo han censurado. Parece claro que, en ocasiones, fue cruel y, sobre todo, con los que él consideraba sus enemigos, pero también supo tratar con justicia a las personas que estuvieron a su servicio.

Cuentan de Almanzor que fue un férreo enemigo de la filosofía que nunca admitió discusiones religiosas ni conversaciones sobre astrología. De hecho, se sabe que ordenó quemar bastantes libros que trataban temas que él consideraba prohibidos y que pertenecían a la famosa biblioteca del desaparecido califa al-Hakam II. Dicen también que fue, a su aire, un hombre religioso que guardaba celosamente una copia del Corán escrita de su puño y letra.

También restringió la libertad de pensamiento. A propósito de esto, dicen que encarceló y posteriormente expulsó de al-Andalus a un intelectual de Zaragoza, famoso por sus tratados de filosofía. Aseguran que incluso mandó cortar la lengua a un astrólogo que predijo la caída de su dinastía.

Pese a todo ello, al-Andalus continuó su ascenso cultural durante la época en que vivió Almanzor: fueron un buen número de matemáticos, astrónomos, físicos y filósofos los que desarrollaron su trabajo en el país. Quisiera o no Almanzor, la actividad intelectual nunca cesó en al-Andalus. Y, es que, como dijo el famoso erudito granadino Ibn al-Jatib: «Era el destino y no Almanzor quien decidía los acontecimientos».

Recibe muchos besos de mi familia.

La historia de Subh, la princesa madre

Cuenta la leyenda que, durante el reinado de al-Hakam II, llegó a Córdoba una cautiva de origen vascón que contaba, entre otras cualidades, con una dulce voz. Los cristianos llamaban Aurora a esta hermosa cantora. El destino y quizás su belleza la condujeron a la corte. Allí recibió una buena educación y empezó a ser conocida con el nombre de Subh, si bien el califa, siguiendo una moda procedente de Bagdad y observando que la muchacha vestía de manera un tanto varonil, prefería llamarla con el nombre masculino de Yafar.

Pasado un tiempo, Subh, o si se prefiere, Yafar, dio un hijo al califa que, no obstante, moriría al poco. Después le dio otro, que, a la postre, sería quien heredaría el trono de Córdoba. El feliz acontecimiento no sólo trajo alegría al palacio sino que elevó la categoría de la joven cautiva, que, a partir de ese momento, tuvo el rango de princesa madre y tratamiento de «gran señora», pasando a ser objeto de muchas atenciones en la corte. Tantas que, según se dice, se convirtió en la mujer más mimada e influyente del palacio.

El amor de al-Hakam II por Subh se suele comparar con el que sintió Abd al-Rahman II por su concubina Tarub. Al igual que esta última ejerció enorme influencia sobre el emir omeya, la princesa Subh supo conducir con habilidad la voluntad del califa.

Al poco de dar a luz, Subh supo utilizar la alegría del feliz califa, que sentía por ella una gran pasión, en beneficio del niño que habría de sucederle, pues convenció a al-Hakam II para que pusiera a nombre del heredero importantes bienes. Luego, una vez conseguidos éstos, se vio la necesidad de emplear a una persona capaz que se dedicara a administrarlos.

Quiso entonces el destino que Subh conociera a un apuesto calígrafo que se hallaba establecido en las inmediaciones del palacio de Córdoba y que se dejara seducir por sus buenas maneras. La princesa madre, una mujer caprichosa que, conocedora de sus encantos, sabía emplearlos muy bien para ganarse la voluntad de los hombres, no tuvo más que hacer uso de sus privilegios para convencer al primer ministro al-Mushafi de que Almanzor, el galante calígrafo, había de ser el administrador de los bienes del heredero y, más aún, de los de ella misma.

En condiciones normales habría sido un eslavo el elegido. Por eso, el primer ministro no pudo ocultar su sorpresa cuando la princesa le hizo tal petición, pero no supo oponerse a sus caprichos y Almanzor entró en la corte como administrador del heredero. No tenía aún veintisiete años y comenzaba ganando quince dinares mensuales. Más tarde, gracias a la influencia que Subh ejercía sobre al-Mushafi, logró en poco tiempo una posición mucho más privilegiada.

Los que hablan de sus relaciones no se ponen de acuerdo a la hora de fecharlas. Unos dicen que Subh y Almanzor ya se amaban en vida de al-Hakam II, mientras que otros muchos sostienen que fue a la muerte del califa cuando comenzó su íntima relación. Lleven los primeros la razón o sean los segundos los acertados, la verdad es que el trato tan estrecho que los unía creó cierto revuelo entre la opinión pública cordobesa y, en especial, entre las personas de la corte, que observaban admiradas la desenvoltura con que se movía Almanzor cuando se ocupaba de responder con agrado a los caprichos de las mujeres. Aseguran que siempre disponía de regalos para ellas y que era extremadamente generoso con el dinero que les entregaba.

A propósito de su generosidad, cuentan los cronistas de la época que Almanzor, sabedor de que la princesa madre era una enamorada de los objetos de gran valor, hizo cincelar para ella un palacio de plata en miniatura que fue causa de admiración de los cordobeses. Al parecer, cuando el califa tuvo noticia de ello, no pudo reprimir sus palabras y preguntó a sus íntimos:

—¿De qué artificios se valdrá este joven para conquistar el corazón de todas mis mujeres?

Intervino al punto un secretario de al-Hakam, que, queriendo calmar la confusión del califa, se atrevió a sugerirle como bálsamo para su inquietud el traslado de Almanzor a provincias.

Pero al-Hakam, más atento a sus reflexiones que a las palabras de sus compañeros de tertulia, siguió diciendo:

—Aun nadando en mares de lujo y exquisitez, ellas sólo conceden valor a los presentes que él les ofrece y no hay otra cosa que más deseen que la que venga de sus manos.

Los que componían la tertulia no supieron qué decir en ese instante. Sólo el bufón fue capaz de distraer la atención del califa con una divertida pirueta que le llevó hasta el alto alféizar de una ventana. Pero tampoco aquello logró sacar a al-Hakam de su meditación por mucho tiempo, pues, al poco, preguntó con interés a un astrónomo de su confianza:

—¿Por qué términos será justo tener a ese apuesto joven?, ¿por sabio milagroso o por hábil y prodigioso servidor?

El astrónomo, lento en reflejos, no encontró respuesta para el califa y excusó su silencio aduciendo que nada conocía del aludido Almanzor. Fue entonces cuando al-Hakam II, puesto en pie y dando por finalizada la reunión, concluyó con estas palabras:

—Sea como fuere, no dejo de preguntarme adónde irán a parar los bienes del Estado que pasan por sus manos.

Muerto al-Hakam II, la princesa se prestó a colaborar con Almanzor para que su propio hijo quedase cada vez más recluido en palacio, alejado de los asuntos de gobierno. Esta actuación fue calificada por algunos de despreciable, pues la pasión de amante venció al amor de madre.

Almanzor, muy astuto, conocía los puntos débiles de Subh y de ellos se valió para ascender en su carrera hacia el poder. Pero una vez conseguido éste, prescindió de la princesa y los sentimientos que afloraron en ésta no fueron sino los de una mujer resentida.

Quienes vivieron en aquel tiempo pudieron comprobar con horror cómo el sentimiento que unió a Subh y al joven administrador en un principio fue transformándose poco a poco hasta llegar a separarlos. Y es que parece ser que Almanzor fue apartando de su camino a su benefactora conforme iba acumulando poder. Según afirmaban quienes la veían por los corredores de palacio, la princesa madre acabó odiando al desagradecido Almanzor. Se supone, por tanto, que hubo de sufrir mucho cuando se vio tan mal correspondida, pues, a decir de algunos, arrastrada por los encantos de Almanzor, mantuvo unas relaciones más que amistosas con él, lo que dio lugar a comentarios cortesanos un tanto malintencionados.

Subh llegó a tener bastante protagonismo en los asuntos del Estado. De hecho, muchos aseguran que ella fue la que realmente manejó los hilos de la política y la administración cordobesas. Son otros tantos los que defienden que su poder llegó a ser tal que incluso los ministros no aprobaban nada sin su previo consentimiento. Y nadie duda de que ella tuvo mucho que ver en el ascenso político de Almanzor cuando éste fue nombrado primer ministro en sustitución de al-Mushafi.

Rechazada por Almanzor, la princesa recurrió a un hermano suyo, un alto cargo de la administración, para trasladar en secreto buena parte del tesoro del califa. Dicen que lo hicieron ocultándolo en vasijas que contenían supuestamente miel.

También aseguran que la princesa, aunque relegado ya su papel en la corte, acompañó a su hijo Hisham a la ciudad de al-Zahira para que éste se ratificase en su compromiso de dejar el gobierno de al-Andalus en manos de Almanzor y de sus herederos.

Subh perdería poco más tarde el único instrumento de poder que le quedaba. Sucedió cuando, enfermo Almanzor, el hijo de éste, al-Muzaffar, hizo llevar el tesoro público desde el palacio califal hasta la nueva ciudad de al-Zahira. El conflicto se acentuó cuando al-Muzaffar pretendió llevarse también el tesoro privado del califa y Subh, por bien de su hijo, se lo impidió con cierta vehemencia. Salió así airosa de esta situación pero, en realidad, nunca pudo librarse del poder de Almanzor.

Un año más tarde moriría Subh. Cuentan que toda la nobleza cordobesa se dio cita en su entierro y que el propio Almanzor rezó sobre su tumba. Algunos son más precisos y afirman que el gobernante dio grandes muestras de respeto y dolor en el transcurso de la ceremonia. Terminaba así la historia de Subh, la princesa madre.

Tetuán, doce de noviembre

Querida María: Con esta nueva carta espero terminar de contarte la época que condujo al final del califato cordobés. Te pido que prestes mucha atención a este período porque en pocos años se fueron sucediendo muchos gobernantes, movidos todos ellos por una misma ambición: el control de al-Andalus.

Cuando Almanzor tuvo poder absoluto para hacer y deshacer en la corte de Córdoba, nombró como sucesor en el cargo de primer ministro a su hijo Abd al-Malik. Éste, antes de hacerse con el gobierno, ya había sido advertido por su padre acerca de cómo llevar adelante los asuntos del Estado. Por ejemplo, Almanzor le había recomendado que actuase de forma prudente tanto en su trato con los altos cargos de la administración como con el propio califa. Le hizo ver que con esa actitud no debería temer nada de Hisham II. Sí le encargaba expresamente que no se dejara amedrentar por los omeyas y que, en caso de ser necesario, emplease mano dura con ellos. Quedaba claro que Almanzor proyectaba con dichos consejos prorrogar su poder por mucho tiempo a través de sus descendientes.

Poco tiempo después, muerto ya Almanzor, Hisham II nombraría primer ministro a Abd al-Malik, quien adoptaría el sobrenombre de al-Muzaffar (= el victorioso). Pero no todo sería un camino de rosas para el hijo de Almanzor: en primer lugar, hubo de defenderse de los eslavos, que, fieles a la causa omeya, suponían una gran amenaza para su estabilidad en el cargo. Vencida esa primera traba, tuvo que hacer frente a los cristianos, expectantes ante cualquier posibilidad de avance que les pudiese brindar el relevo en el cargo.

Cuentan que el nuevo primer ministro tuvo durante sus seis años de gobierno una forma de enfrentarse a los problemas similar a la de su padre, si bien careció de su poder de atracción. Sus especiales dotes personales le permitieron consolidar el buen desarrollo económico del que el país venía disfrutando desde hacía muchos años. También le sirvieron para manejarse con mano izquierda en su trato con el califa.

Hisham II, que ya rondaba los treinta años, seguía manteniéndose ajeno a sus obligaciones. Dice mi padre que su despreocupación por los asuntos del Estado era ahora tanto o más notoria que en época de Almanzor.

Abd al-Malik, como ya le ocurriera a su padre, contó con el apoyo popular durante los años de su mandato, ya que los cordobeses eran conscientes de que el califa no era persona adecuada para gobernar el país. Supo contener las aspiraciones de la familia omeya y, fiel a la política de su padre, mantuvo e incluso aumentó el número de beréberes de su ejército y de su propia guardia.

María, dice mi padre que al breve gobierno de Abd al-Malik, muerto en circunstancias algo turbias, le sucedió el de su hermano Abd al-Rahman, hijo también de Almanzor.

El nuevo primer ministro, que lo sería sólo por unos meses, era familiarmente llamado Sanchuelo. Este nombre le venía porque su madre, la princesa Abda, era hija del rey de Pamplona Sancho Garcés II Abarca.

Pero Sanchuelo no supo actuar con el buen criterio que había guiado a su padre y a su hermano. Nada más morir este último, Hisham II le nombró primer ministro. Sólo cabía esperar que Sanchuelo continuase con la hábil política de sus antecesores. Por eso sorprendió a propios y extraños que el recién llegado se comportase de manera vanidosa y libertina.

Cuentan que el hecho de que califa y primer ministro fuesen hijos de mujeres navarras les había unido bastante. De tal manera que era frecuente verles juntos, entregados a una vida disoluta y placentera, ajenos a toda responsabilidad de gobierno. A decir de algunos, rara era la noche que no bebían en exceso en compañía de mujeres y gentes de mala reputación. Este tipo de vida soliviantó a la población y, en particular, a los partidiarios de los omeyas. Era un tipo de vida que llevaría a corto plazo a la extinción de la dinastía iniciada con Almanzor.

Las estrecha relación existente entre Hisham II y Abd al-Rahman Sanchuelo posibilitó que este último consiguiera del califa más títulos honoríficos de los que cabía esperar. Así, pasó a ser nombrado «supremo primer ministro», «el victorioso» y «el leal». Pero la ambición de Sanchuelo no tuvo límite y traspasó la frontera de la lógica. De tal modo

LA PENÍNSULA DURANTE EL CALIFATO (SIGLO X)
Territorios controlados por los reinos cristianos
Territorios controlados por los musulmanes
AL - ANDALUS
CASTILLA
ASTURIAS-LEÓN
NAVARRA
ARAGÓN
CATALUÑA
ISLAS BALEARES
MAR MEDITERRÁNEO
OCÉANO ATLÁNTICO
NORTE DE ÁFRICA
Santiago
Oviedo
León
Astorga
Zamora
Oporto
Coimbra
Pamplona
Jaca
Barcelona
Tarragona
Lérida
Huesca
Zaragoza
Tortosa
Medinaceli
Calatayud
Gormaz
Salamanca
Guadalajara
Alcalá
Madrid
Toledo
Talavera
Mérida
Badajoz
Évora
Lisboa
Córdoba
Sevilla
Huelva
Ocsonoba
Jaén
Granada
Málaga
Almería
Algeciras
Gibraltar
Tarifa
Ceuta
Valencia
Denia
Alicante
Menorca
Mallorca
Ibiza

que obligó al califa a firmar un documento legal en el que el monarca lo nombraba heredero del trono.

A la firma del califa se unieron las de sus visires y personal del palacio. Luego, el propio Sanchuelo se encargó de que fuesen enviadas misivas a todas las provincias del país, incluidas las del norte de África, donde se daba cuenta del contenido del referido documento. Asimismo, las cartas incluían órdenes precisas para que los predicadores pronunciasen el nombre del primer ministro junto al del califa en la oración de los viernes.

La actitud arrogante de Sanchuelo ya venía creando desde su llegada al poder cierto malestar entre la población. Luego, la desproporcionada acumulación de títulos y honores, junto con el nombramiento de su propio hijo como primer ministro, caldeó aún más el ambiente. Pero la gota que colmó el vaso de la paciencia cordobesa llegó en el momento en que Sanchuelo pretendió que mandatarios del gobierno luciesen el turbante característico de los beréberes. La medida, impopular a todas luces, no hizo más que prender la mecha de una guerra civil que se avecinaba.

Los acontecimientos terminarían por precipitarse cuando Sanchuelo, al mando de una expedición contra los cristianos, cometió la imprudencia de abandonar Córdoba a la suerte de una población ávida de cambios.

Los cordobeses, hartos de este desgobierno, asistieron a un período de enfrentamientos sangrientos y decidieron respaldar un golpe de estado encabezado por un omeya llamado Muhammad. Éste, aunque inepto para gobernar, supo liderar a una masa descontenta que, con arrojo, logró forzar las entradas del palacio cordobés, obligando a Hisham II a que abdicara en favor de Muhammad.

Pero no creas, María, que Córdoba viviría una paz duradera con la llegada de este omeya. Nada más lejos de la realidad. La falta de sensatez llevó al nuevo califa a permitir que sus seguidores se entregaran a la venganza y a la extorsión y mataran a un gran número de sus enemigos. Como ejemplo de las barbaridades cometidas se sabe que al-Zahira, la ciudad que mandara construir Almanzor, fue saqueada y arruinada. Cuentan que los que participaron en aquellos actos vandálicos destrozaron todo el mobiliario y se llevaron consigo montones de dinero y joyas.

Como ya te daba antes a entender, el nuevo califa, que había adoptado el sobrenombre de al-Mahdi bi-llah (= el bien encaminado por Dios), representó un papel tan mediocre y desacertado como el que había desempeñado Sanchuelo. Se hizo rodear de gente indeseable e introdujo en su gobierno a personas sin escrúpulos. Para sus nombramientos llevó a cabo una purga entre el personal de la corte vinculado a los hijos de Almanzor. Y, ¿cómo no?, hizo blanco de su venganza a los beréberes, aquellos que tanto habían apoyado a los amiríes*. Por cierto, María, se me olvidaba decirte que el desventurado Sanchuelo, en el camino de regreso a Córdoba, halló la muerte y no le fue posible, por tanto, recuperar el poder.

Las diferencias sociales y políticas llegaron a su punto álgido y los enfrentamientos, luchas y matanzas no cesaron. Los beréberes, humillados, no tardaron en unir fuerzas en todo el país y respondieron con contundencia. En primer lugar acordaron dar el poder del califato a un miembro omeya que, no obstante, fue asesinado al poco, y, después, decidieron dárselo a otro omeya que descendía por vía directa de Abd al-Rahman III. Se llamaba Sulayman y, al parecer, tenía cierto talento para la poesía.

El nuevo candidato de los beréberes recurrió al rey de Castilla, Sancho García, para que le ayudase a conseguir el trono de Córdoba. El monarca castellano accedió y le acompañó con sus ejércitos hasta la capital de al-Andalus. Allí, Muhammad al-Mahdi, sin recursos suficientes para hacerles frente, no tuvo más remedio que echar mano del aún vivo Hisham II. Cuentan que, desde hacía un tiempo, había corrido la falsa noticia de que el desafortunado califa había muerto, cuando, en realidad, sólo se hallaba recluido. Pues bien, ahora, al-Mahdi lo mostró en público para que Sulayman cejase en su empeño de conseguir el trono, pero su treta fracasó y hubo de escapar y refugiarse en Toledo.

Córdoba conocería ahora un nuevo califa, pues Sulayman aprovechó la huida de al-Mahdi para que le fuera jurada lealtad. Pero tampoco habría de durar mucho en el trono, pues, pasados siete meses desde su proclamación, tuvo que ser él quien huyera de Córdoba ante el regreso de Muhammad al-Mahdi.

Parece ser que durante su breve gobierno, Sulayman, que había adoptado el título de al-Mustain bi-llah (= el que busca la ayuda de Dios), tuvo que ceder a los deseos de venganza de quienes lo habían llevado al poder. Así, no supo poner freno a las continuas escenas de barbarie emprendidas por los beréberes contra todos sus adversarios. Tampoco fue consciente de que aquel ambiente de rivalidades sólo le conduciría a su propia caída. Y en tales circunstancias, a Sulayman se le fue de las manos aquella anárquica situación.

Si el ambiente ya estaba de por sí bastante enrarecido, con el nombramiento de su hijo como heredero del trono cordobés, Sulayman al-Mustain sólo consiguió ganarse más enemigos.

Mientras tanto, Muhammad al-Mahdi, que había reorganizado sus ejércitos en Toledo y estaba apoyado por los nobles cristianos de Barcelona, arremetió contra la ciudad cordobesa obligando a Sulayman a salir precipitadamente de la capital.

Dueño de nuevo del gobierno de al-Andalus, Muhammad al-Mahdi volvió a cometer los mismos errores que en su anterior etapa de gobierno: desmanes por doquier, asesinatos en masa de enemigos beréberes, expolios continuos, etc. Tal vez por ello, su segundo intento de gobierno fue aún más efímero que el primero. A decir de algunos, cuarenta y nueve días fueron suficientes a los beréberes para restablecer sus fuerzas y provocar una cruel matanza entre el enemigo. Según los cronistas de la época, lograron acabar con la vida de alrededor de tres mil cristianos aliados de Muhammad. Éste, desesperado, buscó el apoyo de los nobles cordobeses, pero, falto ya de credibilidad en su entorno, terminó asesinado por su primer ministro, quien estaba resuelto a restituir en el trono al califa Hisham II.

De esta manera, gracias al primer ministro Wadih, el inoperante califa Hisham II pudo gobernar de nuevo durante aproximadamente tres años. Pero no te dejes engañar, María, pues, en realidad, quien llevó las riendas del país durante ese período fue el propio Wadih.

Este último gobernante, después de derrotar al depuesto Muhammad, hizo enviar su cabeza a Sulayman y sus seguidores beréberes para que, contemplando lo que podría pasarles a ellos mismos, cejaran en su actitud rebelde y jurasen fidelidad al legítimo califa Hisham II.

Pero las cosas no salieron conforme a los deseos de Wadih, ya que Sulayman y los beréberes que lo habían sustentado en el poder no vieron con buenos ojos la restauración de Hisham II.

En este estado de cosas, la capital cordobesa, envuelta en continuos desórdenes y revueltas callejeras, atravesaba una dura crisis económica, política y social. Si a ello se le añade la ineficacia de la política practicada por Wadih, se entenderá que los nobles de Córdoba depusieran al primer ministro y acordaran que fuera el propio califa quien gobernase por su propia mano el país. Pero, como ya había demostrado en tantas otras ocasiones, Hisham no estaba preparado para gobernar. Su ineptitud volvió a ponerse de manifiesto cuando, entre otras muchas circunstancias, fue incapaz de unir a los cordobeses en pos de un resurgimiento político y social de la ciudad.

Sulayman no tardó en reaparecer en escena. Nuevamente se apoderó del gobierno y, después de forzar a Hisham II a que le transfiriera el título, se hizo nombrar califa. Hay quienes dicen que, después de esto, Sulayman ordenó matar a Hisham, pero otros señalan que tan sólo lo recluyó en prisión.

Lo que a continuación hizo Sulayman fue, sin duda, la antesala de la futura desmembración del reino. El nuevo califa nombró a beréberes de su confianza para administrar las provincias. Pero con el tiempo, muy pocos de ellos le permanecieron fieles y, en su mayoría, comenzaron a gobernar a su antojo. La autoridad de Sulayman se limitó entonces al gobierno de la ciudad de Córdoba y no al del resto de las provincias del Estado.

Tres años de poder fueron suficientes para comprender que Sulayman fracasaba en su intento de restablecer la paz entre los cordobeses. Por eso, fue destronado y, más tarde, ejecutado, por decisión del gobernador de Ceuta, Ali ibn Hammud, que, con sus ejércitos, había invadido Córdoba. Entre otras razones, la sentencia de muerte se apoyaba en el hecho de que Sulayman hubiese ordenado el asesinato del califa Hisham II.

María, se abre aquí otro corto período de gobierno en al-Andalus. El mencionado Ali ibn Hammud fundó con su nombre una dinastía, la de los hammudíes*, que, atendiendo a la tradición, se consideraban descendientes de Ali, el yerno del profeta Mahoma. Pues bien, esta dinastía gobernaría el país durante aproximadamente siete años.

Nada más hacerse con el poder de Córdoba, Ali ibn Hammud obligó a los nobles a jurarle fidelidad y tomó el rimbombante apelativo de al-Nasir li-din Allah (= el que combate victoriosamente por la religión de Allah).

La nueva dinastía fue recibida por los cordobeses con cierto escepticismo. No obstante, la manifiesta ecuanimidad con que juzgó el nuevo gobernante a beréberes, amiríes y árabes, hizo que pronto la aceptaran con algún agrado, pues, cansados de tanta guerra civil, lo único que deseaba la población era un gobierno estable que le proporcionase tranquilidad.

Desgraciadamente, esa situación no tardó mucho en verse alterada desde el mismo momento en que Ali ibn Hammud comenzó a favorecer a los beréberes. Si actuó así fue porque vio amenazada su posición ante el aumento de partidarios de un omeya que pretendía el trono. Así que solicitó el apoyo de los beréberes a cambio de concederles privilegios, pero su cambio de actitud trajo consigo la oposición del pueblo, que, en tales circunstancias, no vio con malos ojos la posible vuelta de la dinastía omeya al poder.

Estos hechos provocaron una nueva agitación social. La situación empeoró aún más cuando Ali ibn Hammud fue asesinado por hombres de su guardia personal mientras se hallaba en el baño, si bien el descontrol duró poco tiempo gracias a la rápida iniciativa de los beréberes, que instaron a un hermano de la víctima llamado al-Qasim a que asumiera con inmediatez el poder y diera así continuidad a la dinastía hammudí.

Entretanto, el aspirante al trono ya había conseguido buen número de simpatizantes entre los propios omeyas y entre bastantes amiríes. También había contratado gran cantidad de mercenarios cristianos y parecía que pronto entraría con éxito en la capital. Pero muchos aseguran que dio un paso equivocado cuando se enfrentó con las armas a un grupo musulmán que tenía su área de influencia en la zona de Granada, los conocidos ziríes*. Dicen que en el transcurso de esos enfrentamientos, sus hombres lo dejaron solo y acabó muriendo al poco.

Todo hacía indicar que la muerte de este omeya permitiría a al-Qasim gobernar con más facilidad. Pero no fue así, pues, además de depender en exceso de sus aliados beréberes y amiríes, hubo de defenderse de dos de sus sobrinos, que intentaron arrebatarle el poder. En concreto, uno de ellos entró de modo triunfal en Córdoba y se hizo nombrar califa, por lo que al-Qasim no tuvo más remedio que huir a Sevilla.

Parece ser que este nuevo califa hammudí, llamado Yahya, fue extremadamente pródigo con la población. Se dice que llegó a dar cargos de especial relevancia a personas de condición modesta y que eso fue, tal vez, lo que llevó a la nobleza cordobesa a deponerlo después de año y medio de gobierno. Su obligada huida a Málaga fue aprovechada por su tío al-Qasim, que no tardó en regresar a Córdoba para hacerse cargo del poder. Pero al frente del gobierno sólo pudo mantenerse poco menos de un año ya que las continuas revueltas y las matanzas entre cordobeses y beréberes le hicieron desistir. Cuentan que, al final, durante uno de los muchos enfrentamientos que tío y sobrino sostuvieron por conseguir el poder, los partidarios del último acabaron con la vida de al-Qasim.

En medio de tanta desesperanza, los cordobeses llevaron al trono a otro miembro de la familia omeya. Pero, una vez más, la brevedad habría de ser la característica más esencial del reinado de este nuevo califa, que pasaría a la historia como Abd al-Rahman V, pues, cuarenta y seis días después de su nombramiento, un nuevo personaje entraría en escena. Se trataba de Muhammad III, quien acabó destronando al anterior para ocupar su puesto.

Nada más llegar al gobierno, Muhammad III emprendió una cruel y sangrienta venganza contra sus enemigos. Sin embargo, hizo gala de una cobardía sin igual en la historia de al-Andalus, pues, cuando fue atacado por las tropas del hammudí Yahya, huyó de Córdoba disfrazado de mujer. Así, el sobrino de al-Qasim accedió de nuevo al poder, aunque sólo pudo ejercerlo durante un año, al cabo del cual hubo de huir a Carmona (Sevilla).

Ante tal falta de serenidad política, los cordobeses apostaron por un nuevo califa de la casa omeya: Hisham III. Éste, que no se encontraba en Córdoba, no acogió el nombramiento con agrado, sino más bien con temor. Así, hasta dos años y medio después no entró en la capital y cuando por fin lo hizo se encontró enseguida con la aversión de los cordobeses, pues no tuvo otra idea más brillante que nombrar como visir a un sujeto rudo y grosero. Y para desgracia de los partidarios omeyas, ese visir sería quien, de manera soberbia, llevaría en realidad las riendas del país y acabaría con la paciencia de la población con sus abusivas medidas fiscales.

No tardaron los cordobeses en asesinar al visir. El conflicto social fue en aumento hasta que los nobles de Córdoba, reunidos en torno a Abu Hazm ibn Yahwar, acordaron poner fin al califato en al-Andalus. Un consejo de gobierno ejercería desde ese momento el poder.

Por azar del destino, el último y poco brillante califa cordobés, Hisham III, se llamó como aquel otro que, con su falta de disposición para el gobierno, sembró la semilla del desconcierto que habría de acabar con la etapa califal de al-Andalus.

María, cuando llegó mi padre a este crítico punto me hizo reflexionar sobre el significado que había tenido al-

Andalus hasta ese momento y me adelantó muy brevemente lo que sería del país a partir de entonces.

Parece ser que, en este último período de Hisham III, al-Andalus quedó sumida en un estado de desconcierto del que difícilmente pudo recuperarse. El país, que había conocido las más altas cotas de prosperidad económica y cultural con los gobiernos de Abd al-Rahman III, al-Hakam II y Almanzor, acabó degenerando en crueles luchas por el poder, divisiones internas y conflictos sangrientos sin igual. Sin duda, esta decadencia propició el posterior avance de los reinos cristianos del norte, que hasta entonces habían sido suficientemente controlados por el gobierno cordobés. Como se podía intuir, esos reinos, en siglos posteriores, conquistarían para sí los territorios de la Península que previamente habían dominado los musulmanes.

Con esto acabo mi carta. Te envío, como siempre, una nueva historia referida a la época de la que te he hablado. ¡Ah!, se me olvidaba: dicen mis padres que los pastelillos que nos envió tu familia estaban exquisitos. Cuando les digo que se llaman «huesos de santo» no terminan de creerme y piensan que bromeo. Hasta pronto, María.

La historia del erudito polemista

La historia de al-Andalus está llena de insignes intelectuales y eruditos que destacaron en distintas ramas del saber de la época. Uno de ellos, llamado Ibn Hazm, tuvo entre otras facetas la de poeta, pensador, teólogo, filósofo, jurista, etc.

Vivió Ibn Hazm una de las etapas sociales y políticas más turbulentas de al-Andalus. Testigo de excepción de una época crítica del califato omeya, este personaje supo reflejar en sus obras de manera magistral la decadencia política al tiempo que el esplendor artístico, científico y cultural que se estaba viviendo en el país.

Dicen que Ibn Hazm fue el mayor intelectual que hubo en al-Andalus a lo largo de su historia. Quienes así hablan de él señalan que se dedicó a escribir sobre las más diversas materias, de modo que se le atribuyen un buen número de obras. Esos mismos lo incluyen entre los más grandes pensadores de toda la historia del Islam.

El nacimiento de Ibn Hazm tuvo lugar en tiempos de Almanzor. Su padre fue visir de este gobernante y, tanto él como su familia, gozaron de los privilegios sociales que les otorgaba el hecho de vivir en la corte. Precisamente, en el ambiente cortesano fue donde se crió Ibn Hazm. Eso le permitió contemplar de cerca todas las intrigas palaciegas de la época y, principalmente, las tramadas por las mujeres, a las que espiaba de continuo en el harén.

Vivir inmerso en el ambiente de palacio le permitió seguir de cerca los acontecimientos históricos habidos entonces en al-Andalus y le dio la posibilidad de recibir una esmerada educación desde pequeño. Esta temprana formación hizo que se interesase por muchos campos del conocimiento.

La muerte de Abd al-Rahman Sanchuelo obligó a Ibn Hazm a abandonar la corte y trasladarse con su familia a uno de los barrios de Córdoba. Eran tiempos difíciles para los cordobeses y especialmente conflictivos para los que habitaban dentro de palacio.

Aunque lejos ya de la corte, siguió en contacto con la política. Pero sus escarceos en este terreno acabaron cuando su amigo y protector, el califa omeya Abd al-Rahman V, perdió el trono. Desde ese momento nunca más apoyaría públicamente a ningún gobernante, si bien casi todos ellos habrían de soportar sus críticas. Se alejó de la vida política y comenzó a dedicarse por entero al cultivo de la ciencia y la filosofía.

Nada de eso le impidió permanecer siempre fiel a la causa omeya, en la creencia de que sólo con esta dinastía podría mantenerse la unidad del territorio andalusí.

Si por algo se hizo famoso Ibn Hazm fue por decir siempre lo que pensaba. En tal sentido, no le importaba en absoluto descender a la grosería o rayar en la antipatía. Era, asimismo, hombre que se dejaba arrastrar por la cólera y llegaba incluso al insulto. Quienes bien lo conocían temían en extremo las palabras que pudiese pronunciar su lengua, tremendamente afilada.

Cuentan que, en la última etapa de su vida, coincidiendo con la división del Estado en reinos, sostuvo duras polémicas tanto con gobernantes como con intelectuales. En concreto, aseguran muchos que el monarca que entonces gobernaba Sevilla, molesto con los ataques verbales que le había dirigido Ibn Hazm, decretó que se quemaran todos sus libros. La reacción de Ibn Hazm no se hizo esperar y algunos de su círculo de allegados afirman que envió entonces una carta al rey sevillano en la que, entre otras cosas, le decía:

> *«Podréis quemar el papel, pero nunca lograréis destruir lo que contiene, pues siempre habitará en mi corazón».*

También sostuvo una polémica con un estudioso hebreo al tratar de las contradicciones contenidas, según él, en la Torá*, el libro de la ley de los judíos. Conforme a un método muy calculado, comenzó por hacer una exposición detallada de las objeciones que el judío hacía y luego enumeró una retahíla de insultos. Después se dedicaba a anular las objeciones expuestas para, finalmente, detallar una por una las contradicciones en las que incurría la Torá.

Recuerdan algunos que polemizó mucho acerca de si era posible que las mujeres tuviesen inspiración de tipo profético. Otros tantos no olvidan que con los cristianos y, en concreto, contra algunas de sus concepciones, también mantuvo ciertas polémicas. Dicen al respecto que, por ejemplo, Ibn Hazm hizo del Misterio de la Trinidad objeto de numerosas discusiones.

Con una de sus famosas polémicas creó cierto revuelo en los foros de la cultura cordobesa. Al parecer, después de que viese la luz un libro suyo que trataba sobre ética, los intelectuales quedaron enormemente desconcertados al leer párrafos como el que sigue:

> *«El placer que se apodera del hombre inteligente, culto, ermitaño o sensato, es bastante más persistente e intenso que el que domina al comilón, negociante o jugador».*

Sus defensores recuerdan que Ibn Hazm ensalzó en algunas de sus obras ciertos valores propios del hombre de al-Andalus, como el de la honorabilidad o el de la liberalidad. En cambio, sus detractores no olvidan la famosa polémica que creó a raíz de sus críticas contra los andalusíes, a quienes tachaba de ignorantes que no habían sido capaces de mostrar a sus hijos las grandezas de los sabios andalusíes y las proezas de sus monarcas.

Ibn Hazm provocó otra polémica cuando habló en sus libros sobre la procedencia del lenguaje. Siempre habían existido ciertas disyuntivas acerca de si su origen era humano o divino e Ibn Hazm se inclinó por lo último. Según explicó, el lenguaje no podía ser más que divino porque para que los hombres hubiesen llegado a construirlo convencionalmente tenían que haber dispuesto de uno previo. Ese lenguaje, por tanto, le habría sido dado al hombre por Dios. Ahora bien, sentado este principio, Ibn Hazm hacía una serie de observaciones lingüísticas que sorprenden por su apertura y novedad. Finalmente, concluía que era así como se manifestaba también el Corán.

Pero Ibn Hazm trató de otros muchos temas. Sus contemporáneos cuentan que fue un acérrimo partidario del arte de la música y que, para defenderla, se dedicó a enumerar muchas tradiciones que eran favorables a su práctica y a refutar las que se pronunciaban en contra de su uso.

Sus polémicas también invadieron el terreno de algunas ciencias. En tal sentido, discutió la validez de algunas que consideraba engañosas, tales como la alquimia o la astrología y terció en los principios de otras como la medicina. Fue partidario, por ejemplo, de considerar que había una ciencia médica corporal, dedicada a tratar las enfermedades físicas, y otra espiritual, encargada de actuar sobre las particularidades morales. Algunos estudiosos muy posteriores a él han tenido esto último como claro signo que anunciaba lo que sería mucho más tarde la psicología moderna.

Una de las obras más importantes de Ibn Hazm fue *El collar de la paloma*, un delicioso libro que escribió mientras estaba exiliado en su juventud. Mezcla de prosa y poesía, hizo en él Ibn Hazm un extraordinario estudio filosófico sobre el amor, extrayendo la verdadera esencia del sentimiento. Algunos de los versos que componen el libro han quedado grabados en la memoria popular. Por ejemplo, el que alude a dos amantes adversarios:

> *Son como el perro que custodia una cuadra: ni come*
> *el heno ni permite que se lo coman los demás.*

O, por ejemplo, el que describe la pasión de los enamorados:

> *¡Tantas veces girando en torno al amor para, luego,*
> *ser cautivos de su llama, como lo es la mariposa de la*
> *[del candil!*

CAPÍTULO V

Los reinos de taifas

(del año 1031 al año 1090)

Tetuán, diecinueve de noviembre

Querida María: No me resisto a la tentación de contarte algo que he vivido muy de cerca estos días. Me refiero a que unos parientes de mi padre que viven en Casablanca han peregrinado a La Meca, una ciudad de Arabia Saudí que, como sabes, está considerada como la capital del Islam. Pues bien, a la vuelta del viaje han decidido hacernos una visita.

Comprenderás que he aprovechado la ocasión para hacerles preguntas y, justo ahora, cuando me dispongo a escribirte, he pensado que quizás sea el momento más apropiado para hablarte de este rito tan trascendental para los musulmanes.

Ya sé que, de seguir el orden en que te enumeré los cinco pilares del Islam, debería hablarte ahora del ayuno en el mes de ramadán. No obstante, tal vez te venga bien un poco de desorden en tu ordenada cabeza. Así que toma nota de algunas cosas que me han contado mis tíos. Seguro que te servirán para informar de algo más a tu compañera.

El *hayy* es la palabra árabe con la que se hace referencia a la peregrinación que los musulmanes hacen a La Meca, o, más concretamente a la Kaaba, nombre que recibe una construcción de esta ciudad, cuya visita debe realizar todo buen musulmán al menos una vez en la vida.

La edificación debe su nombre a su forma cúbica, pues *kaaba* significa en árabe «cubo». El edificio está cubierto por un velo de seda negro que anualmente se reemplaza. En uno de los ángulos de este templo se encuentra la famosa Piedra Negra, una roca de forma ovalada que, según la tradición, fue traída por el arcángel Gabriel desde el Paraíso. Esa misma tradición nos enseña que tuvo un brillo resplandeciente, pero que tantas lágrimas derramadas por Mahoma para bien del hombre acabaron por darle el color negro que tiene hoy. Bueno, eso es lo que dice una tradición, porque, según otra, si es en la actualidad negra se debe a los besos que hombres impíos han ido dándole. La verdad es que no sé con qué quedarme. Lo único que sé es que la Kaaba es el destino final de los peregrinos y que éstos han de besar la Piedra Negra con absoluto respeto.

Me dijo mi tío que, gracias a la peregrinación, se refuerza la solidaridad de los que practican el Islam y se logra reunir a los musulmanes que se hallan dispersos por el mundo. Éstos, como te decía antes, han de peregrinar al menos una vez en la vida. Sólo a las personas que no cuentan con medios económicos suficientes o que no gozan de buena salud les está permitido no hacerlo.

Según me explicó mi tío, ha cambiado tanto la vida que la forma de peregrinar de hoy tiene poco que ver con la de los primeros tiempos. Al parecer, en otras épocas eran tales los peligros a los que se exponían los peregrinos durante el trayecto que se organizaban caravanas desde las ciudades más importantes. El viaje hasta La Meca podía durar meses y meses y, en muchos casos, emprenderlo significaba arriesgarse a no volver. Hoy en cambio, tal y como me dijo mi tío, hay en todos los países numerosas agencias que se encargan de organizar viajes rápidos y seguros en medios de transporte modernos.

El territorio de La Meca es sagrado. Quiere esto decir que hay que entrar en él en estado de pureza, o, lo que es lo mismo, bien rasurado, vistiendo la túnica blanca característica del peregrino, etc.

Dice mi tío que hay que distinguir entre la llamada «peregrinación menor» y la peregrinación propiamente dicha. Para la primera, los peregrinos han de hacer siete circunvalaciones alrededor de la Kaaba y siete carreras. La segunda consta de una serie de ceremonias con las que han de cumplir los peregrinos. Por ejemplo, han de orar en la mezquita de la Kaaba y han de trasladarse a determinados lugares situados cerca de La Meca para celebrar en ellos algunas ofrendas.

Según oí decir a mi tía, a la vuelta del viaje se detuvieron en Medina, otra ciudad de Arabia Saudí, situada al norte de La Meca. Si lo hicieron así fue para visitar la tumba de Mahoma, pues es allí donde se encuentra. No fueron en cambio a Jerusalén, que, considerada la tercera ciudad santa del Islam, es uno de los lugares que suelen visitar los musulmanes en el transcurso de la peregrinación.

¿Calmará esto la curiosidad de tu compañera? Espero que sí. La verdad es que he oído referir a mis tíos muchas anécdotas a propósito de su peregrinación, pero me las reservo para contártelas cuando nos veamos en verano.

Paso ahora a hablarte de historia.

Caído el califato, muchos de los gobernadores de las distintas ciudades de al-Andalus se proclamaron reyes independientes. A partir de entonces, al-Andalus quedó dividida en un buen número de reinos. Éstos pasarían a ser conocidos con el nombre de reinos de taifas*.

Los nuevos estados mantuvieron enfrentamientos continuos. Unas veces lucharon entre sí y otras lo hicieron a nivel interno. Como comprenderás, María, esto es motivo más que suficiente como para que resulte muy difícil explicar de forma clara los acontecimientos acaecidos en tan elevado número de reinos en tan corto espacio de tiempo.

La caída del califato abría la puerta a dos posibilidades: podía suceder que al-Andalus pasase a formar parte de un estado superior, pero también podía darse el caso de que se dividiese en un gran número de estados independientes. Al final, ocurrió esto último y al-Andalus desapareció como estado único, quedando dividido en pequeños reinos.

Ya en los últimos años del califato, los desórdenes políticos y sociales que se vivían en al-Andalus habían obligado a los gobernadores de las provincias a ejercer su autoridad al margen del poder central de Córdoba. En tales circunstancias, no es de extrañar que estos jefes vinieran paulatinamente independizándose. Luego, caído el califato, no les resultó nada difícil modificar sus títulos de gobernadores por los de reyes.

Como es lógico, las zonas de al-Andalus situadas en las fronteras con los cristianos contaban con más presencia militar que aquellas otras zonas del interior donde se gozaba de mayor tranquilidad. Por tanto, a la caída del califato, los jefes militares que se hallaban asentados en las zonas fronterizas pudieron establecer reinos fuertes e independientes. En cambio, en el interior de la Península nacieron otros reinos menos estables y con menor poder militar.

De esta manera, se puede hablar de reinos de taifas poderosos como el de Sevilla, el de Zaragoza, el de Badajoz, el de Granada, o el de Toledo, y de otros reinos de taifas más débiles, como el de Ronda (en la actual Málaga), el de Lorca (en la actual Murcia), o el de Alpuente (en la actual Valencia). Estos últimos, muy numerosos, fueron en su mayoría pequeños reinos que sólo abarcaron un reducido territorio, a veces una única ciudad, y, en ocasiones, una sola fortaleza.

Cada uno de estos reinos tenía corte, vasallos y ejército propios. Todos recaudaban sus impuestos y muchos de ellos acuñaban moneda. Asimismo, daban a su rey el título de «Príncipe de los Creyentes».

Es muy difícil establecer la fecha exacta en la que cada uno de estos reinos se proclamó independiente del poder central de Córdoba. Ha de tenerse en cuenta que algunos de ellos, antes de la disolución del califato, si bien no se decidían a desligarse de Córdoba, venían desoyendo las instrucciones que le llegaban desde allí.

Según mi abuela, muchos cronistas coinciden en señalar que la historia de los reinos de taifas comenzó al ser nombrado Yahwar —personaje del que ya te hablé— gobernador de Córdoba, pues fue bajo el gobierno de éste cuando la ciudad se convirtió en estado independiente. Es cierto que hasta ese momento al-Andalus había venido manteniendo una relativa unidad, pero no es menos cierto que desde hacía ya varias décadas el país vivía una progresiva desintegración política.

En un territorio como el de al-Andalus, formado a partir de ahora por un gran número de dinastías y reinos constituidos por monarcas ávidos de poder, no es de extrañar que se vivieran continuos episodios de violencia y enfrentamientos bélicos.

Según pudo leer mi abuela, los reyes de taifas tenían una procedencia muy diversa y pertenecían a distintos grupos étnicos. Así, ella me habló de algunos que tenían origen eslavo, de otros que eran antiguos jefes militares beréberes, de unos terceros que descendían de amiríes, o de quienes tenían un origen árabe. Dice mi abuela que hay quienes hablan sin distinción de reyes de taifas andalusíes, pero que, en realidad, entre éstos habría que incluir tanto a musulmanes con origen árabe como peninsular.

María, he de confesarte que hubo momentos en los que me fue imposible seguir las explicaciones de mi abuela debido al elevado número de reinos formados en la Península. Mi abuela tuvo la feliz idea de mostrarme un mapa de la Península Ibérica en el que me fue señalando aproximadamente las zonas geográficas donde se fueron asentando los distintos reinos de taifas. Muy brevemente, de acuerdo con las etnias que antes te he enumerado, me indicó que los eslavos se hicieron dueños de la parte oriental de al-Andalus. Así, por ejemplo, se establecieron en ciudades como las de Valencia y Almería. Los beréberes se adueñaron de las zonas comprendidas entre el río Guadalquivir y Granada, haciéndose con ciudades tan importantes como las de Málaga y la misma Granada. En cuanto a los que muchos califican de andalusíes, dominaron la zona de Sevilla.

Antes te he hablado de los continuos enfrentamientos en los que participaron los diferentes reinos de taifas. Verdaderamente, éste era el panorama habitual que podía contemplarse en al-Andalus. A esos enfrentamientos habría que sumar las ininterrumpidas alianzas que los reinos musulmanes entablaban entre sí contra reinos cristianos, e, incluso, los pactos que algunos de éstos firmaban con determinados reyes de taifas para luchar contra otros.

Como puedes imaginar, eran pactos y alianzas basados en intereses coyunturales. Por tanto, era harto frecuente que los acuerdos fuesen efímeros y se firmasen un día para ser anulados al siguiente. En estas circunstancias, al-Andalus vivía una época en la que sus gobernantes combinaban lo mismo afectos y pasiones que actos nobles y bárbaros.

Ésa era la razón de que los nuevos reinos carecieran de unas fronteras con unos límites estables. Y es que esa política de pactos tan cambiante hacía que los territorios y las propias ciudades pasasen con suma facilidad de unos reyes a otros. Pero no olvides, María, que la fragmentación de al-Andalus no siempre tuvo como origen la guerra. En muchos casos, las divisiones pudieron obedecer a herencias transmitidas por un rey a varios de sus hijos.

Los reinos cristianos de la Península supieron aprovecharse de la desmembración del estado andalusí. Fue éste el momento oportuno para que los gobernantes cristianos exigiesen tributos a los musulmanes. Los primeros en pagar fueron los reyes cuyos dominios estaban en tierras fronterizas. Progresivamente, unos más y otros menos, buena parte de los reinos de taifas fueron, en algún momento de su existencia, tributarios de algún rey cristiano.

María, estos reinos vivieron tantísimos sucesos a lo largo de su existencia que me resultaría imposible referírtelos en su totalidad. Por eso, me limitaré a contarte algunos de los que tuvieron especial significación para la historia de al-Andalus. Ten en cuenta que fueron cerca de cuarenta los estados que convivieron en la Península durante esta época. Unos estuvieron gobernados por reyes cristianos y otros por mandatarios musulmanes. Como es lógico, sólo te hablaré de los reinos musulmanes que formaban en esa época al-Andalus.

Mi abuela me hizo una división muy sencilla pero, a la vez, muy práctica. En lugar de atender a orígenes étnicos o a zonas geográficas, me señaló que hubo reinos de taifas de gran relevancia y otros que tuvieron menos peso en el desarrollo de los acontecimientos vividos en al-Andalus. Por ello, he preferido hablarte de ellos según su misma división, aunque, eso sí, te los enumero por orden alfabético:

Los reinos de taifas más importantes fueron:

Almería

Este reino, sustentado sobre los restos del antiguo estado califal, destacó por su brillantez y fue quizás uno de los más poderosos. Sus gobernantes eran de origen eslavo. El primero de ellos fue un destacado personaje llamado Jayran, quien vivió el último período del califato.

Jayran realizó una gran labor militar al servicio del califa Hisham II. Pero hubo de huir de Córdoba y marchó al este de la Península. Allí se apoderó de algunas ciudades como Orihuela (en la actual Alicante), Murcia y Almería.

Poco tiempo duró el respaldo que Jayran dio a Hisham II, pues no tardó en defender la causa de al-Murtada, el que fuera pretendiente omeya al trono. Pero, finalmente, optó por retirar también su apoyo a este último.

La defensa de sus intereses le llevó a enfrentarse a un tal Muhammad que era descendiente de los amiríes. No obstante, supo mantener el control de las ciudades que había hecho suyas e hizo capital del reino a Almería.

Cuentan que Jayran hizo de Almería una bella y hermosa ciudad. La dotó de agua corriente y mandó construir en ella fortificaciones y nuevos edificios.

A Jayran le sucedió su hermano Zuhayr, quien hasta entonces había venido gobernando Murcia. Parece ser que este nuevo mandatario desempeñó un gran papel en el terreno administrativo y, durante la época en que estuvo al frente del reino de Almería, los límites de éste se vieron ampliados hasta las proximidades de Córdoba y Toledo, y hasta Baeza (Jaén), y Játiva (Valencia).

Tras diez años de gobierno, Zuhayr murió en Alpuente (Valencia) mientras luchaba contra Badis, rey de Granada. Su muerte fue muy sentida por los súbditos almerienses, pues este gobernante había contribuido mucho a engrandecer los dominios de su reino.

Poco tiempo después, Almería fue conquistada por Abd al-Aziz de Valencia. Este mandatario, a causa de sus continuas luchas contra el señor de Denia (Alicante), no pudo dirigir personalmente la ciudad de Almería, por lo que dejó al frente de ella a un cuñado suyo llamado Maan.

Maan no tardó en independizar a Almería del reino de Valencia. Fue entonces cuando ciudades como Jaén, Lorca (Murcia) y Baeza (Jaén) lo reconocieron como monarca. Los territorios del reino de Almería llegaron a extenderse con este nuevo dirigente por la actual provincia de Almería y por gran parte de las de Jaén, Granada y Murcia.

Muerto Maan, el reino de Almería fue heredado por su hijo al-Mutasim, que entonces tenía catorce años. Debido a su corta edad, el gobierno efectivo quedó en manos de al-Sumadih, un tío del nuevo monarca que actuó en calidad de regente. Al-Sumadih tuvo que hacer frente a un levantamiento en Lorca (Murcia), pero aun así no consiguió que el gobernador de dicha plaza jurase pública obediencia al joven rey al-Mutasim. Más tarde, a los tres años de iniciada su regencia, al-Sumadih perdió la vida.

En tales circunstancias, el rey al-Mutasim hubo de controlar personalmente el gobierno de Almería con tan sólo diecisiete años. La juventud del monarca desató entonces la ambición de otros reyes que deseaban conquistar el reino de

Almería. Como quiera que al-Mutasim no brilló por sus dotes militares, poco a poco los monarcas vecinos consiguieron reducir las dimensiones del reino, que se circunscribieron exclusivamente a la capital almeriense. No obstante, no hay que olvidar que ésta tuvo tal importancia que su valor fue comparable al de cualquier otro reino destacado.

Cuentan, en cambio, que al-Mutasim destacó por su generosidad, su extensa cultura y su buen hacer literario. Brillante poeta, hombre sumamente pacífico, bondadoso y ecuánime, supo hacer de su reino un envidiable edén, y si entró en alguna ocasión en guerra contra otros reyes fue porque sus enemigos no le dejaron otra opción.

Fue al-Mutasim quien, junto con otros reyes de taifas, solicitó finalmente ayuda a los almorávides. Precisamente, reinando uno de sus hijos, fue cuando Almería pasó a manos de esta dinastía norteafricana.

Dice mi abuela que los cronistas de la época solían destacar que Almería contaba con cuatro mil telares y que la ciudad se distinguía por su gran producción de útiles de cristal, hierro y cobre. Tan importante era la ciudad que disponía de cientos de casas de huéspedes y multitud de baños públicos.

Muchos también resaltaron el papel relevante que desempeñaba el puerto de Almería, pues, al parecer, era el más frecuentado de toda la Península. Ten en cuenta que hasta él llegaban barcos procedentes de Europa e, incluso, de Oriente.

Badajoz

La dinastía de los aftasíes*, que fue la que se hizo con el poder de este reino, estaba formada por beréberes arabizados. Su fundador, Abd Allah, había recibido los territorios que comprendían el reino de Badajoz de manos de un esclavo que los había hecho suyos durante el reinado del califa al-Hakam II.

Abd Allah tuvo un digno sucesor en la persona de Muhammad, más conocido por el sobrenombre de al-Muzaffar (= el triunfador). Éste, además de buen administrador y gran estudioso, destacó como militar. Como ya lo hiciera su antecesor en el poder, al-Muzaffar mantuvo frecuentes enfrentamientos con el reino de Sevilla, cuyas ambiciones siempre supo frenar. Pero no corrió la misma suerte en sus luchas contra los cristianos, quienes, adueñándose de ciudades como Santarem, Coimbra y algunas otras fortalezas de la actual Portugal, le obligaron a pagar fuertes tributos.

Dice mi abuela que el reino de Badajoz vivió con al-Muzaffar una época de prosperidad económica y cultural. Al parecer, era este monarca un amante de la poesía y él mismo solía escribir páginas dedicadas a la literatura y a la historia.

Cuando murió al-Muzaffar, dos de sus hijos se disputaron el gobierno del reino de Badajoz, que por este motivo quedó sumido en una crisis importante. Afortunadamente para el reino, la muerte inesperada de uno de los dos aspirantes al trono, facilitó el camino hacia el poder al otro. Fue así como Umar llegó al gobierno de Badajoz e hizo de ésta un importante enclave cultural.

Umar firmó pactos con el rey de Sevilla y, de común acuerdo con él, decidió solicitar ayuda a los almorávides establecidos en el norte de África para defenderse del avance de los cristianos. Más tarde se percató de que esta ayuda se estaba convirtiendo en arma de doble filo, pues los almorávides estaban conquistando al-Andalus. Fue entonces cuando recurrió al rey cristiano Alfonso VI, tratando de contar con su apoyo. Pero la petición, muy impopular, no llegó a tener respuesta. En estas circunstancias, Umar fue hecho prisionero y cuentan que él mismo pidió ser ejecutado junto con el resto de su familia.

Córdoba

Yahwar, un descendiente de ilustres personajes, fue el fundador de la dinastía que gobernó Córdoba. Dicen que fue una persona honesta que contó con el respeto de todos los sectores que tenían el poder en Córdoba. Cuentan también que, comparado con otros muchos mandatarios de la época, ambiciosos y sin escrúpulos, Yahwar destacó por ser hombre humilde y virtuoso. En tal sentido, parece ser que siempre rehusó títulos y nunca quiso residir en los palacios califales.

En torno a él se formó un consejo compuesto por los personajes más notables de la ciudad, que eran los responsables de dirigir el gobierno de Córdoba.

Fue Yahwar el responsable de reconstruir Córdoba. Con él, la economía de la ciudad se vio saneada y la industria y el comercio se desarrollaron notablemente. Designó a personas encargadas de abastecer los mercados de la ciudad. Igualmente creó un grupo de recaudadores de impuestos, quienes anualmente habían de rendir cuentas al gobierno.

Con Yahwar, la ciudad volvió a conocer el orden y la tranquilidad vividos en épocas anteriores. A este respecto, fue él quien se encargó de crear un cuerpo de inspectores que velaban por la seguridad de los ciudadanos de día y de noche. Dicen que fijó un horario de apertura y cierre de los comercios y que entregó armas a honrados cordobeses para que éstos colaborasen en la seguridad de las calles de la ciudad. Al parecer, tales medidas sirvieron para disminuir el número de asesinatos y delitos cometidos al amparo de la noche.

Durante el gobierno de Yahwar se creó un cuerpo de jueces y fiscales financiado por el Estado y se puso fin a los denominados «delatores», personas que hasta entonces habían vivido a costa de falsas denuncias y falaces engaños.

En el ánimo de Yahwar siempre dominó la idea de ver a al-Andalus de nuevo unida bajo un gobierno único. Pero sus tentativas en esta dirección fracasaron ante la negativa de otros mandatarios andalusíes. Al margen de estos propósitos, lo cierto es que Yahwar se hizo con ciudades vecinas menos poderosas.

A decir de muchos cronistas, la población de Córdoba siempre vio en Yahwar al gobernante que procuró a la ciudad prosperidad y paz duraderas. Tan agradecidos le estuvieron los cordobeses que en sus funerales dieron muestras de amargo dolor por su muerte.

A Yahwar le sucedió su hijo Muhammad, un gobernante justo, seriamente preocupado por que no estallasen en la ciudad conflictos internos. Dicen que en su forma de gobernar y en su talante prudente recordaba algo a su padre. Pero, desgraciadamente para Córdoba, este capaz monarca hubo de renunciar al poder a causa de su delicada salud. De manera que tuvo que dejar Córdoba en manos de su inepto hijo Abd al-Malik, monarca sumamente vanidoso que gobernó de manera muy distinta a como lo habían hecho su abuelo y su padre.

Se dice que Abd al-Malik llegó a acumular excesivos poderes y que adoptó un rimbombante título. Su arrogancia le llevó al punto de ordenar que su nombre fuese pronunciado en las mezquitas durante la oración del viernes. Ésta, junto a otras medidas que le fueron convirtiendo en un tirano, le hicieron ganarse el rechazo de los cordobeses.

Fue durante el reinado de Abd al-Malik cuando, cercada Córdoba por las tropas de al-Mamun de Toledo, el rey al-Mutamid de Sevilla se apresuró a ayudar a los cordobeses. Esta ayuda sólo trajo a Abd al-Malik nefastas consecuencias, pues, cuando regresó de luchar contra los ejércitos toledanos, se encontró con una Córdoba ocupada por las tropas sevillanas.

Cegado por la ira, Abd al-Malik decidió batallar sin tregua para recuperar la ciudad. Pero de poco le valió, pues, tras arduos combates, fue capturado y muerto. Dicen que poco antes de morir maldijo al rey al-Mutamid, que se había comportado como un traidor. Después, este rey sevillano incorporaría Córdoba al reino de Sevilla.

Denia

Muyahid, un conocido y erudito amirí de origen cristiano, fue quien hizo independiente el reino de Denia (Alicante). Su corte se vio plagada de personajes de vasta cultura y amplia erudición. Con él, Denia vivió etapas de sosiego y florecimiento.

Dicen que hasta tal grado llegó el poderío de este reino que hubo un tiempo en que Denia controló buena parte de la isla de Cerdeña. Pero la empresa no fue en absoluto fácil. Cuentan que en el transcurso de la aventura por mar para conseguir la isla, Muyahid sufrió una importante derrota en la que llegó a perder a sus mujeres y a sus hijas.

Me dijo mi abuela que Muyahid también emprendió otras importantes expediciones por mar y que llegó a apoderarse de las actuales islas Baleares. Además, saqueó algunas ciudades italianas e intervino en buen número de luchas internas habidas en los distintos reinos de al-Andalus.

A la muerte de Muyahid, el reino de Denia pasó a manos de su hijo Ali, quien, no obstante, para gobernarlo hubo antes de enfrentarse a un hermano suyo.

Cuentan de este rey que fue un hombre de amplia cultura. Había recibido educación cristiana, pero, posteriormente, por expreso deseo de su padre, acabó abrazando el Islam. Aseguran que después llegó a ser un buen musulmán.

Ali gobernó durante muchos años. Lo hizo hasta que el rey al-Muqtadir anexionó Denia al reino de Zaragoza.

Granada

Granada pasó a ser reino independiente con los ziríes, una dinastía originaria de la región que ocupa la actual Túnez, algunos de cuyos miembros ya habían llegado a al-Andalus en tiempos de los amiríes.

Zawi, el primero de sus gobernantes, había apoyado tiempo atrás a los dirigentes africanos en contra de los omeyas. Luego, acabado el período de gobierno de los hijos de Almanzor, cuando quiso volver a su tierra de origen, Zawi fue requerido por la población de Elvira para que se queda-

se al frente de su gobierno. Aceptó de buen grado tal ofrecimiento y se dedicó a conquistar algunos territorios de las actuales provincias de Granada, Córdoba, Sevilla y Málaga.

María, he de explicarte que, tal y como me advirtió mi abuela, es inútil que busques en el mapa la ciudad de Elvira a la que acabo de hacerte referencia, pues con ese nombre era conocida una población situada en territorios de la actual provincia de Granada. Muy cerca de Elvira se encontraba una alquería llamada Garnata, que, posteriormente, sería la ciudad que hoy conocemos con el nombre de Granada. Si te digo esto es porque fue en la época de Zawi cuando los habitantes de Elvira se instalaron en la nueva capital, Granada.

Una vez independizados los ziríes, Zawi se propuso abandonar la Península a fin de gobernar la región del norte de África de donde descendía. Para ello dejó el gobierno en manos de sus hijos y de un consejo de ancianos, pero no había cruzado aún el Estrecho cuando un sobrino suyo llamado Habus se hizo con el poder.

A Habus, que ejerció su autoridad con el inestimable respaldo de sus familiares, le sucedió su hijo Badis. Este último llegó al poder tras vivirse en el reino una crisis sucesoria, resuelta favorablemente gracias a la decidida intervención del rico judío Ibn Nagrila, que fue luego nombrado consejero del monarca y contó con el apoyo de éste para controlar las arcas del Estado.

Badis, gobernante firme y magnánimo, fue lo suficientemente hábil como para afianzar los territorios de su reino mediante enfrentamientos con otros reyes de taifas, ávidos por hacerse con Granada. Así, por ejemplo, luchó contra el rey de Almería, al que dio muerte, o combatió en diversas circunstancias con el monarca sevillano.

A la muerte de Ibn Nagrila, Badis dejó el gobierno en manos de un hijo de este famoso judío. Yusuf, que así se llamaba, se hizo con el poder, pero el pueblo, y, especialmente sus enemigos, no contentos con el nombramiento, lo asesinaron y saquearon las residencias de otros importantes judíos de la ciudad.

Según coinciden muchos historiadores, el reinado de los ziríes tuvo su máximo esplendor con el rey Badis. Más tarde, muerto este monarca, el reino zirí quedó dividido en dos partes: una, la zona de Málaga, fue gobernada por Tamim; y otra, la de Granada, por Abd Allah. Dicen, no obstante, que ambos gobernantes, nietos de Badis, mantuvieron continuos enfrentamientos.

Abd Allah proporcionó una época de bonanza al reino de Granada. Como quiera que en los inicios de su reinado era aún menor de edad, hubo de dejar el gobierno en manos de un regente llamado Simaya, quien dirigió los asuntos del reino durante largo tiempo. Tanto que siguió gobernando incluso después de que Abd Allah cumpliese la mayoría de edad.

A Abd Allah le tocó en suerte una época en la que tanto los sevillanos como los reyes cristianos no dejaron de hostigar al reino zirí. A eso habría que añadir crisis económicas que hubo de vivir la región y continuas trifulcas derivadas de las ambiciones particulares de los cabecillas militares. Por si fuera poco, Simaya, que se vio obligado a huir de Granada, acabó poniéndose al servicio del reino de Almería, y desde esta plaza dirigió y respaldó enfrentamientos contra el monarca granadino.

Abd Allah también se vio envuelto sin remedio en luchas con su propio hermano, Tamim, y fue, además, tributario de los cristianos con tal de que éstos le proporcionasen protección. Todas estas circunstancias provocaron que la situación del reino, un tanto asfixiante, llegase a ser algo semejante a la que se vivía en el interior de otras taifas.

Cuentan que fue Abd Allah quien, junto con al-Mutamid de Sevilla, solicitó posteriormente el auxilio de los almorávides del norte de África para que combatiesen en sus filas contra los cristianos. Cuentan también que fue uno de los cadíes de Abd Allah quien procuró hacerse con el trono a fin de entregárselo después a los almorávides, pero que, fracasado su intento, terminó en prisión. Al parecer, según dicen, si quedó con vida se debió a que la madre del monarca granadino intercedió por él.

Refieren los cronistas que fueron los almorávides quienes terminaron conquistando el reino de Granada y los que desterraron a Abd Allah al norte de África. Fue aquí donde vivió el monarca la última etapa de su vida y donde redactó unas memorias, que, según mi abuela, han llegado hasta nuestros días. En ellas cuenta, al parecer, una buena parte de esta etapa de la historia de al-Andalus. Se conocen por las *Memorias del rey Abd Allah.*

Málaga

Esta ciudad estuvo gobernada por hammudíes. Se sabe que sus jefes se hicieron nombrar califas y que el primero de ellos, llamado Yahya ibn Ali, fue el responsable de poner cerco a Sevilla y de conquistar Carmona (Sevilla). Su empresa, no obstante, no estuvo acompañada por el éxito, pues, finalmente, acabó derrotado por los sevillanos.

A Yahya ibn Ali le sucedió quien pasaría a la historia con el nombre de Idris I. A este monarca se deben las alianzas que su reino pactó con el de Almería en contra del de Granada. Pero estas alianzas fueron efímeras, pues, algo después, Idris I firmó pactos con el reino de Granada para enfrentarse al de Sevilla. Precisamente, los ejércitos conjuntos de Málaga y Granada vencieron a los del reino sevillano en la ciudad de Écija (Sevilla).

A Idris I le sucedió Idris II. Dicen que este monarca gobernó más bondadosa que autoritariamente. Sin embargo, no llevaba mucho tiempo en el trono cuando la población de Málaga lo destituyó y entregó el gobierno a un primo suyo llamado Muhammad. Al parecer, la desmesurada crueldad que éste empleó con sus súbditos hizo que los malagueños entronasen de nuevo a Idris II.

Me contó mi abuela que Idris II recibió honores de califa en el norte de África, la región donde hubo de huir cuando se vio envuelto en enfrentamientos contra los seguidores de Muhammad. También me contó que una vez de vuelta en la Península supo de la existencia de dos personas que aspiraban a hacerse con el gobierno de Málaga, pero que, al final, muertas éstas, pudo volver a reinar.

Años después, a la muerte de Idris II, el rey Badis de Granada incorporó el reino de Málaga a sus dominios.

Murcia

Al principio, cuando Jayran gobernaba Almería, Murcia estaba incluida en este reino. Después, cuando el trono de Almería quedó en manos de su hermano Zuhayr, Murcia pasó a formar parte del reino de Valencia, y la región murciana estuvo gobernada por Ibn Tahir, quien hizo de ella una zona de relevante papel cultural.

A Ibn Tahir le sucedió su hijo Abd al-Rahman, que fue el responsable de hacer de Murcia un reino independiente del de Valencia. En esta época, Ibn Ammar, un célebre ministro sevillano, incorporó Murcia al reino de Sevilla y mandó encarcelar a Abd al-Rahman. Pero, según cuentan,

Abd al-Rahman logró escapar de la prisión y tuvo la fortuna de poder llegar hasta Valencia.

En cuanto al ministro Ibn Ammar, aseguran que se declaró independiente en Murcia, pero que de poco le sirvió, ya que no tardó en ser víctima de la traición por parte de quienes le habían ayudado a conquistar este reino. Ése fue el motivo de que se viera obligado a huir de Murcia y buscara amparo en Zaragoza. Al final, tras ser capturado, fue entregado a al-Mutamid, el rey de Sevilla.

Sevilla

Estuvo gobernada por la dinastía de los abbadíes*, cuyos miembros ya gozaban de privilegios desde la época en que gobernaba al-Hakam II. En concreto, uno de ellos, un conocido juez sevillano, venía desde antiguo disfrutando de cierta independencia.

Hay quien asegura que los abbadíes fueron los monarcas más poderosos de al-Andalus en la historia de los reinos de taifas. Cuentan que en los comienzos, los habitantes de Sevilla se sintieron atraídos por la personalidad de Muhammad ibn Abbad, un personaje relevante de la ciudad que había recibido de su padre el cargo de juez a más de numerosas tierras y una elevada fortuna. El respeto que les inspiraba hizo que los sevillanos le entregasen el gobierno de la ciudad, de tal forma que Muhammad gobernó por espacio de dos décadas e hizo de Sevilla un reino independiente que disponía de ejércitos propios compuestos por beréberes, árabes y cristianos.

Muhammad reconoció a Yahya ibn Ali como soberano de Málaga, pero luego, cuando éste puso cerco a Sevilla, hubo de buscar alianzas con los monarcas de otros reinos a fin de luchar contra él. Se las ingenió para fingir que Hisham II, el antiguo califa cordobés ya muerto, aún vivía. Se valió para ello de un tal Jalaf, quien, guardando un sorprendente parecido físico con el desaparecido Hisham, hizo posible que todos los reinos se unieran para combatir con el monarca malagueño y acabaran derrotándolo.

Según cuentan, el falso califa supo representar muy bien su papel. En tanto que Muhammad aparentaba servirle como chambelán mientras buscaba con ahínco que los demás reyes le jurasen lealtad, él no sólo se limitaba a llevar una vida de boato sino que se atrevía incluso a presidir la plegaria de los viernes.

Durante un tiempo, Muhammad se dedicó a lanzar ataques contra Almería. Ello motivó que el monarca de este reino solicitase ayuda a los granadinos, quienes derrotaron a Muhammad y acabaron con la vida de un hijo suyo llamado Ismail. Fue también durante esta época cuando Sevilla, tras sus enfrentamientos con Córdoba, se hizo con Carmona (Sevilla).

Muerto Muhammad, le sucedió su hijo al-Mutadid. Todos aseguran que fue un gran gobernante y que se preocupó mucho por la cultura. Dicen que destacó como poeta y que él mismo se encargaba de organizar a menudo tertulias literarias. Incluso a él se debe la creación de una residencia destinada a poetas.

Sobre al-Mutadid nos ha llegado mucha información. Por ejemplo, se dice que se preocupó mucho por levantar palacios, que contaba con una espléndida colección de caballos, o que le gustaban mucho las mujeres. A propósito de esto último, parece ser que reunió en su harén a casi mil mujeres. También se dice que era un gran amante del protocolo y muy inflexible a la hora de educar a sus hijos. En concreto, la formación que le procuró a su heredero fue muy estricta.

Quienes le conocieron, aseguraban que empleaba en su comportamiento no poca violencia y que no era muy amante de la religión. En este sentido, parece ser que tenía poco en cuenta las reglas dictadas por el Corán cuando de comer o beber se trataba.

Esos mismos que le conocieron veían en él sagacidad política, desarrollada capacidad y enorme talento para gobernar. Pero, sin duda, llama la atención, sobre todo, el hecho de que muchos cronistas hagan hincapié en la crueldad de muchos de sus actos. Dicen, por ejemplo, que coleccionó por un tiempo los cráneos de los adversarios más sobresalientes de su padre y que, luego, reunió los de sus propios enemigos. Alguien llegó a afirmar que el del monarca malagueño Yahya ibn Ali formaba parte de la colección.

Algo fuera de duda es que al-Mutadid eliminaba a sus enemigos cuando tenía de ellos el mínimo recelo. Uno de sus allegados afirmó que dio muerte a uno de sus propios hijos cuando sobre éste recayeron sospechas de traición, o que se sirvió de los baños de su palacio para asesinar a un grupo de sus invitados que, previamente, habían tenido la intención de hacer lo mismo con él.

Al principio de su gobierno, al-Mutadid no tuvo inconveniente en dirigir el reino en calidad de chambelán. En este sentido, no hacía más que desempeñar el papel que había protagonizado su padre. Pero, luego, decidió gobernar teniendo en sus manos el poder absoluto. Para ello, se encargó de llevar a la práctica un meditado plan. Consistió éste en hacer pública la muerte del falso califa Hisham, el que había venido suplantando al auténtico omeya. Organizó un entierro sumamente ostentoso e hizo circular la noticia de que el califa, poco antes de morir, había redactado unos documentos en los que manifestaba su expresa voluntad de que fuese al-Mutadid quien heredara la totalidad de los territorios de al-Andalus. Tomando como base esta estratagema, ordenó que su nombre fuese pronunciado en la oración de los viernes.

Al-Mutadid hubo de padecer algunas sublevaciones y revueltas. Cuentan al respecto que una de ellas fue la de su hijo Ismail, a quien se vio obligado a dar muerte con sus propias manos. En cambio, dicen que siempre contó con la ayuda de su heredero, al-Mutamid, que le acompañó en muchas de sus campañas militares.

Al-Mutadid, que fue tributario del rey de Castilla y León, Fernando I, hubo de luchar contra los reinos de Málaga, Granada y Carmona (Sevilla). Precisamente, a costa de éstos vio engrandecer su propio reino. Tuvo también enfrentamientos con el rey de Badajoz y las crónicas refieren cómo hizo suyas, entre otras, las plazas de Niebla (Huelva), Silves y el Algarve (Portugal), Huelva, Morón (Sevilla), Ronda (Málaga), Algeciras y Jerez (Cádiz).

Circula una anécdota sobre al-Mutadid que confiere algo de sensibilidad a su perversa y violenta personalidad. Dicen que el monarca sevillano quedó terriblemente desolado ante la muerte de una hija suya a la que amaba sobremanera. Pues bien, al-Mutadid, pese a ser presa de una elevada fiebre que le mantenía postrado en el lecho, no consintió en quedarse en él cuando el cortejo fúnebre desfilaba ante su palacio. Parece ser que se asomó a presenciar el paso del cadáver y que la perturbación que aquello creó en su ánimo fue tal que dos días después él mismo siguió a su hija a la tumba.

Ya antes de morir, al-Mutadid recomendó a su hijo heredero cierta cautela con los beréberes norteafricanos; le animó a proseguir en su labor de control sobre los dominios sevillanos y a reagrupar la dividida al-Andalus.

Al-Mutamid, su sucesor, además de ser buen gobernante y político ambicioso, pasó a la historia por la reputada fama de sus versos, entre los que caben destacar los dedicados a su mujer. Si a su padre se le suele calificar de cruel, en al-Mutamid se reconocen virtudes como su magnanimidad y su espíritu humanitario. Gracias a ello pudo ganarse el respaldo del pueblo y, en concreto, el respeto de todos aquellos a quienes su padre había vilipendiado o proscrito, pues se encargó de devolver bienes usurpados a sus propietarios. No obstante, los cronistas le reprochan que, al igual que a su padre, le gustaba beber vino.

Muchos de los que tuvieron acceso a su corte aseguran que al-Mutamid ejerció de mecenas de muchos intelectuales de la época y que ese papel le hizo competir con otro célebre valedor de la cultura, cual fue el rey al-Mutasim de Almería.

De al-Mutamid se ha hablado mucho a lo largo de toda la historia. Unas veces, por ejemplo, se ha insistido en que este monarca hubo de soportar muchas críticas debido a que solía mantener muy buenas relaciones con los judíos y con los cristianos. En otras ocasiones se ha hecho alusión a él para referir curiosas anécdotas, como aquella en la que se cuenta que el rey Alfonso VI no llegó a apoderarse de Sevilla debido a que perdió una partida de ajedrez en la que tuvo como adversario a Ibn Ammar, el famoso poeta y primer ministro de al-Mutamid.

Sobre Ibn Ammar y su relación con el monarca sevillano se han escrito muchas páginas. En general, se suele hablar de una amistad que les venía desde su más temprana juventud. Al parecer, sus vínculos eran muy estrechos y sus aficiones y gustos eran muy similares. Pero todo se fue al traste cuando Ibn Ammar fue acusado de traición y el rey de Murcia lo entregó a al-Mutamid. Y éste, dejándose llevar por un poeta rival de Ibn Ammar, mandó que su antiguo amigo fuese ejecutado, si bien algunos aseguran que fue al-Mutamid quien le dio muerte con sus propias manos. Hay quien defiende la idea de que, con esa ejecución, al-Mutamid no hacía sino vengarse de Ibn Ammar, pues éste había escrito unos versos en los que dejaba mal parados al monarca y a su esposa Rumaykiyya.

A al-Mutamid se debe la conquista de Córdoba. Si bien es verdad que la perdió luego a manos de los toledanos, no es menos cierto que algo más tarde, de resultas de nuevos enfrentamientos, la recuperó para el reino sevillano. También hizo suyas las plazas de Jaén y Murcia, así como otras de menor categoría. Con todo, al-Mutamid se convirtió en el monarca más importante de cuantos hubo en su época.

Al-Mutamid, agobiado por los tributos que había de pagar a los cristianos, pidió en varias ocasiones ayuda a los almorávides del norte de África. Éstos le socorrieron, pero, a la postre, acabaron destronando al propio al-Mutamid y se hicieron con el gobierno de al-Andalus, que pasó a ser una provincia más del imperio almorávide. El mismo rey al-Mutamid fue desterrado al norte de África, donde vivió su última etapa de manera penosa y miserable.

Toledo

Esta ciudad, que siempre se había caracterizado por protagonizar luchas contra el poder central, hubo de presenciar un gran número de revueltas durante la época de los reinos de taifas. Si se convirtió en reino independiente fue gracias a la intervención de un personaje con fama de inquieto que se mantuvo en el poder hasta tanto empezó a reinar allí la dinastía de los Du l-Nun*, unos descendientes de los primeros beréberes que llegaron a la Península.

El primero de la dinastía en dirigir la ciudad fue Ismail. Sólo lo hizo por espacio de dos años y durante ese tiempo compartió gobierno con Abu Bakr al-Hadidi, un intachable e instruido toledano junto al que protagonizó campañas contra Córdoba y brillantes victorias sobre ejércitos que combinaban tropas procedentes de distintos reinos.

A Ismail le sucedió Yahya, mucho más conocido por el sobrenombre de al-Mamun (= el seguro, de confianza). En general, todos los historiadores coinciden en señalar que durante el tiempo en que estuvo en el poder, el reino toledano vivió una etapa de prosperidad y florecimiento. Sin duda, de algo debió de servirle el contar con el apoyo de Abu Bakr al-Hadidi, que antes había gobernado junto a su padre y ahora trabajaba a su servicio en calidad de consejero privado.

Al-Mamun emprendió ataques contra el reino de Badajoz y llegó a conquistar Valencia, si bien hubo de perder esta plaza una década más tarde. Supo defenderse de ataques cristianos y musulmanes y su política se basó en establecer alianzas con unos y con otros. Así, lo mismo se alió con Fernando I, rey de Castilla y León, que con los sevillanos, si bien acabó rompiendo con estos últimos cuando sus ambiciones con respecto a Córdoba los enfrentaron. Precisamente, en el curso de la conquista de esta ciudad murió. Dicen que la causa de su muerte se debió a que fue envenenado.

A al-Mamun le sucedió su nieto Yahya, un hombre, al parecer, con pocas dotes de mando. Cuentan los cronistas que durante su gobierno el reino sufrió cierto estancamiento y que eso fue debido, en parte, a que el nuevo monarca estuvo poco afortunado al decidir prescindir de los servicios de Abu Bakr al-Hadidi, quien, en definitiva, había venido siendo la persona en la que se sustentaba la dinastía.

Sus detractores le acusaron de ser un títere en manos del rey Alfonso VI y de mermar la economía del reino con los elevados tributos que debía pagar a este monarca cristiano. Esto, junto con la pérdida de Córdoba, las quejas de la población y la tensión a la que lo tenía sometido el reino de Zaragoza, hizo que interviniera el gobernante de Badajoz y ocupara la ciudad de Toledo. Yahya buscó entonces la ayuda de Alfonso VI, quien logró hacerse con la ciudad, pero, en lugar de devolverla a Yahya, decidió quedársela, entregando al toledano la plaza de Valencia.

Dice mi abuela que si algo cabe deducir de todos estos acontecimientos es que la conquista de Toledo trajo consigo un espectacular cambio en el equilibrio de fuerzas que hasta entonces había venido existiendo entre musulmanes y cristianos y supuso para estos últimos la llave de paso que habría de conducirles a la toma de otros nuevos territorios.

Valencia

Primeramente, fue controlada por los eslavos Mubarak y Muzaffar. Luego estuvo en manos de Labib al-Saqlabi, que era ya gobernador de Tortosa (Tarragona), pero, finalmente, terminó en poder de amiríes.

El primero de los gobernantes amiríes que tuvo Valencia fue un nieto de Almanzor llamado Abd al-Aziz. A éste le sucedió Abd al-Malik al-Muzaffar, quien, en realidad, no llegó a gobernar, pues estuvo bajo la tutela de su pariente al-Mamun de Toledo.

Al-Mamun dejó luego el trono de Valencia en manos de Abu Bakr Abd al-Aziz. Este último fue el que declaró independiente el reino valenciano y, según todos coinciden, era él quien reinaba cuando Alfonso VI de León y Castilla emprendió ataques contra la ciudad.

A su muerte, Abu Bakr dejó el trono valenciano en manos de su hijo Uthman, pero éste, tal y como vimos al tratar del reino de Toledo, acabó perdiéndolo a manos de

Yahya, el último rey toledano. Este monarca fue más tarde asesinado y se proclamó entonces en Valencia una forma de gobierno representativo similar al de una república.

A los dos años de ocurrir tal acontecimiento, Rodrigo Díaz de Vivar, un caballero castellano al que los musulmanes conocían con el sobrenombre del Cid, se apoderó de Valencia y la tuvo en su poder hasta que, más tarde, muerto él, los almorávides se la arrebataron a su viuda.

Zaragoza

La región de Zaragoza estaba ya en poder de un tal Mundir cuando tuvo lugar la disolución del califato. Luego, a la muerte de este mandatario, un hijo suyo llamado Yahya se hizo con el gobierno de la ciudad y la controló durante dieciséis años, al cabo de los cuales fue asesinado por un primo suyo en el transcurso de una revuelta. Según testigos de la época, se especuló bastante con la posibilidad de que el asesino de Yahya había sido pagado por un tal Sulayman, que fue, en definitiva, quien acabó alzándose con el poder.

A Sulayman, que era miembro de la familia árabe de los Banu Hud, se debió el establecimiento de esta dinastía en el reino de Zaragoza. Gobernó durante siete años y si por algo lo destacan los historiadores es por su amplia capacidad para el ejercicio militar. Dicen que sus brillantes cualidades le permitieron dirigir ejércitos que se apoderaron de Monzón (Huesca), Lérida, Tudela (Navarra), Huesca, Calatayud

(Zaragoza), etc. Refieren que también emprendió campañas contra Toledo y que, en algún momento, buscó alianzas con los cristianos.

A la muerte de Sulayman, el reino zaragozano quedó dividido entre sus cinco hijos, pero después de algunas luchas y enfrentamientos, uno de ellos, el llamado Ahmad, fue quien se hizo con el poder.

A este Ahmad, conocido por al-Muqtadir, se debió la construcción de gran número de edificios públicos. Y, también, gracias a él, Tortosa (Tarragona) y otros importantes enclaves fueron incorporados al reino. Sus inevitables luchas contra los cristianos le hicieron perder Barbastro (Huesca), lugar donde, precisamente, según las crónicas, libró un combate muy sangriento. Al parecer, muchos de sus hombres perdieron la vida allí. No obstante, la fortuna le acompañó más tarde y fue capaz de recuperar ésta y otras muchas plazas. Eso le procuró tan buena reputación que llegó a ser considerado uno de los reyes de taifas más destacados.

A Ahmad le sucedió su hijo Muhammad, un acertado monarca que supo conservar los territorios que le había legado su padre. A propósito de este rey, un buen número de cronistas se hacen eco de la valentía que mostró al dar asilo en su corte al célebre ministro y poeta sevillano Ibn Ammar cuando éste se enemistó con el rey al-Mutamid. Como es lógico, Muhammad, con tal medida, no hacía sino desafiar al monarca sevillano.

Después llegó al poder quien pasaría a la historia con el nombre de Ahmad II. Todos coinciden en señalar que este monarca no contó con la fortuna para llevar adelante el gobierno de Zaragoza y muchas son las crónicas que refieren la calamitosa derrota que sufrió en Huesca en un enfrentamiento contra los cristianos.

Me contó mi abuela que la dinastía de los Banu Hud se mantuvo independiente en el reino de Zaragoza incluso después de que los almorávides se estableciesen en la Península. Según los historiadores, fue unos años más tarde cuando éstos se apoderaron del reino. Sucedió durante el reinado de Abd al-Malik, el sucesor de Ahmad II. Este nuevo monarca fue el que, tras firmar pactos con los cristianos, vio cómo su reino caía en manos de los norteafricanos.

Pero, según me explicó mi abuela, pese a que los almorávides se hicieron con Zaragoza, dejaron que fuera otro miembro de los Hud quien gobernase la plaza en su nombre. Este último gobernador zaragozano pasaría a las páginas de la historia con el apelativo de Ahmad III.

María, al principio te dije que prefería hacerte una división de los reinos de taifas tan sencilla como la de mi abuela. Recuerda que te adelanté que hubo unos reinos de taifas de gran relevancia y otros que tuvieron menos peso en el desarrollo de los acontecimientos vividos en al-Andalus. Pues bien, una vez que te he enumerado los primeros, paso a hablarte muy brevemente de los segundos.

Entre los reinos de taifas que tuvieron menor importancia, cabe citar por orden alfabético los siguientes:

Albarracín, en la actual provincia de Teruel, fue uno de los reinos que se declararon independientes.

Por espacio muy breve de tiempo, Algeciras (Cádiz) formó reino independiente con los hammudíes. Entre sus gobernantes destacaron Muhammad, que intentó sin éxito apoderarse del reino de Málaga, y Qasim, bajo cuyo gobierno pasó Algeciras a formar parte del de Sevilla.

Alpuente, en la actual provincia de Valencia, también fue reino independiente y así se mantuvo hasta la conquista de la Península por los almorávides.

Otro caso similar lo representó Arcos, en la provincia de Cádiz, que también se declaró independiente, aunque luego pasó a manos de al-Mutadid de Sevilla.

Carmona (en la actual Sevilla) fue independiente bajo el poder de los beréberes. Destacó su gobernante Muhammad ibn Abd Allah, a quien sucedió su hijo Ishaq. Éste se alió con el rey de Badajoz para enfrentarse al rey al-Mutadid de Sevilla, pero los ejércitos combinados de ambos acabaron derrotados cerca de Évora (Portugal) por las tropas del monarca sevillano. A partir de entonces, la ciudad de Carmona pasó a formar parte del reino de Sevilla.

LA PENÍNSULA EN ÉPOCA DE LOS REINOS DE TAIFAS (SIGLO XI)
Territorios controlados por los reinos cristianos
Territorios controlados por los musulmanes
OCÉANO ATLÁNTICO
MAR MEDITERRÁNEO
ISLAS BALEARES
AL - ANDALUS
NORTE DE ÁFRICA
GALICIA
LEÓN
CASTILLA
NAVARRA
ARAGÓN
CATALUÑA
ZARAGOZA
VALENCIA
TOLEDO
BADAJOZ
SEVILLA
CÓRDOBA
GRANADA
DENIA
MURCIA
Santiago
Oporto
Coimbra
León
Zamora
Salamanca
Gormaz
Pamplona
Jaca
Huesca
Lérida
Barcelona
Tarragona
Tortosa
Zaragoza
Medinaceli
Calatayud
Alcalá
Guadalajara
Madrid
Toledo
Talavera
Mérida
Badajoz
Évora
Lisboa
Valencia
Denia
Alicante
Murcia
Almería
Granada
Jaén
Córdoba
Sevilla
Málaga
Algeciras
Gibraltar
Tarifa
Huelva
Ceuta
Menorca
Mallorca
Ibiza

Huelva pasó a manos del rey al-Mutadid de Sevilla.

Lo mismo le ocurrió a Jerez (Cádiz).

Lorca (Murcia), que, al igual que el resto, se declaró independiente durante algún tiempo, acabó finalmente en manos del rey al-Mutamid de Sevilla.

Medinaceli (Soria) fue una de las plazas que más pronto se declararon independientes.

Morón (Sevilla), Niebla (Huelva), Ronda (Málaga) y Silves (Portugal), después de ser por un tiempo reinos independientes, pasaron también a manos del rey al-Mutadid de Sevilla.

Tudela (Navarra) fue, asimismo, reino independiente durante unos años.

María, una vez que mi abuela terminó de hablarme de los reinos de taifas, abrió un libro por una página que tenía previamente señalada y me leyó lo que a continuación sigue. Me dijo que aquellas líneas eran algo parecido a unas conclusiones generales sobre el período de taifas vivido en al-Andalus y que resumían una serie de rasgos comunes muy característicos de todos los reinos. La verdad es que, como temía no recordarlo todo, he preferido copiártelo tal cual:

Los reyes de taifas lucharon de continuo entre sí y contra la cristiandad. Paralelamente, algunos de los reinos cristianos fueron convirtiéndose en fuertes potencias que amenazaban seriamente el control musulmán en la Península.

Cada monarca se veía a sí mismo como el más eminente gobernante y adoptaba los títulos más rimbombantes que pudiera imaginarse. En el fondo, la mayoría de ellos no hacía más que imitar las formas califales de Córdoba.

Si se habla de lealtad del pueblo con respecto a sus gobernantes, no es exagerado decir que con los reinos de taifas se pudo asistir a una caída de la conciencia religiosa y moral.

Los reinos de taifas poseyeron ejércitos propios compuestos principalmente por mercenarios a sueldo.

Todos ellos dieron muestras de un fuerte individualismo que favoreció a la etnia dominante de cada reino.

A los reyes de taifas se debió la construcción de numerosísimas obras públicas, lujosos palacios, mezquitas, etc. A ellos también se debió la existencia en al-Andalus de un nutrido cuerpo de funcionarios públicos.

No hubo en esta época problema alguno para encontrar líderes que quisieran gobernar un reino. Para ello, nadie dudaba en aliarse con otro, aunque le costase ser tributario suyo.

En esta época se acrecentó la cifra de mercenarios que servían a uno y otro bando, independientemente de la religión a la que pertenecieran.

Sin nada que aparentemente pudiese favorecer el desarrollo de la cultura, surgió un gran número de eruditos en casi todos los reinos de taifas. La mayoría de éstos procedían de la antigua corte cordobesa y buscaban asilo en los nuevos reinos.

Los reyes de taifas, aunque demasiado tarde, fueron conscientes de su autodestrucción. Ésta les llegó a causa de la tensa presión a la que los tenían sometidos los reinos cristianos por el norte y las dinastías beréberes por el sur.

La convivencia semipacífica vivida por los musulmanes y los cristianos de la Península sufrió alguna merma de importancia. Las diferencias religiosas se convirtieron en causa de serias divergencias.

Dice mi abuela que de haber estado unidos los reinos cristianos en el momento de derrumbarse el califato, es muy posible que hubiesen conquistado al-Andalus en breve espacio de tiempo. Pero, tal y como dice ella, en aquellos entonces estaban tan distanciados como los propios reinos de taifas lo estuvieron más tarde.

En general, con los reinos de taifas se asistió en al-Andalus a una etapa de desórdenes caracterizada por sucesivos relevos de poder y transformaciones en los límites de las fronteras. Esta situación provocó un sinfín de guerras que alteraron la armonía del país.

Parece ser que, entre otros, dos fueron los acontecimientos más relevantes que hicieron presagiar la desaparición de los reinos de taifas: la caída de Toledo en manos de Alfonso VI, hecho que, sin duda, vino a desestabilizar el equilibrio de poder que hasta entonces había habido entre musulmanes y cristianos; y, por otro, la conquista de Valencia protagonizada por el Cid.

Por cierto, María, viene muy a propósito que, de entre las historias que me contó mi abuela referidas a este período histórico, te mande hoy la que habla de este personaje que te acabo de mencionar, pues se trata de un caballero cristiano muy famoso que vivió algunos episodios relacionados con la época.

Por hoy me despido de ti, no sin antes mandarte muchos besos de mi familia. ¡Ah!, prometo llevarte este verano un laúd árabe como el que quieres regalar a tu primo el músico. Más besos.

La historia del Cid Campeador

Cuenta la leyenda que un héroe cristiano llamado Rodrigo Díaz vivía en el reino de Castilla cuando al-Andalus se hallaba fragmentada en numerosos estados conocidos con el nombre de reinos de taifas.

Para algunos, este personaje era sólo un mercenario afortunado. Para otros, la mayoría, se trataba de una persona que encarnaba el auténtico espíritu del caballero cristiano de la época.

Sea como fuere, lo que sí parece cierto es que la muerte de Rodrigo provocó gran consternación entre la práctica totalidad de los reinos cristianos de la época, mientras que, por el contrario, según dicen, representó un enorme alivio para los musulmanes; en especial, para los almorávides, gentes beréberes del norte de África que estaban conquistando al-Andalus en aquel momento.

Rodrigo Díaz nació de noble familia en la villa de Vivar, en la actual provincia de Burgos. Ya desde muy joven entró a formar parte del séquito del rey Fernando I de León y Castilla. En concreto, Rodrigo estaba a las órdenes directas del príncipe Sancho, primogénito del rey Fernando. Dicen que a Rodrigo y Sancho les unía una profunda amistad y que el caballero sentía por el príncipe una respetuosa devoción.

Cuando murió el rey Fernando I, sus vastos territorios fueron repartidos entre sus hijos. Así, su hijo mayor, Sancho, heredó el reino de Castilla; a Alfonso le correspondieron León y Asturias; García pasó a ser dueño de Galicia y de algunos territorios de la actual Portugal; y, por último, sus hijas Urraca y Elvira recibieron, respectivamente, las ciudades de Toro (Zamora) y Zamora.

Pero no mucho después, la ambición del ya rey Sancho II de Castilla le llevó a querer reagrupar para sí los territorios que la herencia de su padre había separado. Y para ello no dudó en enfrentarse a sus hermanos. Fue por aquel entonces cuando Rodrigo resultó nombrado Alférez Mayor o Portaestandarte de Castilla, lo que equivalía a capitán de los ejércitos de Sancho II.

Desde temprana edad, Rodrigo Díaz venía siendo famoso por haber protagonizado singulares duelos contra otros nobles. Al parecer, aunque a veces resultaba herido, casi siempre salía de ellos victorioso. Cuentan a propósito de esto que una de sus más destacadas lides le enfrentó al conde de Lizarra, que era un experimentado caballero. Éste representaba en el duelo al rey de Navarra, y Rodrigo, al rey de Castilla. Pues bien, el joven Rodrigo acabó derrotando al conde y, según la leyenda, desde entonces comenzó a recibir el sobrenombre de «campeador».

Rodrigo Díaz, siempre fiel al rey Sancho, ayudó a éste en las guerras que entabló contra sus propios hermanos y contra otros reyes de la cristiandad. Precisamente, en el transcurso de una de ellas, Sancho fue asesinado por Bellido Dolfos, un soldado que se había pasado a las filas del rey de Castilla tras haber militado en las tropas que oponían resistencia al asedio.

Las leyes de entonces dejaban los derechos de sucesión al trono de Castilla en manos del rey Alfonso VI de León, hermano de Sancho. Rodrigo, sospechando que Alfonso estuviera detrás del asesinato de su hermano, le hizo jurar en Santa Gadea de Burgos no tener nada que ver en el asunto.

Según algunos, si Rodrigo sometió a Alfonso a juramento fue debido a que los nobles castellanos lo obligaron, pues era a él a quien correspondía hacerlo por ser Alférez Mayor de Castilla. Para otros, en cambio, Rodrigo cumplió con diligencia y entusiasmo la misión, ya que estaba plenamente convencido de que Alfonso había tomado parte en el crimen. Sea como fuere, desde entonces, Alfonso VI receló de todos los actos y movimientos emprendidos por Rodrigo.

Después, la etapa de desconfianza fue cediendo conforme la buena reputación de Rodrigo fue aumentando. El monarca llegó a dejar en manos del caballero asuntos de estado importantes. E, incluso, algo más tarde, el propio Alfonso se encargó de casar a doña Jimena Díaz, hija del conde de Oviedo, con Rodrigo.

No obstante, como éste siguiera cosechando fama y victorias en sus enfrentamientos contra los musulmanes, Alfonso, receloso aún del caballero castellano, buscaba cualquier excusa para poder vengar la afrenta que recibiera de él en Santa Gadea.

Cuentan que una incursión de Rodrigo en la ciudad de Toledo le sirvió de pretexto al rey para proceder a su destierro. Todo se resume en que un grupo de musulmanes toledanos emprendieron algunos ataques en territorios de Castilla y León aprovechando la ausencia del rey castellano. Para poner fin a aquellos actos, Rodrigo, que no había acompañado a su rey por hallarse enfermo, se decidió a perseguir a las tropas musulmanas y logró vencerlas en Toledo.

Alfonso aprovechó la iniciativa de Rodrigo para desterrarlo. A partir de ese momento, conforme a las leyes de la época que se aplicaban a todo desterrado, Rodrigo hubo de vivir en tierras de musulmanes, por lo que el castellano, acompañado de sus hombres, marchó en dirección a al-Andalus. Fue entonces cuando el reino de Zaragoza le contrató en calidad de protector.

Tales acontecimientos llevaron a Rodrigo a luchar contra el rey musulmán de Lérida, que mantenía guerras sangrientas contra el de Zaragoza. Los leridanos, protegidos del conde de Barcelona Berenguer el Fratricida, fueron vencidos por Rodrigo y éste hizo prisionero al mismísimo conde. No obstante, dicen que no tardó en liberarlo a cambio de una cuantiosa suma de dinero.

Por aquel entonces, Rodrigo se enfrentó también a otros numerosos enemigos del rey de Zaragoza y, según aseguran, parece ser que derrotó a casi todos. Así ocurrió, por ejemplo, en el caso del rey de Aragón, Sancho Ramiro, a quien Rodrigo venció en una decisiva batalla.

De esta manera, Rodrigo fue ganándose el apelativo árabe de *sidi* (= mi señor), y comenzó a ser conocido por el Cid Campeador.

Más tarde, Alfonso VI, conocedor del poder y prestigio que Rodrigo había adquirido, anuló la orden de destierro y solicitó su ayuda en la lucha contra los musulmanes. La terrible derrota de Zallaqa haría comprender al monarca castellano que la colaboración de Rodrigo era de vital importancia en sus enfrentamientos con el enemigo.

En relación con este período, se dice que entre las conquistas sumadas por Rodrigo mientras estuvo al servicio del rey Alfonso VI, destacó la de Valencia.

Pero el Cid habría de sufrir un nuevo destierro. Ocurrió a propósito de una ocasión en la que el rey se hallaba sitiado en la fortaleza de Aledo, en la actual provincia de Murcia. Parece ser que los musulmanes habían puesto cerco a la plaza y Alfonso había solicitado la ayuda de Rodrigo. Éste llegó tarde con sus tropas a la fortaleza y, aunque el retraso fue involuntario, el monarca, presa de la ira, ordenó de nuevo el destierro del Cid a tierras musulmanas.

El Cid Campeador comenzó a hacer la guerra por su cuenta. Combatió de nuevo al rey de Lérida y lo derrotó en las montañas de Morella, en la actual Castellón. En el transcurso de aquellos enfrentamientos, Rodrigo hizo de nuevo prisionero al conde de Barcelona.

Para algunos, la admiración que suscitaban las hazañas de tan singular caballero en el ánimo del conde fueron causa de que éste pusiera en manos del Cid la protección del reino de Lérida. Para otros, los más, el conde de Barcelona, viéndose de nuevo prisionero de Rodrigo, no tuvo más remedio que cederle la protección de Lérida.

Luego prosiguieron las hazañas del Cid. Camino de Valencia, recibió una misiva de la reina Constanza, esposa de Alfonso VI, en la que ésta pedía a Rodrigo que se reconciliase con el rey. El Cid, entonces, se desvió de su camino y se dirigió con sus ejércitos a Granada, reino contra el que Alfonso luchaba en aquel momento. No obstante, el monarca rehusó su ofrecimiento y, dominado por la cólera, ordenó al caballero que abandonase cualquier propósito de reconciliación y marchara de nuevo a tierras de musulmanes.

Rodrigo marchó entonces contra Valencia y la conquistó de nuevo. Y, pese a todas las ofensas recibidas del monarca, el Cid puso el reino, aunque de manera simbólica, bajo la autoridad de Alfonso. En efecto, Rodrigo, primero, y su esposa Jimena, después, fueron quienes gobernaron aquella plaza.

Durante los años que Rodrigo controló Valencia, los almorávides, en diversas ocasiones, intentaron conquistar la ciudad. Cuentan que la audacia de Rodrigo y el arrojo de sus tropas lo impidieron.

En uno de sus enfrentamientos contra los musulmanes, Rodrigo recibió heridas de muerte. Cuenta la leyenda más exagerada que sus hombres ataron su cadáver a la montura de su caballo Babieca y que éste, puesto a galope, hizo huir despavoridas a las tropas enemigas que asediaban Valencia, que creyeron ver un fantasma, pues ya sabían de la muerte del Cid.

Después, durante casi tres años, Jimena mantuvo en su poder el reino de Valencia. Finalmente hubo de regresar a Castilla, y lo hizo con los restos de su esposo, que fue enterrado en el monasterio burgalés de San Pedro de Cardeña.

A decir de quienes le conocieron, Rodrigo fue hombre valeroso. Lo prueban las victorias cosechadas contra musulmanes y cristianos. Además, se asegura que fue uno de los pocos jefes cristianos que consiguió derrotar a las tropas almorávides venidas del norte de África.

En otro orden de cosas, el Cid siempre cumplió e hizo cumplir las leyes de la época. Fue persona respetuosa con las religiones y, en este sentido, refieren que, cuando gobernaba Valencia, permitió a los musulmanes que aplicasen su propia justicia.

Dicen que Rodrigo fue muy respetuoso con su familia. Unió a sus dos hijas con personajes de la nobleza cristiana. A María, la más pequeña, la casó con el nuevo conde de Barcelona, Ramón Berenguer III el Grande, y a Cristina, la mayor, con el infante Ramiro de Navarra, cuyo hijo, García, llegó a ser rey de Pamplona.

Pero, además, Rodrigo fue un hombre bastante culto si se le compara con los caudillos militares de la época. Dominaba a la perfección el latín, lengua que ni los reyes de su tiempo conocían como él; y leía el árabe con gran soltura.

Testigos de la época aseguran que Rodrigo conoció muy bien al rey-poeta al-Mutamid. Al parecer, cuando el Cid fue a Sevilla a recaudar el tributo que este reino pagaba a Alfonso VI, el monarca sevillano quedó gratamente sorprendido al descubrir que, desde muy joven, Rodrigo venía leyendo sus versos. Esto fue causa de buen entendimiento entre ambos personajes.

La relación llegó a ser tan estrecha que Rumaykiyya, la esposa de al-Mutamid, pidió a Rodrigo que la instruyera en el conocimiento de la religión cristiana, puesto que él, hombre culto e instruido, podía ser el más idóneo para llevar a cabo tal labor. Según cuentan algunos cronistas, la abuela de Rumaykiyya había sido cristiana y la joven mostraba interés por aprender las tradiciones y enseñanzas de la religión de sus antepasados cristianos.

No obstante, parece que Jimena advirtió otro tipo de intenciones en la relación que pretendía entablar Rumaykiyya con Rodrigo. Así que pidió al Cid partir de Sevilla, argumentando que un capellán instruiría mejor a la esposa de al-Mutamid.

Sea como fuere, Rodrigo, Jimena y su séquito abandonaron el reino de Sevilla. Dejaron profunda huella en el rey al-Mutamid, asombrado de haber conocido a un caballero cristiano de tan vasta cultura.

La vida y las hazañas del Cid quedaron reflejadas en algunas obras literarias. Una de ellas fue escrita en vida del caballero, mientras que otras, las más, fueron redactadas en tiempos posteriores. Pero, quizás, la obra más conocida sea la titulada *Cantar de Mío Cid*, de autor anónimo. Entre sus muchos pasajes, hay uno donde se hace referencia al primero de sus destierros:

> *[...] El Cid volvióse con el tributo al rey don Alfonso, su señor. El rey lo recibió muy bien, se declaró satisfecho de él y muy contento de su conducta. Y ésta fue la causa de que le salieran muchos envidiosos, procurándole incontables daños, hasta que le pusieron a mal con el rey.*
>
> *El rey les prestó oídos, porque tenía viejas rencillas contra él, y envió a decir al Cid por una carta que saliese del reino. El Cid, leída la carta, aunque lleno de pesar, no quiso dilatar la obediencia, que sólo se le dejaba un plazo de nueve días para ausentarse del reino.*

[...] Convocó a sus deudos y vasallos, díjoles cómo el rey le mandaba abandonar su tierra dentro del corto plazo de nueve días, y que quería saber quiénes de ellos estaban dispuestos a desterrarse con él y quiénes no.

—Y a los que quisieren venir conmigo —añadió—, que Dios se lo pague; y de los que prefieran quedarse aquí, quiero despedirme como amigo.

Y su primo hermano, Álvaro Fáñez, le contestó:

—Con vos, Cid, con vos iremos por yermos y poblados, y no os hemos de faltar mientras tengamos alientos. En vuestro servicio se nos han de acabar nuestros caballos y mulas, dinero y vestidos. Ahora y siempre hemos de ser vuestros leales vasallos.

Todos aprobaron lo que dijera don Álvaro, y el Cid lo agradeció mucho a todos. En seguida partió de Vivar, encaminándose a Burgos. Desiertos y abandonados quedan sus palacios.

Con los ojos llenos de lágrimas, volvía la cabeza para contemplarlos. Y vio las puertas abiertas y los postigos sin candados; vacías las perchas, donde antes colgaban mantos y pieles, o donde solían posar los halcones y los azores mudados. Suspiró el Cid, lleno de tribulación, y al fin dijo así con gran mesura:

—¡Loado sea Dios! A esto me reduce la maldad de mis enemigos.

Capítulo VI

Las dinastías beréberes en al-Andalus

(del año 1090 al año 1231)

Tetuán, veintiséis de noviembre

Querida María: Había decidido incluirte en esta carta la historia de las dos dinastías beréberes que reinaron en al-Andalus, con sus correspondientes relatos, pero, en estos momentos, lo veo imposible. No es por otra cosa que por falta de tiempo. Y es que hasta el momento en que te escribo no he caído en la cuenta de que este fin de semana se celebra la fiesta de circuncisión de mi primo Abd al-Latif. Es por eso por lo que, al final, he pensado que te hablaré en términos generales del significado que tuvieron ambas dinastías para la historia de al-Andalus y te resumiré los hechos más importantes que se vivieron en la Península durante el reinado de la primera de ellas. Al final, te incluiré en esta misma carta la historia de un célebre personaje andalusí sobre el que me contó muchas cosas mi abuela. Espero que te guste. En una próxima carta te hablaré de la segunda de las dos dinastías beréberes que dominaron al-Andalus.

María, como te apuntaba al principio, al-Andalus estuvo gobernada durante algo más de un siglo por dinastías beréberes que procedían del norte de África: la de los almorávides y la de los almohades. Su llegada a la Península tuvo un cierto denominador común, cual fue, al menos en teoría, ayudar a sus hermanos musulmanes asentados en al-Andalus, cuando éstos tuvieron problemas en sus luchas con los cristianos.

Almorávides y almohades acudieron a al-Andalus ante la llamada de la fe, lo que significaba emprender la lucha santa contra el enemigo cristiano que, en la Península, era cada vez más amenazador. Lo que no podemos saber es qué habría sido de al-Andalus si los reinos musulmanes que la componían, en lugar de dar una obligada e interesada acogida a estas dinastías, hubiesen tratado de sobrevivir por más tiempo rodeados de reinos cristianos. Seguramente, las intolerancias religiosas habrían sido el único elemento insalvable.

Lo que sí se sabe es que los almorávides tuvieron una acogida más cálida que los almohades. Quizás, la experiencia frustrante que se tuvo con la actuación de los primeros hizo que, en general, la población andalusí no viera con muy buenos ojos la intromisión posterior de los almohades en sus asuntos internos. Prueba de esto último fue la aparición de cabecillas musulmanes rebeldes que prefirieron aliarse con los cristianos y pagar a éstos fuertes tributos antes que permitir la actuación de los beréberes en los territorios de la

Península. Así sucedió, por ejemplo, en la región oriental de al-Andalus y en las islas Baleares.

Si la aceptación de los almohades fue más difícil, también los logros de éstos en la Península fueron más pobres que los conseguidos por los almorávides. No hay más que ver un mapa de la Península con las zonas conquistadas por unos y otros para comprobar que, efectivamente, los almohades se hicieron con menos territorios peninsulares. De cualquier modo, en uno y otro caso, siempre se ha dicho que si estas dinastías no hubieran tenido que hacer frente a tantos problemas internos, sus éxitos en al-Andalus habrían sido mucho más numerosos. También se dice que si no cosecharon más triunfos fue porque sus ejércitos estuvieron compuestos por hombres de procedencia muy variada, entre los que, además de gran número de mercenarios, figuraba una importante cantidad de cristianos que habían sido capturados en el transcurso de campañas victoriosas.

En general, estas dinastías, a la larga, pudieron solucionar pocos problemas, pues no lograron contener de manera estable y definitiva los avances cristianos y, consecuentemente, nunca llegaron a reconquistar la totalidad de la Península, es decir, toda el área que en otros tiempos había pertenecido a los musulmanes. Bien es cierto que contaron con bastantes contratiempos para conseguirlo, entre ellos las alianzas de los reinos cristianos, pero también es verdad que el factor que jugó más en su contra fue la inestabilidad que de continuo se vivía en la zona del norte de África, o sea, la región desde donde debía partir la organización y planificación del imperio. Esa falta de seguridad impedía al dirigente de turno realizar estancias prolongadas en la Península y le exigía, en cambio, continuos desplazamientos a la capital del correspondiente imperio para sofocar revueltas o asegurarse lealtades.

La característica fundamental que unió a estas dinastías fue una firme base religiosa. Pero también tuvieron otros elementos que las hicieron comunes; por ejemplo, a nivel de organización y administración, ninguno de estos imperios contó con un sólido gobierno central que tuviese bien cogidas las riendas de cuantos problemas pudiesen surgir en sus provincias. A menudo, éstas, en manos de allegados al poder y militares sin escrúpulos, que las gobernaban como si fuesen algo propio, se declararon independientes, circunstancias que, ocurridas a uno y otro lado del Estrecho, hacían muy difícil la estabilidad del imperio.

Como es natural, mantener un ejército en continua actividad suponía un coste muy alto para el Estado. Tanto uno como otro imperio, ante la falta de recursos suficientes para pagar esos gastos, tuvieron que recurrir en más de una ocasión al aumento de impuestos, lo que, lógicamente, creó cierto malestar entre la población.

Era relativamente frecuente que los líderes de estos movimientos no saborearan con tranquilidad las mieles del éxito, pues, a decir de los cronistas, casi siempre, las victorias conseguidas en campos de batalla andalusíes iban acompañadas de revueltas en suelo norteafricano, y al contrario.

Consecuencia de todo ello, al-Andalus, gobernada desde el norte de África, de poca estabilidad podía gozar, máxime cuando los reinos cristianos, que iban haciéndose cada vez más poderosos, empujaban con fuerza contra los dominios musulmanes.

En el ámbito de la Península, con la llegada de estas dinastías, destacó un hecho significativo, y es que los beréberes que conformaban estos movimientos nunca llegaron a integrarse al común de la población andalusí. Almorávides primero y, después, almohades, fueron siempre considerados extranjeros. Parece ser que la rudeza y la sencillez de estas gentes contrastaban con el refinamiento del que hacían gala los habitantes de la Península. Esto, quizás, fue la causa de esa obvia separación.

Faltos de refinamiento, los hombres llegados a la Península se dejaron influir por los andalusíes a nivel estético, intelectual, administrativo, jurídico, científico, etc. Muchos aseguran que el carácter y la personalidad de éstos se dejó ver sobremanera en las costumbres, en la administración y en otros aspectos de la vida cotidiana de la población norteafricana. Del mismo modo, se ha querido ver en muchas ciudades de esta región profundas huellas de carácter arquitectónico de origen andalusí.

Según me dijo mi abuela, durante los años en que estuvieron presentes estas dinastías en los territorios peninsulares, aumentaron las tensiones de tipo social y religioso entre los cristianos y musulmanes que convivían en zonas ganadas para la cristiandad. No obstante, también me hizo ver que algo tuvo de positivo la llegada de estas dinastías. Y es que, gracias a ellas, pudo prolongarse la vida de al-Andalus.

Los almorávides auxiliaron a los reinos de taifas en tres ocasiones. Fue en la última de ellas cuando decidieron conquistar todos los territorios que conformaban al-Andalus y convertirlos en una sola provincia de su imperio. Durante algo menos de cien años fue el tiempo en que los almorávides mantuvieron su hegemonía en al-Andalus.

Pero María, para comprender mejor la transformación sufrida por la Península Ibérica en esta época, no tengo más remedio que remontarme a los comienzos de la dinastía almorávide en el norte de África y a su posterior expansión.

Según cuenta mi abuela, en el norte de África había un panorama muy similar al que vivió al-Andalus a la caída del califato. El mandatario que dominaba esos vastos territorios había perdido también su hegemonía y el norte de África había quedado dividido en un gran número de tribus que gobernaban por separado sus propios territorios. Al igual que los reyes de taifas en al-Andalus, los jefes de unas y otras tribus norteafricanas mantenían entre sí disputas y enfrentamientos continuos y las luchas entre clanes era algo habitual.

Una de esas tribus era la de los Sinhaya. Tenía dominio sobre las demás y estaba gobernada por el clan beréber de los Lamtuna. Su población vivía en una zona que ocupaba lo que hoy es el Sáhara Occidental. Basaba su economía en la ganadería y, al parecer, sus gentes se alimentaban casi exclusivamente de carne y leche.

Quiso la casualidad que un dirigente del clan de los Lamtuna, Yahya ibn Ibrahim, acompañado por un grupo de sus hombres, peregrinara a La Meca y que, a su regreso, se detuviera en Qayrawan, ciudad de la actual Túnez que, por entonces, era foco cultural y religioso de gran importancia. Allí, este dirigente beréber profundizó en los conocimientos transmitidos por Mahoma y fue consciente de que su tribu se hallaba un tanto desorientada y atrasada en asuntos relacionados con la religión.

En aquella ciudad, Yahya ibn Ibrahim entabló buenas relaciones con algunos hombres de religión. También tuvo trato con ciertos juristas. Fue así como conoció a un destacado hombre de leyes llamado Abu Imran al-Fasi.

Para difundir las verdaderas enseñanzas del Islam entre su gente, Yahya ibn Ibrahim pidió a al-Fasi que le recomendara un hombre virtuoso que fuese capaz de desempeñar esa labor. La elección recayó finalmente en Abd Allah ibn Yasin, un cultivado estudioso de la religión islámica y asceta un tanto fanático a quien Yahya llevó consigo a los territorios que gobernaba.

Las enseñanzas impartidas por Ibn Yasin entre los miembros de la tribu de los Lamtuna no dieron en un principio el fruto esperado, ya que las prácticas religiosas que defendía este erudito fueron consideradas excesivamente estrictas. De esta forma, sólo un reducido número de miembros de la tribu le siguió de manera incondicional. No obstante, estos círculos de hombres fieles se mostraron muy convencidos de lo que predicaba Ibn Yasin y se organizaron espectacularmente.

Tal situación inicial de rechazo hizo que Ibn Yasin y sus seguidores hubieran de refugiarse en una isla cercana a la costa de África. Allí fundaron un *ribat**, o lugar de retiro, donde poder llevar a cabo sus prácticas religiosas. A este grupo de hombres, escaso en un principio, comenzó a conocérsele con el nombre árabe de *al-murabitun* (= los acantonados en un *ribat*), que dio en castellano el término «almorávides».

Pero, pasado el tiempo, Ibn Yasin logró que las prácticas religiosas que predicaba arraigaran en casi todas las gentes de la tribu. Hasta tal punto que llegó a convertirse en un gran líder religioso cuyas ideas se extendieron por gran parte del norte de África.

Muerto Yahya ibn Ibrahim, fue Ibn Yasin quien se encargó de designar heredero a Yahya ibn Umar, al que se conocía como hombre muy devoto al tiempo que era ardoroso guerrero. La labor combinada de estos dos cabecillas comenzó a surtir efecto. Juntos lograron reunir a todas las tribus más inmediatamente cercanas en torno a la nueva fe. El proceso fue muy sencillo, pues agruparon a todos sus partidarios y, al frente de unos dos mil hombres, atacaron a otras tribus y, después de algunas victorias, terminaron por imponer a éstas el islamismo.

A partir de aquí, se iniciaría un período de fácil progreso ya que se dedicaron a recoger los frutos que previamente habían sembrado: empezaron a cobrar el diezmo a los vencidos y a hacerse con armas, lo que, en su conjunto, les permitiría a la larga conquistar el Sáhara y atraerse a otras tribus a su movimiento.

Algunos puntos geográficos importantes del sur de Marruecos cayeron en poder de los almorávides. Las conquistas se fueron sucediendo en su recorrido hacia el norte, sumiendo a toda aquella región en un estado de alerta y de grave agitación. Lógicamente, conforne avanzaban las conquistas, este movimiento, inicialmente espiritual, fue haciéndose con importantes botines cuyo reparto atraía cada vez más a sus seguidores.

Al margen de los cambios que pudo haber en la jefatura del Sáhara, el caso es que Ibn Yasin pudo y supo conservar la dirección suprema de todos los asuntos políticos y económicos de la comunidad almorávide.

A Yahya ibn Umar le confió el mando del ejército y le otorgó el título de Príncipe de los Musulmanes. Este ejército, compuesto por escuadrones fuertemente consolidados, se enfrentó a otra tribu importante, a la que venció en una batalla que habría de marcar un cambio sustancial en el combinado de fuerzas que apoyaban el movimiento almorávide.

Dice mi abuela que, en una ocasión, Ibn Yasin azotó a Yahya ibn Umar por haber expuesto éste su vida en el campo de batalla. El líder religioso justificó tal castigo porque, según él, un emir nunca debía arriesgarse en combate, ya que, de esa forma, ponía en peligro a todo su pueblo.

Con Yahya ibn Umar al mando del ejército, Ibn Yasin se hizo con gran parte de los territorios situados al sur del actual Marruecos. Alfaquíes de la zona le escribieron para que acudiese hasta allí y pusiese paz en aquellos territorios. Querían de esta forma recuperar la fe religiosa que paulatinamente se había ido perdiendo como consecuencia de los vicios y de los métodos violentos empleados por algunos de los emires que gobernaban este área geográfica.

Parece ser que, en ausencia de Yahya ibn Umar, Ibn Yasin asumió el mando del ejército y, en un par de combates en los que le acompañó la suerte, logró imponer su autoridad en todo el país, de tal modo que acertó a recomponerlo adoptando algunas medidas tan eficaces como la supresión de impuestos no contemplados por el Corán, el cierre de todos aquellos establecimientos donde se vendía vino y el destrozo de todos los instrumentos musicales.

Mientras tanto, Yahya ibn Umar, que se hallaba combatiendo muy lejos de allí, murió. Le sucedió entonces su hermano Abu Bakr. En tanto que éste se hacía cargo del mando del ejército, el sucesor espiritual de Ibn Yasin fue Sulayman ibn Addu, un jurista de gran prestigio.

Con Abu Bakr al frente del ejército comenzó una nueva etapa de cierto esplendor para la historia general del movimiento almorávide. Este mandatario abandonó el sur al frente de unas tropas compuestas por unos dos mil hombres y se hizo con la ciudad de Agmat, en la vertiente occidental del Gran Atlas, en el interior de Marruecos. Allí estableció el epicentro de sus movimientos y contrajo matrimonio con una beréber llamada Zaynab, viuda del reyezuelo de esta ciudad, a quienes se refieren las crónicas con los apelativos de hermosa e inteligente mujer.

Parece ser que ciertas diferencias surgidas entre algunas tribus hicieron que Abu Bakr tuviese que regresar a su país. Obligado por las circunstancias, dejó al mando de los ejércitos almorávides y del gobierno de todas las áreas geográficas conquistadas a su primo Yusuf ibn Tashfin. Esta medida, un tanto ingenua y precipitada, le costaría a la larga el cargo, pues, cuando terminó de apaciguar todas las rencillas y discordias habidas entre las distintas tribus, volvió para retomar el mando del ejército y se encontró con que su primo Yusuf le salió al encuentro al frente de numerosas tropas y le dijo que emprendiese camino de regreso porque él había asumido la autoridad en aquellas regiones.

Yusuf ibn Tashfin, que había logrado imponer su poder en un estado que se extendía a lo largo de toda la franja que discurre entre el océano Atlántico al oeste, y aproximadamente el centro de lo que actualmente conocemos por Argelia al este, pasó, de esta forma, a asumir el mando completo del movimiento almorávide.

Yusuf acabó casándose con Zaynab, que, previamente, se había divorciado de Abu Bakr. Y fundó Marrakech, ciudad que convirtió en su capital. Allí llevó a cabo una importante labor arquitectónica, fortificando la ciudad de una manera espectacular. Asimismo, ordenó construir una importante mezquita y edificios destinados a administración del Estado. También emprendió una destacada reestructuración a nivel administrativo, económico y militar.

Las ambiciones de poder de Yusuf ibn Tashfin sorprendieron a Abu Bakr a su vuelta, y, teniéndose que rendir a la evidencia, no se planteó siquiera el arrebatarle o disputarle el mando a aquél. En tales circunstancias, Abu Bakr se volvió al desierto y murió herido, según se dice, por una flecha envenenada.

Dice mi abuela que Yusuf ibn Tashfin asumió el título de Príncipe de los Musulmanes y que no se atrevió a adoptar el de Príncipe de los Creyentes por considerar que éste le estaba reservado al califa de Oriente.

Terminadas esas conquistas, los almorávides siguieron invadiendo otras zonas del norte de África. Por supuesto, las noticias de estos triunfos traspasaron el Estrecho y se propagaron por toda al-Andalus, donde, al parecer, causaron estupor entre los reinos de taifas que entonces se repartían el territorio andalusí.

María, estos reinos, en un principio, aunque vieron con recelo el avance que los cristianos dirigían hacia el sur de la Península, fueron más partidarios de establecer pactos con ellos antes que recurrir a los almorávides. Prefirieron, por tanto, pagar fuertes tributos a los cristianos y concederles plazas estratégicas que abandonarse a la protección del poder almorávide.

Pero las circunstancias cambiaron cuando la situación de las taifas se hizo insostenible y, principalmente, a partir de que el Islam andalusí perdiese Toledo. Fue entonces cuando los monarcas musulmanes lanzaron una llamada de auxilio a sus hermanos de fe, los almorávides.

Cuenta mi abuela que hubo otro acontecimiento que quizás sirvió para reforzar aquella decisión. Parece ser que el rey Alfonso VI declaró la guerra al rey sevillano al-Mutamid porque éste había ordenado ejecutar a uno de sus embajadores cuando acudió a Sevilla a recaudar el correspondiente tributo.

Algunos de los más importantes reyes musulmanes se reunieron para buscar soluciones a sus problemas. Pretendían prevenir posibles consecuencias negativas derivadas de la actuación de Alfonso VI. De tal forma que no dudaron ya en pedir ayuda a los almorávides.

Dice mi abuela que fue entonces cuando los reyes de taifas enviaron una delegación de cadíes a Fez (Marruecos) para entrevistarse con Ibn Tashfin. Éste, al principio, fue reacio a enviar tropas a la Península, por lo que el rey al-Mutamid se encargó de pedirle directamente ayuda. Para ello apeló a la fe del Islam y al peligro que ésta corría en al-Andalus si él no intervenía.

La petición del monarca sevillano, unida a la presión de los eruditos religiosos norteafricanos, movieron a Yusuf ibn Tashfin a cruzar el Estrecho y desembarcar con su ejército en Algeciras. Dicen testigos de la época que al-Mutamid, contento con la decisión del norteafricano, le dispensó en persona una calurosa acogida. No obstante, Ibn Tashfin, antes de proceder al desembarco, exigió a cambio de su apoyo la cesión de Ceuta, una plaza que estaba en poder de al-Mutamid.

Ibn Tasfhin desembarcó en la Península al frente de un nutrido ejército que él mismo se encargó de dirigir. Luego puso parte de los ejércitos peninsulares bajo las órdenes de al-Mutamid.

No mucho tiempo después tuvo lugar una célebre batalla en Sagrajas, a pocos kilómetros de la ciudad de Badajoz. Parece ser que Alfonso VI, al mando de un potente ejército, atacó por sorpresa a las tropas que encabezaba al-Mutamid. Los cristianos empezaron a mostrar gran superioridad y, de hecho, el propio rey de Sevilla fue gravemente herido, pero, cuando la victoria parecía estar del lado de Alfonso, irrum-

A. Guardiola

pieron las tropas almorávides con su jefe a la cabeza, lo que provocó gran desconcierto entre las filas cristianas, que se vieron de pronto muy inferiores en número.

Con esta batalla, conocida en las crónicas árabes con el nombre de Zallaqa, las tropas castellano-leonesas sufrieron una terrible derrota. El rey Alfonso tuvo que abandonar precipitadamente el escenario de la contienda, que quedó sembrado de miles de cadáveres de caballeros cristianos.

Poco después, elevada la moral de los reyes de taifas, Yusuf ibn Tashfin regresó a sus dominios del norte de África. Sin embargo, marchó convencido de que los andalusíes quedaban inmersos en contradicciones y desavenencias similares a las que ya tuvieran antes de la llegada de los almorávides. En efecto, parece cierto que la victoria de Zallaqa no apaciguó la ambición de los monarcas musulmanes; muy al contrario, las rivalidades entre los reinos se fueron multiplicando y la unidad de al-Andalus no parecía posible con estos gobernantes.

La debilidad que mostraban una vez más los reyes de taifas fue aprovechada por el rey Alfonso VI. Éste, en una nueva campaña militar, se internó en territorio musulmán y llegó a las inmediaciones de Sevilla. La grave situación hizo que el rey al-Mutamid pidiese de nuevo ayuda a los almorávides.

Algunos historiadores coinciden al hablar de un hecho que pudo violentar a Yusuf ibn Tashfin una vez ocurridos aquellos acontecimientos. Según dicen, el rey castellano se había hecho fuerte en Aledo, en la provincia de Murcia, donde había congregado una guarnición de más de quince mil hombres. Mientras tanto, Yusuf ibn Tashfin, solícito a la llamada de al-Mutamid, se dirigía con sus ejércitos a la Península.

Los ejércitos de las taifas se dedicaron a cercar Aledo. Luego, tras unos pocos meses, los monarcas andalusíes acordaron dejar el asedio a pesar de que Ibn Tashfin les había recomendado lo contrario. Hay quien dice que, por este motivo, el rey almorávide marchó un tanto molesto a tierras africanas; otros opinan, en cambio, que volvió más preocupado que enojado, pues su presencia en la Península le había permitido confirmar la poca unión que existía entre los reyes musulmanes.

Pero no tardaron en llegar inquietantes noticias al norte de África. Algunos reyes de taifas, más desunidos que nunca, estaban firmando alianzas con los monarcas cristianos. El rey almorávide, temeroso de que sólo el mar lo separase de sus enemigos, supo comprender que los pactos entre la cristiandad y los musulmanes de la Península no podían traerle más que nefastas consecuencias. Al parecer, éste fue, entre otros, uno de los motivos que le hicieron decidirse a conquistar al-Andalus.

Los alfaquíes norteafricanos no sólo estuvieron de acuerdo con la iniciativa de Yusuf ibn Tashfin sino que le respaldaron para llevarla a cabo. Así pues, nuevamente, Yusuf desembarcó en las costas de al-Andalus. Esta vez lo hacía bajo el título de Príncipe de los Creyentes, que recientemente había recibido.

El líder almorávide se reunió en Córdoba con algunos monarcas musulmanes. No se sabe si en aquella ocasión los hizo partícipes de sus propósitos. Lo cierto es que, al poco, emprendió campañas militares que le llevaron a apoderarse de algunos territorios. Por ejemplo, se hizo con Granada sin muchos obstáculos, ya que la población, lejos de apoyar a su monarca, el célebre Abd Allah, entregó el gobierno de la ciudad a Yusuf.

Pasado un tiempo, Yusuf dejó futuras conquistas en manos de un pariente suyo llamado Sir, tarea que no resultó a éste demasiado difícil, pues, en breve, se apoderó de casi la totalidad de los reinos musulmanes de la Península. De entre todos ellos, se hizo con el de Málaga y con el de Almería y sólo permanecieron independientes los de Badajoz y Sevilla, si bien no tardaron demasiado en caer bajo dominio almorávide.

Dicen que al-Mutamid opuso valerosa resistencia, pero que acabó entregando Sevilla. Algunos de sus más allegados contaron que le vieron partir humillado camino de su destierro en el norte de África.

Más tarde, junto a Badajoz cayeron otras importantes plazas en manos almorávides. Al-Andalus tardó poco en formar parte del imperio beréber y hombres de confianza de su líder se encargaron de gobernarla militarmente.

Dice mi abuela que algunos cronistas musulmanes insisten en la idea de atribuir a Yusuf ibn Tashfin falta de interés por hacerse con la totalidad de la Península. Esos mismos cronistas coinciden al señalar que no supo sacar partido a su victoria de Zallaqa y que, en gran medida, fue su pasividad la que libró a Toledo de formar parte del imperio almorávide.

La historia de la dinastía almorávide demuestra que Yusuf sólo se enfrentó a sus enemigos peninsulares de una forma esporádica y que, cuando lo hizo, dio pocas muestras de espíritu conquistador. En este sentido, aseguran algunos que el dirigente almorávide sólo quiso hacer de al-Andalus una gran frontera musulmana con la que separar el norte de África de los reinos cristianos de la Península.

Comportamiento similar mostraron quienes le sucedieron. Fue el caso de su hijo Ali, el más inmediato de sus herederos. Los gobernadores que éste nombró para al-Andalus cumplieron bien su misión, pero hubieron de enfrentarse al decidido poder de los reinos cristianos. No obstante, éstos, a pesar de venir cosechando numerosas victorias, fueron controlados en gran parte del territorio andalusí por los ejércitos almorávides.

Ali gobernó durante treinta y siete años. Parece ser que los quince primeros fueron de gran esplendor y que, durante ellos, el poder almorávide alcanzó su mayor apogeo en la Península. Fue una época en la que se consiguieron importantes victorias sobre los cristianos. Todas las crónicas destacan en especial la lograda en Talavera, en la actual provincia de Toledo.

El dirigente almorávide nombró gobernador de al-Andalus a su hermano Tamim, quien fijó su residencia en Granada, haciendo de esta ciudad la nueva capital de al-Andalus. Entre Tamim y Alfonso VI se libró una célebre batalla en Uclés, en la actual provincia de Cuenca, con resultado favorable para el dirigente almorávide. Éste también logró incorporar al imperio territorios que, en otro tiempo, pertenecieron a los reinos de Zaragoza y Badajoz. Llegó incluso hasta Lérida, ciudad que saqueó. Y más tarde puso cerco a Barcelona y ocupó las islas Baleares.

Pero, en la segunda etapa de su reinado, Ali encontró dentro y fuera de al-Andalus graves problemas que resolver. Por un lado, el rey cristiano Alfonso I de Aragón conquistó Zaragoza y llegó hasta Granada. Y aunque fue rechazado allí por las tropas almorávides, el acontecimiento puso en evidencia la fragilidad de éstas. De otro lado, Ali y su imperio comenzaron a verse amenazados por una nueva corriente religiosa que brotaba con fuerza en el norte de África: los almohades.

Más tarde, Ali nombró gobernador de al-Andalus a su hijo Tashfin, que acabó sucediéndole en el trono almorávide diez años después. Tasfhin, destacado militar, hubo de hacer frente a continuos problemas que amenazaban el imperio: de una parte, los cristianos impulsaron con más fuerza su política de avance provocando graves daños y perjuicios a la provincia peninsular, al tiempo que los propios musulmanes andalusíes organizaban revueltas en contra del gobierno central de Marrakech. De otra, el creciente poder que representaban en el norte de África los almohades ponía en peligro su trono.

El imperio almorávide tocaba a su fin. El nuevo movimiento almohade triunfaba ya en algunas zonas del norte de África en tanto que el gobierno de al-Andalus se desmoronaba. Dicen que Ali, entregado cada vez más a la oración, se limitó entonces a recaudar impuestos y a ostentar orgulloso el título de Príncipe de los Creyentes, sin ocuparse de los asuntos del Estado.

Hubo quienes censuraron a los almorávides el que se entregaran finalmente a los lujos y placeres pese a lo estricto de sus enseñanzas religiosas. Tal circunstancia ayudó a que el descontento popular se generalizase en al-Andalus. También fue un factor decisivo para que el poder almorávide se debilitara de forma similar a como había ocurrido unos años atrás durante el período de los reinos de taifas.

Estallaron muchos levantamientos y se multiplicaron los disturbios en las ciudades importantes de al-Andalus, lo que dio lugar a que algunas de ellas se gobernasen al margen del poder almorávide. Los núcleos resultantes adoptaron el perfil de ciudades independientes y fue muy similar al de los antiguos reinos de taifas. Algunos historiadores, a tenor de esta última circunstancia, han preferido hablar de segundas taifas para referirse a este período.

Como en otros tantos momentos de la historia de al-Andalus, la mayor parte de las sublevaciones habidas durante este período fueron dirigidas y organizadas por los eruditos religiosos, que arrastraban tras de sí a una población siempre fiel e incondicional.

Fueron muchos los personajes ilustres que vivieron en época almorávide. Tales son los casos de Avempace y Averroes, que destacaron como filósofos; o el de Yabir ibn al-Aflah, que fue un importante astrónomo. Muy célebres también fueron el médico Avenzoar, o el geógrafo al-Idrisi, etc.

El elemento cultural tuvo cierta importancia durante la época almorávide. Fue un período en el que no dejaron de venir desde toda Europa gentes ávidas de aprender las enseñanzas que se impartían en al-Andalus.

En el campo literario, la poesía clásica sufrió un cierto declive con los almorávides. Destacó en cambio la poesía popular, si bien ésta en ningún momento llegó a alcanzar cotas tan elevadas como lo hiciera durante el período de los reinos de taifas.

Si bien es verdad que en el terreno de la arquitectura los almorávides incorporaron elementos propios del norte de África, también es cierto que se dejaron influir por el esplendor de al-Andalus. Una obra característica de la época fue la Aljafería de Zaragoza.

Los almorávides también supieron reconstruir murallas y fortificaciones, y famosas se hicieron sus mezquitas. Y, pese a los pocos años que ocuparon la Península, dejaron gran muestra de su habilidad en las decoraciones interiores, sustituyendo las tradicionales formas de tipo geométrico por las de tipo vegetal.

María, como ya te adelanté, contra el debilitado poder almorávide se sublevaron numerosas ciudades andalusíes, de tal forma que nuevas dinastías comenzaron a gobernar, aunque, eso sí, lo hicieron por un corto espacio de tiempo. Fue así como nacieron en la Península los llamados segundos reinos de taifas. Entre otros, los más importantes fueron los surgidos en Valencia, Almería, Murcia, Baleares, Málaga, Badajoz, Jaén, Cádiz, Córdoba, Granada, etc.

Al parecer, los almorávides dieron leves muestras de reacción y reconquistaron las ciudades de Córdoba y Granada; pero ya era demasiado tarde: los almohades estaban desembarcando en la Península y los cristianos persistían en sus avances. En breve, el nuevo imperio beréber se adueñaría de gran parte de los territorios de al-Andalus.

María, con esto último pongo punto y final a la carta de hoy. Como siempre, te incluyo a continuación una historia de las que tanto te gustan. Recibe un beso y da recuerdos a tu familia. Por cierto, si como dices en tu anterior carta, tus tíos deciden venir a Marruecos, diles que estaremos encantados de recibirles en Tetuán y que mi padre se ofrece a enseñarles la ciudad.

La historia de al-Mutamid e Ibn Ammar

Cuenta la leyenda que al-Mutamid, último rey de Sevilla en la época de las taifas, fue uno de los poetas más destacados de al-Andalus durante sus ocho siglos de existencia.

El rey de Sevilla fue muy conocido por sus poemas; en especial, por los dedicados al amor y a los temas religiosos. Parece ser que la fama de al-Mutamid llegó incluso hasta el lejano Oriente, pues desde allí vinieron muchos estudiosos a al-Andalus con el fin de aprender la métrica de sus versos.

Afirman quienes vivieron en esa época que Sevilla se convirtió en la corte cultural y, sobre todo, literaria, de casi toda Europa. Durante esos años, si bien florecieron poetas de prestigio por todos los reinos de taifas, fue sin duda en Sevilla donde mayor desarrollo experimentó la poesía.

Los que tuvieron la suerte de conocerle refirieron que era un príncipe soñador de espíritu bondadoso, amante de la verdad y enemigo de la pomposidad de la corte. También dicen que destacaban en él una especial sensibilidad y una marcada espontaneidad. Y aseguran que esto no sólo se ponía de manifiesto cuando escribía poemas, sino también en su comportamiento y en su acusada personalidad.

Cuentan que en su juventud, siendo aún príncipe, al-Mutamid conoció a un poeta llamado Ibn Ammar a quien rescató de la pobreza. Ambos se hicieron amigos inseparables y al-Mutamid ejerció de mecenas del poeta. Se aseguraba en Sevilla que la suya era una amistad sólida y que al-Mutamid sólo pedía de Ibn Ammar sinceridad.

Los dos jóvenes compartían aventuras. Siempre se les veía juntos y solían frecuentar círculos literarios donde daban rienda suelta a su imaginación poética.

Marcharon a Silves, en la actual Portugal, y allí se afianzó su amistad. Pero un contratiempo vino a enturbiarla. El padre de al-Mutamid entendía que aquella relación no había de ser beneficiosa para el joven príncipe, por lo que el rey les ordenó regresar a Sevilla.

Ya en Sevilla, en el curso de una de sus correrías, al-Mutamid conoció a Rumaykiyya, una joven esclava que, más tarde, con el paso de los años, se convertiría en su esposa. Fue un día en que, hallándose los jóvenes improvisando un poema, quedaron de repente sorprendidos al escuchar una voz femenina que remataba sus versos con otros de singular maestría.

El príncipe quedó prendado de la belleza de la dulce Rumaykiyya. Dicen que no había en todo el reino de Sevilla otra belleza igual. Poseía al parecer hermosos ojos y piel morena y su rostro reflejaba gracejo y bondad. Además, destacaba Rumaykiyya por ser mujer inteligente. Tales eran las virtudes que la adornaban. Más tarde, la joven se casó con al-Mutamid y, a partir de entonces, todos se referían a ella con el apelativo de «la gran señora».

El rey-poeta, por entonces príncipe, contó a su amigo Ibn Ammar lo enamorado que estaba de la joven. Ibn Ammar previno a al-Mutamid acerca del peligro que para un gobernante podía suponer entregar su corazón a una mujer.

Pasado algún tiempo, al-Mutadid observó que la amistad entre su hijo y el poeta Ibn Ammar se iba haciendo tan estrecha que creaba dependencia en el futuro monarca. Tal vez por ello, el rey envió al destierro a Ibn Ammar. Con tal medida se convencía de que la formación de su hijo al-Mutamid no se vería perjudicada por interferencias cada vez más asfixiantes. A los argumentos del rey venía a sumársele algo que le preocupaba muy seriamente y es que Ibn Ammar era algunos años mayor que el joven príncipe y esa circunstancia podía estar influyendo negativamente en su forma de concebir la vida.

Después de aquellos acontecimientos, al-Mutamid hubo de partir por orden de su padre hacia la plaza de Silves, donde actuó en calidad de gobernador. Ya allí, al-Mutamid, que no podía dejar de pensar en Rumaykiyya, se ocupó de que trasladaran a la joven a Silves para tenerla a su lado. Cuentan que al poco de llegar la muchacha, el príncipe al-Mutamid le declaró su amor.

Desde su exilio, Ibn Ammar no dejaba de ver impropio el hecho de que su amigo el príncipe se enamorase hasta ese extremo. No obstante, a decir de algunos, parece ser que ese sentimiento de amistad que aparentaba profesar Ibn Ammar cuando daba tales consejos al príncipe, no era más que reflejo de los celos que el poeta sentía, pues Ibn Ammar veía cómo los favores de su amigo se volcaban ahora en la bella Rumaykiyya. Al margen de esta interpretación de Ibn Ammar, lo cierto es que al-Mutamid nunca había abandonado la idea de retomar la amistad que le unía al poeta. En este sentido, dicen que el cariño que el príncipe tenía a Ibn Ammar era tan intenso como el amor que sentía por Rumaykiyya.

En estas estaba al-Mutamid cuando recibió la triste noticia de la muerte de su padre. El joven príncipe no tardó en regresar a Sevilla, donde fue reconocido como nuevo rey a la edad de veintinueve años. En esta ciudad, al-Mutamid recibió juramento de fidelidad tanto de sus hermanos como de nobles, visires, hombres de religión e ilustres sevillanos.

Al-Mutamid, ya rey, mandó llamar a Ibn Ammar al objeto de reanudar aquella profunda amistad que en otro tiempo les había unido. Fue entonces cuando el poeta pudo regresar a Sevilla del exilio.

Como rey, al-Mutamid fue aconsejado desde el primer momento por su amigo Ibn Ammar. Según éste, el nuevo monarca debía aspirar a conquistar la totalidad de al-Andalus para así proceder a restaurar el antiguo califato de Córdoba. De acuerdo con los planes de Ibn Ammar, Sevilla se transformaría en la nueva capital del estado musulmán y al-Mutamid sería nombrado nuevo califa. El proyecto, que contaba con el agrado del nuevo rey, ya dejaba entrever el deseo de poder al que, más tarde, aspiraría Ibn Ammar.

Aunque al-Mutamid vio con buenos ojos la propuesta de reunificar al-Andalus, no aprobó, en cambio, el aumento excesivo de impuestos que tal empresa comenzaba a generar en sus súbditos. Eso, no obstante, no fue óbice para que persiguiese hacerse con nuevos territorios, tales como los de Granada, Málaga o Almería.

Después de que al-Mutamid mandase a su amigo Ibn Ammar a la ciudad de Silves en calidad de gobernador, no tardó en echarle de menos y requerirle a su lado. Por ello se decidió a enviarle un mensajero que portaba una carta donde ordenaba el inminente traslado de Ibn Ammar a Sevilla. Éste se apresuró a satisfacer los deseos de su rey, quien, lleno de agradecimiento, nada más llegar su amigo a Sevilla, lo nombró primer ministro.

Desde su nuevo cargo, Ibn Ammar emprendió una labor conquistadora. Así, por ejemplo, se hizo con Córdoba, que incorporó al reino de Sevilla. A propósito de Córdoba, cuentan que algún tiempo después de caer la ciudad en poder de al-Mutamid, el monarca envió a ella a uno de sus hijos para que la gobernase. Dicen que al poco de llegar a su destino, el joven gobernador, que contaba a la sazón doce años, fue asesinado por un aliado del rey musulmán de Toledo. Más tarde, el asesino del hijo de al-Mutamid se declaró independiente del reino toledano, pero, al final, las tropas de al-Mutamid lograron reconquistar la antigua capital del califato.

Nuevamente asesorado por Ibn Ammar, el rey al-Mutamid ambicionó nuevas conquistas. Esta vez le tocó el turno al reino de Granada. Con tal fin, el nuevo visir, abusando un tanto de su cargo, ordenó un excesivo aumento de los impuestos. Los sevillanos no tardaron en quejarse públicamente de tan injustas medidas. De manera que, apoyados, y, en buena parte, dirigidos por los hombres de religión, los súbditos de al-Mutamid se manifestaron en las calles de la ciudad. Parece ser que incluso desde los púlpitos de las mezquitas se llegó a criticar abierta y duramente la desacertada decisión, de resultados tan desastrosos para el pueblo.

Intimidado por la reacción popular, el primer ministro, llevado de perversas intenciones, hizo correr la voz de que la idea de incrementar la recaudación de impuestos había partido del rey, quien actuaba así debido a los numerosos y costosos gastos que le ocasionaban sus atenciones con Rumaykiyya. Con tales falsedades, Ibn Ammar pretendía hacer creer al pueblo que la voluntad del monarca se hallaba en manos de su esposa. Los rumores en torno a esto último fueron calando profundamente en el ánimo de los sevillanos. Si a ello se añade que los alfaquíes no estaban nada contentos con las prolongadas ausencias del monarca en la oración de los viernes y con su afición al vino y otros placeres, no era tan difícil culpar a Rumaykiyya de ser responsable de perjudiciales influencias.

Cuenta la leyenda que, en cierta ocasión, Ibn Ammar —que por aquel entonces estaba encargado de efectuar el pago de tributos a los cristianos— evitó que el rey Alfonso VI se apropiase de ciertas fortalezas importantes que pertenecían al reino de Sevilla. Lo logró al parecer tras vencer al monarca cristiano en una singular partida de ajedrez, en la que mostró Ibn Ammar gran sagacidad y astucia. No obstante, el primer ministro, no sólo hubo de satisfacer el pago, sino que pudo comprobar cómo Alfonso, un tanto molesto por la derrota sufrida en la partida, aumentaba al doble la cantidad acostumbrada. Cuentan quienes lo presenciaron que el rey cristiano, además de lamentar su pérdida de prestigio como jugador, andaba cabizbajo por verse obligado a renunciar a fortalezas que públicamente había jurado conquistar.

El desarrollo de los acontecimientos agravó sobremanera el estado de las arcas sevillanas, pues para pagar los tributos al rey Alfonso no se encontraba otra fórmula que no fuese el aumento de impuestos. En estas circunstancias, en contra de lo que le cabía esperar a Ibn Ammar, al-Mutamid no le felicitó por su hazaña ajedrecística, ni por haber mantenido aquellas fortalezas en poder del reino de Sevilla; por el contrario, el rey culpó al primer ministro de ser responsable de que los tributos se hubiesen duplicado.

Las protestas del pueblo se acentuaron y las críticas alcanzaron al propio rey. Los alfaquíes aprovecharon la ocasión para censurar con más dureza la conducta del monarca y su falta de religiosidad. Para enrarecer más la situación contaban que tanto al-Mutamid como Rumaykiyya se comportaban públicamente como personas religiosas que cumplían con las normas del Islam, pero que, en realidad, de manera privada, no creían en otra divinidad que no fuese la propia naturaleza.

Entretanto, Ibn Ammar se hallaba cada vez más alejado del rey. Su espíritu combativo le llevó a intentar la conquista de Granada, pero no tuvo éxito en la empresa, pues sus tropas fueron derrotadas por las granadinas. Este contratiempo le empujó a tomar Murcia, una plaza menos protegida que la de Granada. De manera que, tras cercar a los murcianos durante un tiempo, logró apoderarse de la ciudad. Parece ser que, aunque en un principio ofreció los territorios conquistados al monarca sevillano, luego, en tanto que vivía las mieles del triunfo, se declaró independiente de quien hasta ese momento lo había tenido por amigo. Fue así como Ibn Ammar traicionó de manera abierta a al-Mutamid.

Ya en Murcia, Ibn Ammar volvió a arremeter contra el rey sevillano y su esposa. Muchos aseguran que escribió versos ofensivos e hirientes contra la pareja y que los hizo llegar a la corte de al-Mutamid. En ellos atacaba, al parecer de manera mordaz, la forma de gobernar de al-Mutamid y su dependencia con respecto a Rumaykiyya.

Poco tiempo después pudo comprobarse cómo la actuación de Ibn Ammar en Murcia no fue menos despótica que la desarrollada en Sevilla. Al parecer, al igual que procediera años atrás, obligó al cumplimiento de medidas tan impopulares como el incremento de impuestos, lo que provocó gran malestar entre los murcianos, quienes acabaron expulsándolo de la ciudad. Cuentan al respecto que cuando Ibn Ammar regresaba de una campaña militar, los habitantes de Murcia se negaron a abrirle las puertas de la ciudad. Ibn Ammar ordenó entonces a sus tropas que forzaran la entrada, pero éstas lo abandonaron y lo dejaron totalmente solo.

Ibn Ammar se refugió en Zaragoza, donde ofreció sus servicios al rey que gobernaba la zona. Este monarca le encargó una misión, pero Ibn Ammar fracasó y fue hecho prisionero. Posteriormente fue vendido al rey de Sevilla, quien optó por comprarlo a pesar de que Rumaykiyya le aconsejase lo contrario. Dicen que la Gran Señora sabía que en el fondo del corazón de al-Mutamid persistía el cariño por Ibn Ammar. Pero gente de su entorno también aseguró que ella presentía que el regreso a Sevilla del traidor no traería más que sufrimientos a al-Mutamid.

Ibn Ammar fue trasladado a Córdoba y, desde allí, después de ser insultado públicamente por los cordobeses, embarcó con dirección a Sevilla. Una vez en esta ciudad, el traidor fue encarcelado. Pero Ibn Ammar, que conocía bien la bondad de corazón de Rumaykiyya, rogó a ésta que intercediera en su favor ante el rey. Rumaykiyya, pese al daño recibido de Ibn Ammar, no supo negarse a su petición y accedió, de manera que le consiguió el perdón del monarca.

Cuenta la leyenda que al-Mutamid quiso reconciliarse con quien fuera en otro tiempo su amigo, pero que la ambición de Ibn Ammar impidió que los deseos del monarca se cumplieran. Una vez más, el poeta le traicionó, y esta vez, según parece, de manera muy premeditada y ruin. Desde la prisión, Ibn Ammar escribió unos versos verdaderamente ofensivos para el rey y para Rumaykiyya. Después los hizo llegar de forma deliberada a las manos de un hijo de al-Mutamid, lo que desató la cólera del rey. A tal punto llegaron las injurias del traidor que al-Mutamid no pudo controlar su furia y, en presencia de soldados y carceleros, dio muerte a quien tanto había querido. Dicen que acabó con la vida de Ibn Ammar valiéndose de una enorme hacha.

Según parece, todos los acontecimientos que marcaron la tortuosa relación entre los dos amigos habían sido vaticinados por diferentes personajes que intervinieron, directa o indirectamente, en las vidas del rey y del poeta. Por tanto, al-Mutamid entendió que el destino, siguiendo su camino, había terminado por cumplirse. De otro lado, Rumaykiyya, que siempre había cuestionado la fidelidad de Ibn Ammar, pudo al fin confiar al rey las que habían sido siempre sus sospechas. De manera que acusó a Ibn Ammar de persona ambiciosa y desleal. Y, según le dijo, si había preferido permanecer callada en vida del poeta había sido para evitar al monarca más sinsabores de los recibidos.

Sin duda, estos acontecimientos marcaron profundamente el ánimo de al-Mutamid. No obstante, otros posteriores vinieron a borrar la huella tan amarga que le dejara la traición cometida por Ibn Ammar. A partir de entonces, los sucesos políticos ocurridos en la Península, junto con su afición por la poesía, centraron toda la atención del rey.

Mientras que Alfonso VI conquistaba la emblemática ciudad de Toledo y sumaba resonadas victorias en sus enfrentamientos con otros reinos musulmanes, al-Mutamid, en opinión de algunos cronistas, cometió una gran torpeza. Consistió ésta en que el monarca musulmán ordenó ejecutar a un judío que, enviado por el rey Alfonso VI a Sevilla para cobrar los tributos convenidos, puso en duda la autenticidad de las monedas empleadas en el pago.

Después de la ejecución, al-Mutamid fue consciente de que lo que había hecho podía poner en peligro la integridad de Sevilla. El rey-poeta se vio entonces obligado a solicitar la ayuda de los almorávides. Dicen testigos de la época que fue ante tales circunstancias cuando pronunció una frase que se ha hecho famosa con el correr de los tiempos:

«Prefiero ser camellero en África que porquero en Castilla».

Con tales palabras, parecía intuir al-Mutamid que el reino de Sevilla caería en breve, bien en manos de los cristianos, bien bajo el poder de los beréberes norteafricanos.

Cuentan que cuando al-Mutamid venció al rey Alfonso en la batalla de Zallaqa con la colaboración de los almorávides, encontró en éstos las fuerzas complementarias que necesitaba para poder conquistar las restantes taifas. Según pensaba, con ellos de su lado podría satisfacer su antiguo deseo de ocupar como califa absoluto el trono de una al-Andalus unificada.

Se hallaba en estas cuando recibió con agrado la noticia de que el rey de Granada había sido derrotado por tropas almorávides. Efectivamente, otra campaña almorávide dentro de la Península había conducido no sólo a la caída del reino de Granada sino a que el mandatario granadino hubiese sido humillado y expulsado al norte de África, donde, finalmente, habría de morir en la más absoluta pobreza. En tales circunstancias, las ambiciones de al-Mutamid aumentaron sobremanera en tanto en cuanto vio de cerca la posibilidad de añadir a su reino los territorios de Granada.

Pero el rey-poeta pecó de cierta ingenuidad al pensar que los almorávides le entregarían el gobierno de Granada, cuando las verdaderas intenciones de los norteafricanos no eran otras que hacer de al-Andalus una provincia más de su vasto imperio, algo que, en breve, habría de suceder.

Al-Mutamid se convirtió luego en uno de los reyes musulmanes que más firmemente se opusieron a la expansión almorávide en la Península, de tal forma que llegó incluso a solicitar la ayuda de Alfonso VI de Castilla y León para combatir a sus enemigos. Pero los almorávides poseían

LA PENÍNSULA BAJO EL IMPERIO ALMORÁVIDE (SIGLOS XI-XII)
Territorios controlados por los reinos cristianos
Territorios controlados por los almorávides
AL - ANDALUS
OCÉANO ATLÁNTICO
MAR MEDITERRÁNEO
ISLAS BALEARES
NORTE DE ÁFRICA
LEÓN
CASTILLA
NAVARRA
ARAGÓN
CONDADOS CATALANES
Santiago
Oviedo
León
Zamora
Burgos
Salamanca
Pamplona
Jaca
Tudela
Zaragoza
Barbastro
Lérida
Barcelona
Tarragona
Tortosa
Albarracín
Valencia
Cuenca
Toledo
Coimbra
Coria
Lisboa
Badajoz
Mérida
Córdoba
Sevilla
Huelva
Jaén
Granada
Dénia
Alicante
Murcia
Aledo
Almería
Málaga
Algeciras
Gibraltar
Tarifa
Ceuta
Menorca
Mallorca
Ibiza

un ejército muy numeroso y disciplinado y conocían a la perfección las debilidades de los musulmanes de al-Andalus, por lo que, en poco tiempo, conquistaron todos los reinos de taifas, incluyendo, cómo no, el de Sevilla.

A decir de muchos, al-Mutamid empleó valeroso arrojo al defender Sevilla de los ataques almorávides, pero, según ha quedado constancia, al cabo de seis días de continuos enfrentamientos, resultó derrotado.

Poco tiempo después siguió un camino muy similar al emprendido años antes por su antiguo enemigo, el rey de Granada. Obligado por el exilio, al-Mutamid hubo de cruzar el Estrecho y desembarcar en las costas del norte de África. Más tarde se dirigió a una pequeña población llamada Agmat, en Marruecos, donde cargó con su desgracia en compañía de Rumaykiyya, algunos de sus hijos y unos pocos amigos.

A partir de entonces hubo de vivir en la más absoluta miseria. Quienes le conocieron cuentan, no obstante, que la humillación a la que le sometieron las circunstancias políticas y económicas le fue menos dolorosa gracias a la fidelidad de su esposa y a su pasión por la poesía.

A propósito de esto último, dicen los estudiosos que durante esta época de exilio en Agmat, al-Mutamid escribió sus mejores poemas. Al parecer, muchos de los versos salidos de su pluma en este período se cuentan entre los más bellamente expresados en lengua árabe. De manera muy viva, quedan reflejados en ellos el dolor y la nostalgia que la pérdida del reino sevillano le produjo.

Pero no sólo su poesía del exilio ha sido ponderada. Al tratar en general de sus versos siempre se ha hablado del derroche de recursos literarios desplegado por al-Mutamid y de su habilidad para jugar con las palabras, técnica que en sus manos alcanzó cotas de excepcional belleza.

La historia nunca podrá olvidar el esplendor que se vivió en Sevilla durante el reinado de al-Mutamid. Las letras y las ciencias florecieron en aquella época hasta tal punto que, según cuentan, todos los habitantes de Sevilla, cultivados o no, gustaban de componer poemas y hablar en un tono que daba a la ciudad cierta magia literaria. Esto se debió, sin duda, a al-Mutamid, preocupado por reunir en torno a su corte a los más insignes hombres de letras y ciencias de toda al-Andalus y de gran parte de Europa, sin distinción de religión o raza.

Entre otras muchas cosas, se dice a este respecto que al-Mutamid daba respaldo económico a una academia literaria fundada por su padre, y que él mismo se encargaba de organizar y potenciar las tertulias literarias cuando los asuntos del Estado se lo permitían.

Algunos defienden la idea de que las circunstancias trágicas en las que se vio envuelto el reino de Sevilla en los últimos años de su existencia acentuaron el espíritu poético de la población. Argumentan que, tal y como ocurre siempre que se vive una situación desesperada, fue entonces cuando nació la poesía más bellamente escrita en al-Andalus. Hay incluso quienes sostienen que hasta nuestros días ha llegado cierta impronta de aquella época y que la fatalidad tomada con aires agridulces, tan típica de muchos pueblos de la actual Andalucía, parte de esa herencia recibida.

Los hermosos versos que escribiera el célebre monarca sevillano al-Mutamid, conocido por las generaciones posteriores como el rey-poeta, formarán siempre parte inseparable de la cultura de al-Andalus. Sirvan como ejemplo los que siguen:

¡Cuántos celos he sentido de mi carta de amor, que ha podido contemplar tu semblante reluciente!

¡Cuánto he anhelado que mi cuerpo esa carta fuere, que así tus ojos seductores en mí se habrían posado!

En otros alude a los placeres de la vida. Dice así:

Sacia sin descanso tu corazón, que así han sanado muchos enfermos, y lánzate sobre este mundo como si de un trofeo se tratase, que la vida es pasajera.

Y aunque cumplieras mil años consumados, falso sería afirmar que la vida ha sido dilatada.

¿Permitirías tú que el desconsuelo te condujese a la muerte
sabiendo que el laúd y el vino existen y te aguardan?

Que el dolor no te domine con fuerza, que la copa en tu mano
se asemeja a una espada refulgente.

Si somos juiciosos, las adversidades nos hostigan hasta lo
más profundo. Es sensato para mí aquel que no lo es.

Tetuán, tres de diciembre

Querida María: Como te anunciaba en mi anterior carta, asistí con mi familia a la fiesta de circuncisión de mi primo Abd al-Latif. No puedes ni imaginar lo bien que me lo pasé rodeado de todos mis familiares, pues, esta vez, al celebrarse en Tetuán, nadie faltó a esa cita tan importante en la vida de un musulmán.

El acto de la circuncisión es sumamente sencillo y, aunque para algunos ofrece muchos simbolismos, lo cierto es que, si se hace, es porque permite continuar una tradición muy arraigada dentro de la comunidad musulmana.

Con relación a esto, has de saber que el propósito de la religión y la tradición musulmanas es que ningún niño de sexo masculino quede sin circuncidar. A los pocos años de ser yo mismo circuncidado, me explicó mi padre que la ceremonia de la circuncisión a la que yo, como el resto de los niños, había sido sometido, significaba un paso muy importante en la vida del musulmán, pues marcaba el tránsito del circuncidado desde la infancia a la madurez.

Ese paso, que hace del niño el protagonista del día, suele ir acompañado de festividades muy especiales para la familia y el círculo de allegados del circuncidado. Es un día en el que todos, niños y mayores, viven con mucha alegría y felicidad el acontecimiento. Durante la fiesta que se organiza en torno al acto, los niños reciben golosinas, juguetes y pasteles propios del evento. Las comidas del mediodía y de la tarde son también especiales. Por ejemplo, la *pastela* —¿recuerdas aquella que preparó un día mi padre, durante las vacaciones, que tanto te gustó?—, el *m'hencha* y otros pasteles diversos suelen ser platos característicos de esta celebración. Pero, sin duda alguna, hay dos especialidades que no suelen faltar este día: una de ellas es un preparado que se hace a base de miel, almendras y sésamo. Si te describo tan bien sus ingredientes es porque se le suele denominar «miel a las almendras y a los granos de sésamo». La otra a la que me refiero es un plato conocido con el nombre de *jabane*, que está elaborado a base de azúcar.

A propósito de este último, recuerdo cómo mi padre, haciéndose eco de la tradición, me comentó que dicho preparado se considera muy apropiado para calmar el dolor que ha de padecer el niño durante el acto de la circuncisión. Según me explicó, no deja de ser un simbolismo según el cual la miel y el azúcar sirven para endulzar ese tránsito por el que va a pasar el niño, que le conducirá de la infancia a la madurez.

Pues bien, como te decía al principio, me lo pasé estupendamente ese día. Llegué a casa de mi primo con toda mi familia, pero no pude ver al niño porque su madre lo estaba vistiendo y preparando para la circuncisión. Ya te puedes imaginar que ese día, tan especial para quien va a ser circuncidado, viste el niño unas ropas más suntuosas de lo normal. Pasé con mi madre y mis hermanos a las dependencias de la casa destinadas a dar acogida a los invitados. Mi padre, después de saludar, desapareció enseguida, pues, junto con los hombres más allegados de la familia, había de estar presente en el acto físico de la circuncisión, que, según me dijo después, tuvo lugar en un dormitorio apartado de la casa.

El sonido cercano de una música hizo que muchos de los que estábamos dentro de la casa saliésemos a la puerta para ver de dónde procedía. Se trataba, ni más ni menos, que de una orquesta compuesta por unos ocho o diez hombres que, desde el fondo de la calle, se dirigían hacia nosotros. Tras ellos, pude escuchar el alboroto que producían las personas que les seguían. No tardé en comprobar que aquellos músicos venían a la casa de mi primo con la intención de quedarse y amenizar el ambiente.

Mi madre que, desde que llegamos, no había parado de charlar en un rincón con las ancianas de la familia, se aproximó hacia mí, sonriente, y noté, por su expresión, que estaba feliz. También pude observar en los rostros de los demás que la música los animaba. A los músicos les seguía un grupo numeroso de invitados, que fueron pasando, uno tras otro, después de que lo hicieran los componentes de la orquesta.

La orquesta se instaló en un espacio que, previamente, le había sido reservado. Todos los invitados se fueron repartiendo por las distintas habitaciones de la casa, y ésta, al poco, estaba llena de gente. Los músicos, que, desde que vinieran por la calle, no habían dejado de tocar, interpretaron tanto música marroquí tradicional como músicas modernas populares. La fiesta comenzó y niños y mayores se animaron a bailar, aunque lo hicieron, principalmente, las mujeres, pues los hombres se dedicaron más bien a hablar y los niños pronto estaban jugando y degustando una rica merienda. Según luego me enteré, la habían preparado mi tía y sus hermanas.

Mi primo Abd al-Latif debe de tener cuatro o cinco años. Estoy seguro de que, tal y como yo recuerdo el día de mi circuncisión, será para él una de las fechas que nunca olvidará. Yo sólo tengo vagos recuerdos de aquel día y uno de ellos es que alguno de los hombres que me rodeaban me dijo que levantase la cabeza para que pudiese ver un pajarito que volaba. Yo la levanté ingenuamente y nada vi, pero sí sentí un profundo dolor que se confundía en mi cabeza con los comentarios de los hombres, que no paraban de lanzar frases y exclamaciones de ánimos para amortiguar cuanto pudiesen mi sufrimiento.

No pude ver a mi primo, pero los detalles de cuanto sucedió dentro de la habitación me los contó mi padre. Según me dijo, allí se reunieron el padre del niño y los hombres de la familia más allegados. Mi primo vestía fez, una chilaba nueva de color blanco y unas babuchas amarillas, también nuevas. Mientras se esperaba la llegada del alfajeme, que, además de hacer otras cosas, es la persona especializada en practicar las circuncisiones, Abd al-Latif estuvo sentado sobre una cama. Según me explicó mi padre, la cama estaba vestida ese día con ropas muy vistosas y llamativas.

Cuando por fin llegó el alfajeme, el padre del niño, junto con uno de sus tíos, tumbaron al niño encima de esa cama tan bellamente adornada para la ocasión. Uno de ellos se ocupó de mantener al niño con las piernas abiertas mientras el alfajeme procedió a anestesiarlo e, inmediatamente después, a cortarle la piel del prepucio. El padre del niño y el resto de los hombres, especialmente sus tíos, daban ánimos y envalentonaban a Abd al-Latif haciéndole ver que iba a dejar de ser un niño y que no tardaría en hacerse un hombre. Conforme me contaba mi padre la escena, yo mismo recordé algunas de aquellas frases y ciertas estratagemas de las que se valieron los hombres que me rodeaban para aliviar mi dolor. También me viene ahora a la memoria cuánto grité y lloré.

Pero, al margen de todo ello, ése es un día de fiesta. Yo recuerdo que el día de mi circuncisión también vestí chilaba como mi primo, y cómo la capucha de ésta tiraba de mí hacia atrás con el peso de las monedas que mis tíos iban echando dentro de ella mientras me decían que ya me iba a hacer un hombre. Me contó mi padre que él, como tantos otros, tuvo guardado el dinero que recaudó el día de su circuncisión durante el período de tiempo que tuvo el pene vendado.

Abd al-Latif debió de quedarse acostado, pues yo no lo vi, aunque bien es verdad que nosotros nos fuimos pronto. Sí te puedo decir que, cuando volvieron los hombres a la fiesta, todos los invitados prorrumpieron en exclamaciones de alegría y la mujeres comenzaron a lanzar estruendosas albórbolas. Por su parte, la orquesta redobló con ímpetu la música que venía tocando.

Paso sin más a hablarte de historia.

María, comenzó por decirme mi abuela que la manera en que surgió el movimiento almohade fue un tanto similar a la del movimiento almorávide. Igual que ocurrió con este último, el desarrollo del movimiento almohade partió de unos postulados religiosos muy fuertes y nació dentro de un ambiente originado alrededor de un personaje con unas sólidas convicciones religiosas. A decir de algunos, este personaje tuvo tal carisma y tal poder de seducción que supo atraer en torno a él a un nutrido grupo de discípulos que fueron transmitiendo las doctrinas propias del movimiento a través del norte de África. Pero no quedó ahí la cosa: la ideología de tipo político y religioso del movimiento almohade llegaría a traspasar las fronteras del continente africano para penetrar en la Península. Cuando hizo esto último, el movimiento almohade se transformó en el motor que reemplazó en el poder al desgastado movimiento almorávide.

La dinastía almohade duró algo más de un siglo de historia, período de tiempo durante el cual reinó en casi toda la región que abarca el África septentrional. No obstante, al-Andalus estuvo gobernada por dirigentes almohades menos años.

El hombre que fundó esta dinastía se llamaba Muhammad ibn Tumart, si bien fue muy conocido por su apelativo de al-Mahdi (= el bien encaminado). Su nacimiento tuvo lugar en un pueblecito de la región de Sus, en el Marruecos meridional. Cuando era joven se trasladó a al-Andalus y residió en Córdoba, donde estuvo estudiando con los maestros más importantes de aquel momento.

Al igual que otros muchos estudiosos de la época, acabada su formación en Córdoba, decidió hacer un viaje hasta Oriente para recibir allí las enseñanzas de los más famosos e insignes maestros orientales que había entonces. Dicen algunos que su estancia en aquellas tierras tan alejadas de al-Andalus y del norte de África se prolongó por espacio de unos diez años. Durante esta época vivió, al parecer, en ciudades tan importantes como Alejandría (Egipto), o Bagdad (Iraq).

Al cabo de esos diez años de ausencia, decidió regresar a su tierra natal. Parece ser que fue entonces cuando comenzaron sus predicaciones públicas. Éstas iban encaminadas a crear una reforma de tipo religioso. Principalmente, lo que Muhammad ibn Tumart pretendía era restablecer en su más pura esencia el dogma de la unidad de Dios. A propósito de esto último, conviene que sepas, María, que el nombre de «almohades» procede de la palabra árabe *«al-muwahhidun»* (= los unitarios). Con este término se hacía referencia a todas aquellas personas que seguían ese movimiento reformista que, como te decía, se basaba en la unicidad divina.

Durante el camino de regreso a la región donde había nacido, Muhammad ibn Tumart tuvo oportunidad de ir haciendo paradas en las grandes ciudades por las que iba pasando. En todas ellas se dedicó a propagar sus doctrinas al tiempo que criticaba duramente muchas de las costumbres propias de aquella época. Según él, la población mantenía unos hábitos que era necesario purificar y, para hacerlo, se planteó entablar una lucha donde quedara excluida la violencia, una lucha donde tuvieran cabida únicamente las palabras. Con esas armas se proponía atacar y plantar batalla al movimiento almorávide, contra el que no cabía otra cosa que no fuese la lucha.

Si pensaba así el fundador del movimiento almohade era porque, a su juicio, los almorávides habían ido transformando sus principios iniciales hasta caer lentamente en una actitud de tolerancia y permisividad religiosas del todo punto inaceptables. Muhammad ibn Tumart creía que tal permisividad religiosa importaba poco a los dirigentes almorávides, quienes, si no la respaldaban formalmente, tampoco se oponían a ella. En tal sentido, lanzaba tremendas críticas y severas censuras contra los monarcas almorávides.

Como bien puedes deducir, María, el fundador del movimiento almohade empleaba en sus predicaciones un tono exacerbado. Sus discursos eran enérgicos, firmes y rotundos. Sirviéndose de esa manera de predicar, Muhammad pudo ganarse a un elevado número de discípulos. El grupo de seguidores que se formó en torno a él fue creciendo rápidamente y todos ellos, llevados por las formas de actuación de su maestro, no tardaron en hacer suyas sus doctrinas. Ese círculo inicial de fieles discípulos de

Muhammad aceptaron tan de buen grado y con tal entusiasmo las ideas del maestro que, pronto, ellos mismos se entregaron a la tarea de divulgarlas por distintas zonas.

Pero no siempre el camino de Muhammad ibn Tumart fue fácil. Si de un lado contó con una gran masa de seguidores incondicionales, hubo también de soportar los ataques de otros tantos que no estaban de acuerdo con sus doctrinas. En concreto, sus ideas religiosas y políticas y, especialmente, el tono tan abrupto y destemplado con que las hacía públicas, le enfrentaron a algunos personajes de la clase dirigente. En tales circunstancias, no es de extrañar que su mensaje le hiciese ganar enemigos y que éstos lo fuesen expulsando de sus respectivas regiones a fin de librarse de unas doctrinas que les resultaban desfavorables e incómodas para sus intereses. Por ejemplo, se sabe que Muhammad ibn Tumart fue expulsado de Marrakech, suceso de especial importancia que en algo marcó el desarrollo de su exitosa carrera política y religiosa.

En cualquier caso, dejando a un lado los tropiezos y obstáculos que Muhammad ibn Tumart hubo de salvar, lo cierto es que los historiadores aseguran que llegó a disponer de un elevado número de fieles seguidores. Según se dice, en los inicios del movimiento éstos procedían mayoritariamente del ámbito de las tribus vecinas de Fez y de las cabilas de la montaña.

Pero es indudable que, al margen de esos nutridos grupos de apoyo, Ibn Tumart contó en la etapa inicial del movimiento con la fidelidad e incondicional admiración de un personaje que no tardó en convertirse en su hombre de confianza, una valiosa persona en quien pudo ir delegando responsabilidades con la certeza de dejarlas en buenas manos. Me refiero, María, a un hombre llamado Abd al-Mumin, personaje sobre el que habremos de hablar más tarde, pues, a la larga, sería el sucesor de Muhammad ibn Tumart a la muerte de éste.

Refieren los cronistas que cuando el fundador del movimiento almohade regresó a su pueblo natal, en la región de Sus, mandó edificar una mezquita en un lugar que recibe el nombre de Tinmallal, una pequeña y apartada población situada en pleno Atlas marroquí. Una vez que contaba con el entusiasmo y la fidelidad de sus seguidores, comenzó a enviar desde ese punto geográfico a algunos de sus más destacados hombres a fin de que difundiesen la nueva doctrina entre las tribus de las zonas del entorno.

Según me dijo mi abuela, Muhammad ibn Tumart, viendo que contaba con la fuerza incondicional que le brindaban sus fervientes discípulos, no tuvo reparos en hacerse proclamar «al-Mahdi al-masum» (= el infalible bien encaminado). Del mismo modo, comenzó a difundir que sus orígenes se remontaban hasta Mahoma. En concreto, se consideraba descendiente de Ali, yerno del Profeta.

Pero también me hizo ver mi abuela que algunos historiadores han defendido la idea de que, en realidad, la doctrina que predicaba Muhammad ibn Tumart era más propia de una secta formada dentro del Islam, impregnada de cierto fanatismo. En opinión de muchos de ellos, tal doctrina se inspiraba en las teorías filosóficas de un conocido teólogo oriental llamado al-Gazali —el que en vuestros libros aparece con el nombre de Algacel—.

Según pudo leer mi abuela, los historiadores cuentan que en las mezquitas se hacía la oración invocando al «infalible Muhammad ibn Tumart» y, al parecer, en todos los aconteceres de la vida se pronunciaba su nombre.

Si nos dejamos llevar de todos estos detalles podríamos pensar que Ibn Tumart no tuvo a lo largo de su carrera ningún contratiempo. No obstante, se sabe que en sus inicios no fue respaldado por la totalidad de la población que escuchaba sus discursos. Al parecer, surgieron algunos movimientos de oposición a su causa; movimientos que no se dejaban seducir por el contenido ni por la forma de sus sermones. Si a eso se le añade que Ibn Tumart fue transformando paulatinamente el tono de su discurso, que fue haciéndose cada vez más violento y agresivo, comprenderemos con facilidad que, inevitablemente, llegó a tener considerables enfrentamientos con los almorávides, quienes no olvidemos que eran los que tenían aún el poder.

Pasado un tiempo desde los inicios de sus predicaciones y cuando ya contaba con la ayuda de gentes de la montaña, desencantadas con la situación que vivían, Muhammad ibn Tumart pensó con cierta agudeza e ingenio que era la hora de emprender personalmente una vida de retiro y dejar el impulso de la causa almohade en manos del que era su hombre de confianza, Abd al-Mumin. Así que envió a éste a la cabeza de un ejército que, al parecer, rondaba los cincuenta mil hombres y le dio órdenes de atacar Marrakech. Según dicen algunos historiadores, éste fue el primer ataque organizado que llevaron a cabo los almohades. También dicen que fue un fracaso rotundo y que, a las primeras de cambio, el ejército almohade fue claramente rechazado por las tropas almorávides.

Al poco tiempo de esta sonora derrota, Ibn Tumart murió. Antes de su fallecimiento dio muestras suficientes de ser un hombre que no daba por perdida la causa por la que luchaba desde hacía tantos años. Después del fracaso de su primer enfrentamiento bélico con los almorávides, espoleó a su ejército para que reanudara la lucha sin descanso y animó a sus discípulos a continuar la difusión de los principios del movimiento.

Tras casi diez años de gobierno al frente de la causa almohade, Muhammad ibn Tumart dejaba vacante el mando del movimiento. Como era previsible, fue Abd al-Mumin quien, de acuerdo con la expresa voluntad del fallecido mandatario, se hizo con el liderazgo. No obstante, Abd al-Mumin supo actuar con mucha cautela hasta hacer público que era él quien ejercía ya el poder. De tal manera que silenció la muerte de Ibn Tumart hasta tanto estuvo seguro de que contaba con el apoyo de todos los miembros que componían los consejos políticos del fallecido.

Respaldado y reconocido por todos, Abd al-Mumin comenzó a gobernar. Y la verdad es que lo hizo muy bien, pues lo mismo supo liderar a sus hombres desde el punto de vista espiritual como militar. Todos los historiadores coinciden en que hizo gala de una muy buena capacidad para dirigir el movimiento, de tal forma que, espiritualmente, consiguió reforzar las doctrinas religiosas que propagaba, y, militarmente, condujo a sus ejércitos de victoria en victoria.

Fue un hombre que supo aprender de los errores. A propósito de esto, dicen que la derrota sufrida en Marrakech le enseñó que en campos de batalla abiertos el ejército almohade era claramente inferior a las tropas almorávides. Seguramente, eso se explicaba por el hecho de que el grueso de su ejército estuviera compuesto por hombres que procedían de las montañas. Eso le hizo practicar una estrategia distinta, que consistió en hacerse fuerte en las montañas y dirigir desde allí tácticas de guerrilla.

Al principio, el empleo de esas tácticas de guerrilla le proporcionó grandes éxitos en la región de Sus. Más tarde, animados por los triunfos, los hombres de Abd al-Mumin se hicieron con ciudades muy importantes, tales como Fez, Tánger o Ceuta. Los avances almohades no se detuvieron y en nuevas campañas se apoderaron de Tremecén, en la actual Argelia. Pero quedaba aún por llegar lo que significaría su éxito más rotundo contra el movimiento almorávide: la conquista de la ciudad de Marrakech.

Hacerse con esta ciudad supuso acabar de una vez por todas con el poder almorávide. En honor a la verdad, los almorávides venían sufriendo en los últimos años un progresivo debilitamiento debido a sus enfrentamientos internos y a que venían perdiendo el respaldo de la población. Por otro lado, las conquistas y consecuentes avances de los cristianos en los territorios de al-Andalus hacían mella en las estructuras almorávides. Todo ello, unido a los reiterados mensajes propagandísticos que los agentes almohades lanzaban incesantemente entre las gentes, propició que Abd al-Mumin lograse hacerse con el dominio de las zonas que antes habían estado bajo el poder de los almorávides.

Desde que Abd al-Mumin se apoderó de la ciudad de Marrakech, fueron muchas las actuaciones que llevó a cabo. Entre otras, cabría señalar que se empleó con mano firme en el sur a fin de acabar con las revueltas que tribus rebeldes emprendían contra el movimiento almohade. Con ese objeto levantó algunos campamentos militares desde los que sofocar las rebeliones. Precisamente, fue así, como campamento militar, como nació la ciudad de Rabat, en Marruecos.

El movimiento almohade bajo el mando de Abd al-Mumin hizo de Marrakech la capital de su imperio. El hábil dirigente no dejó de enviar ejércitos al noroeste de África para tener controlados los territorios e impedir a toda costa que triunfaran los focos de oposición al régimen almohade.

Hacia el este hubo de enviar otros tantos ejércitos para que lucharan contra los normandos, quienes se habían hecho con una zona que abarcaba los territorios situados entre Trípoli (Libia) y Túnez. A consecuencia de estas actuaciones militares, los almohades se apoderaron de Bujía, en las costas de Argelia.

María, aunque luego, al hablar de al-Andalus, entre en más detalles, creo necesario adelantarte que una vez que las ciudades de Sevilla y Granada llevaban algunos años gobernadas por dos de los hijos de Abd al-Mumin y que otras localidades como Almería y Jaén estaban bajo gobierno de sus hombres, el líder almohade realizó un desembarco en las costas andalusíes poco antes de morir. La finalidad que perseguía con tal actuación era poner freno al avance cristiano y plantar batalla a algunos cabecillas musulmanes que se habían hecho proclamar gobernantes de ciertos puntos geográficos muy estratégicos de al-Andalus.

Su demostrada capacidad para dirigir el movimiento almohade la puso una vez más de manifiesto, pues supo entender a tiempo que era preciso formar un potente ejército que derrotase a aquellos enemigos. De hecho, llegó a crearlo, pero, desgraciadamente para él, su muerte le impidió ver cómo sus hombres lograban algunos triunfos.

Después de más de treinta años de gobierno, Abd al-Mumin legaba a los futuros dirigentes almohades un floreciente imperio que abarcaba todo el norte de África, hasta Egipto al este y las costas del océano Atlántico al oeste. Y no olvides, María, que a eso había que añadir los territorios de al-Andalus.

Y es que Abd al-Mumin nunca había perdido de vista a al-Andalus, siempre inmersa en pactos, avances cristianos o situaciones de independencia.

En efecto, algunas ciudades andalusíes como Murcia, Córdoba o Valencia estaban en manos de cabecillas locales que las mantenían como localidades independientes. Por ponerte un ejemplo destacable, Ibn Mardanish, un hábil negociador que mantenía pactos con dirigentes cristianos, era el mandatario que gobernaba Valencia y una amplia franja del levante peninsular.

Los almohades se fueron haciendo con ciudades de considerable importancia como Córdoba, Granada, Sevilla, o Almería. Pero lo cierto es que el movimiento no supo implantarse en la Península con la fuerza suficiente como para que no se tambalearan sus estructuras. Si a eso se añade que en más de una ocasión se vio amenazado por los conflictos que le llegaban de parte de algunos sectores que eran contrarios al domino almohade, se entenderá que ciudades como Jaén cayeran en manos de Ibn Mardanish y sus aliados cristianos.

Las fuerzas militares que aunaban a soldados cristianos y hombres de Ibn Mardanish pusieron en serio peligro la seguridad de plazas muy importantes como Córdoba y Sevilla. Lo que hasta entonces había sido considerado como provocadoras amenazas pasó a convertirse en auténticos ataques que causaron alarma entre los dirigentes almohades. Abd al-Mumin tuvo noticia detallada de los conflictos que se iban sucediendo al otro lado del Estrecho. Fue entonces cuando decidió ordenar a dos hijos suyos que gobernaban en su nombre Granada y Sevilla que pasaran al ataque. Para ello les envió más hombres.

Pero no contento con esa medida, estimó oportuno trasladarse en persona hasta al-Andalus para dirigir él mismo las ofensivas. Fue así como desembarcó a los pocos meses en Gibraltar, a la cabeza de algunas tropas compuestas por árabes y beréberes. Su presencia física en la Península fue muy bien recibida por amplios sectores de la clase dirigente y sirvió para que Abd al-Mumin diseñara sobre el terreno cómo iban a ser los ataques de las fuerzas almohades.

Elaborado el plan de ataque, Abd al-Mumin regresó al norte de África y dejó el control de la situación en manos de sus hombres. Pero, mientras algunas de sus ofensivas tenían éxito, algunas otras ciudades que estaban bajo poder almohade empezaron a recibir severos castigos por parte de las fuerzas de oposición. El peligro de descomposición que flotaba sobre el ambiente de al-Andalus hizo que Abd al-Mumin se tomara muy en serio los problemas de la Península y adoptara como medida definitiva la formación de un poderosísimo ejército que actuara con rotundidad en tierras andalusíes. Por desgracia para él, una enfermedad le condujo a la muerte antes de que pudiera acometer la tarea de conquistar la Península.

Esa empresa quedó reservada para sus sucesores. El primero que le siguió en la dirección del movimiento no tuvo demasiada fortuna, pues no llegó a estar en el poder ni siquiera dos meses. Era el hijo primogénito de Abd al-Mumin y había sido nombrado expresamente por éste. Nada parecía presagiar una carrera tan corta, pero su afición a la bebida creó muchas opiniones contrarias a su liderazgo dentro de las estructuras almohades, tan fervorosamente religiosas.

Quien sí dirigió el movimiento fue el hijo de Abd al-Mumin que había venido siendo gobernador de Sevilla. Su traslado desde esta ciudad hasta Marrakech para asumir el mando no estuvo exenta de algunas dificultades, pues, al parecer, en el seno de su familia había miembros que se resistían a jurarle fidelidad. De hecho, mi abuela leyó en alguna parte que este personaje se hizo con la dirección del imperio almohade, pero que hubo de esperar algunos años hasta poder ser proclamado Príncipe de los Creyentes.

Pasó a la historia con el nombre de Yusuf I y son muchos los que coinciden en hacerle hombre de amplios conocimientos en disciplinas como la literatura y la lengua árabes, la medicina o la filosofía. Algunos cronistas ponen de relieve el carácter culto de este gobernante almohade que fue muy aficionado a los libros y supo rodearse de los mejores y más acreditados especialistas de su época. Según me refirió mi abuela, dicen que reunió tal cantidad de libros que su biblioteca no tenía mucho que envidiar a la creada por el califa omeya al-Hakam II. ¿Recuerdas, María, que ya te hablé de aquella biblioteca que llegó a ser una de las más importantes de su tiempo?

Los algo más de veinte años de gobierno de Yusuf I marcaron ligeras diferencias con las directrices que habían caracterizado al movimiento almohade bajo el mandato de su padre. No obstante, no se puede hablar de cambios bruscos en lo concerniente a su política religiosa o militar.

Al igual que su padre, empleó gran parte de sus esfuerzos en fortalecer las bases del imperio, dedicando especial atención al equilibrio y desarrollo de las zonas que tenía bajo su mando en el norte de África. Pero no creas, María, que le fueron ajenos los problemas de al-Andalus. Él conocía muy bien la situación de la Península. Recuerda que había sido gobernador de Sevilla y, por tanto, sabía de los conflictos que podían poner en peligro la causa almohade en al-Andalus.

Muchos territorios andalusíes estaban bajo el dominio de los almohades. Pero, a decir de algunos, el control que ejercía este imperio en al-Andalus no era tan fuerte como para que se pudiera hablar de clara estabilidad. Algunas zonas geográficas aceptaban de buen grado la autoridad almohade, pero, como ya venía sucediendo desde hacía tiempo, había otras áreas que seguían luchando por su independencia. Como ya te dije antes, era el caso de un destacado personaje llamado Ibn Mardanish, que controlaba buena parte de territorios situados en la franja oriental de la Península.

Luego, parecieron repetirse los acontecimientos habidos años atrás cuando gobernaba Abd al-Mumin. Los primeros ejércitos que envió Yusuf I contra Ibn Mardanish no consiguieron nada, por lo que, algo más tarde, el dirigente almohade decidió personarse en la Península al mando de un poderoso ejército con el propósito de dominarla por completo. En esta ocasión, no obstante, el desenlace de tales actuaciones fue bien distinto del sucedido en tiempos de su padre, pues Yusuf se instaló en Sevilla y desde allí fue dirigiendo la estrategia a seguir para acabar con las fuerzas militares de Ibn Mardanish y sus aliados cristianos. El resultado final fue la muerte de Ibn Mardanish. Yusuf I fue entonces aceptado como soberano de los territorios que antes habían sido dominio de aquél y la situación en aquellas zonas, al menos aparentemente, pasó a ser estable.

Resueltos esos conflictos, tuvo que atender a otros que ya venían resultando una grave amenaza para el control almohade en la Península. Supongo, María, que, metida de lleno en los acontecimientos que se repiten una y otra vez en al-Andalus a lo largo de su historia, ya habrás intuido con acierto que esos problemas venían del lado de los reinos cristianos. De cualquier forma, esos reinos no estaban unidos y, por tanto, no formaban un frente común contra los intereses del imperio almohade en la Península. Quiere esto decir que, dependiendo del momento, los almohades hubieron de enfrentarse a unos o a otros.

Con el reino de León, por ejemplo, mantuvieron una activa política de alianzas. Ésta les fue muy útil a la hora de reconquistar territorios de las actuales Extremadura y Portugal que habían caído en manos de tropas que defendían los intereses del reino portugués.

En efecto, Yusuf I contó con la ayuda de Fernando II de León para ejercer control sobre éstos y otros territorios y, juntos, incluso pusieron cerco a Toledo por un tiempo.

Pero lo cierto es que muchos historiadores coinciden en que nunca se pudo hablar de un completo control almohade en la Península durante los años que estuvo Yusuf I en Sevilla dirigiendo el movimiento. Bien es verdad que, gracias a los períodos de treguas, se logró una cierta estabilidad que permitió al gobernante almohade dedicar parte de su tiempo a sus aficiones literarias y científicas y a dotar a Sevilla de infraestructuras que eran necesarias para la ciudad.

Sin embargo, como te digo, las amenazas cristianas nunca desaparecieron. Bastó que Yusuf I se desplazara a tierras del norte africano a sofocar personalmente rebeliones para que, al poco, los acontecimientos en al-Andalus se recrudecieran y se disparara la alarma en el seno de las estructuras almohades. Si el imperio almohade había tenido antes como principales enemigos a los reinos de Portugal y Castilla, ahora las noticias confirmaban a Yusuf I que su aliado Fernando II de León decidía dejar de serlo y entablaba una política de alianza con Alfonso VIII de Castilla. Que este último, que ya venía castigando duramente las ciudades de Sevilla y Córdoba, contase con las fuerzas añadidas de

Fernando II, era acontecimiento sumamente trascendental como para que Yusuf se decidiera a organizar un potente ejército que contrarrestase el progresivo poderío que iban acumulando los reinos cristianos.

Yusuf I volvió de nuevo a al-Andalus y, tras su paso por Sevilla, se dirigió hacia la región del Algarve (en la actual Portugal) para hacer frente al desafío cristiano. Pero esta vez sus tropas no tuvieron más opción que retroceder. La muerte del propio Yusuf I en el campo de batalla creó desaliento entre sus hombres, quienes momentáneamente se amilanaron y dejaron a al-Andalus sumida en cierto estado de inestabilidad.

Recordarás, María, que Yusuf I tuvo que vencer algunos contratiempos hasta ser proclamado Príncipe de los Creyentes. Pues bien, su hijo y sucesor en el poder, de nombre Yaqub, tampoco tuvo unos inicios cómodos. Parece ser que, aunque ya había sido elegido para continuar la labor de dirección del imperio y los nobles sevillanos le habían jurado lealtad, se prefirió ocultar por un tiempo el fallecimiento de su padre con el fin de no tener que hacer frente desde el principio a la oposición de algunos familiares, quienes no veían con muy buenos ojos que fuese Yaqub quien liderara la causa almohade. Pero Yaqub, tras ser reconocido Príncipe de los Creyentes en Sevilla, en Rabat y, finalmente, en Marrakech, supo acallar con habilidad a los miembros de su familia que eran contrarios a su nombramiento mediante importantes concesiones de territorios y grandes sumas de dinero.

Considerado por muchos como un gran gobernante y, quizás, el último de los mandatarios almohades que supo dar prestigio al imperio, sus comienzos fueron especialmente significativos por cuanto adoptó medidas muy trascendentales que trataban de hacer más rígidas y menos permisivas las conductas morales de la época. Así procedió, por ejemplo, cuando decidió penalizar con sumo rigor el consumo de alcohol.

Pero si ya de por sí fue rígido e inflexible en sus inicios, dicen que en los últimos años de su vida se preocupó tanto por los temas filosóficos y religiosos que, llevado de la opinión de algunos sabios contrarios a las corrientes racionalistas, fue el responsable de que acabasen en la hoguera muchas obras que se consideraban perjudiciales para la religión islámica.

No puede decirse que sus quince años de gobierno fueran más estables que aquellos en los que estuvo su padre al frente del movimiento. Además de tener que hacer frente a familiares que le negaban derechos para ocupar el liderazgo del imperio, Yaqub tuvo en los reinos cristianos un peligro que nunca desapareció. Por un lado, las tropas del reino de Castilla no dejaban de hostigar ciudades y plazas que eran de dominio almohade, y, por otro, los ejércitos del reino de Portugal, con la colaboración de otras tropas llegadas desde Europa, le habían arrebatado más de una ciudad.

Yaqub, decidido a no perder terreno ante los cristianos, acudió a al-Andalus con un poderoso ejército y, tras su desembarco en las costas gaditanas, se dirigió a Córdoba. Esta vez sólo el reino de León pareció mantenerse al margen. En este sentido, dieron los leoneses pruebas manifiestas de ello cuando mandaron emisarios a Yaqub solicitándole una tregua.

Yaqub supo aprovechar la oportunidad para reconquistar algunas plazas perdidas y volver a la capital almohade, Marrakech. Fue algo más tarde cuando hubo de regresar a al-Andalus para enfrentarse a las tropas de Castilla y protagonizar una de las más sonoras y espectaculares victorias conseguidas por musulmanes en batallas libradas contra los cristianos. Tuvo lugar el escenario en la actual provincia de Ciudad Real, en un lugar llamado Alarcos. Posterior a este aplastante triunfo, Yaqub hizo un exitoso recorrido a través del cual fue apoderándose, una tras otra, de muchas ciudades que hasta ese momento habían estado en manos de los cristianos.

María, de todos estos éxitos no cabría más que deducir que al-Andalus entera se rendiría al poder de los almohades. No obstante, los signos cambiaron cuando Yaqub, para acabar con peligrosas rebeliones surgidas en el seno de la capital del imperio, Marrakech, no tuvo más remedio que desatender personalmente la situación de la Península. Más tarde, una severa enfermedad le impediría culminar la etapa tan positiva para los intereses almohades que él mismo había comenzado.

Yaqub sufrió también otros contratiempos que le provocaron más de un quebradero de cabeza. Por ejemplo, Ali ibn Ganiya, miembro de una familia que venía gobernando las islas Baleares desde los tiempos de los almorávides y mantenía buenas relaciones con los almohades, desafió a Yaqub negándole obediencia e incluso arrebatándole algunas plazas importantes del norte de África. Para tratar de acabar con estos conflictos, Yaqub hubo de mandar ejércitos contra Ali ibn Ganiya en sendas ocasiones. Y a pesar de las victorias de los hombres de Yaqub, el rebelde y, más tarde, un hermano suyo, tuvieron en jaque al imperio almohade.

Pero Yaqub, durante sus años de mandato, tuvo también tiempo para preocuparse de engrandecer la capital almohade y las ciudades más señaladas del imperio. A propósito de esto último, aseguran que a Yaqub se debió la construcción de muchos edificios, palacios y mezquitas. Leyó mi abuela que en el transcurso de su gobierno se levantó en Marrakech un hospital considerado entonces el mejor de cuantos se conocían y que, por ejemplo, por órdenes suyas fue edificada una mezquita en Rabat, famosa por ser en aquella época la más importante de todo el norte de África. Quizás —como dice mi abuela— esas obras sirvan para que la Historia no lo juzgue muy severamente, pues has de saber, María, que este dirigente almohade fue quien mandó al destierro al célebre filósofo andalusí Averroes y quien prohibió sus libros.

Aseguran que el declive almohade comenzó lentamente con la desaparición de Yaqub, pues ninguno de sus sucesores tuvo suficiente peso específico como para mantener y, menos aún, fortalecer los dominios del imperio.

Muhammad fue el hijo de Yaqub que heredó el liderazgo del movimiento. Ciertamente tuvo unos comienzos difíciles cuando, apenas llegado al poder, no fue capaz de impedir que algunas regiones del norte de África acabasen en estados independientes del imperio almohade.

Esta situación desfavorable en el continente africano coincidió con unos años de relativa estabilidad en al-Andalus. Pero esta calma no duró largo tiempo y en la última etapa de sus catorce años de gobierno fue, irremediablemente, testigo de una de las derrotas más humillantes para el Islam.

Precedió a ésta un período durante el cual Alfonso VIII de Castilla no dejó de hostigar a los almohades. Muhammad, tal y como habían procedido sus antecesores, decidió personarse en al-Andalus al frente de un potentísimo ejército con la firme decisión de alejar de una vez por todas la amenaza cristiana. Pero no contaba con las deserciones de algunos de sus hombres y, sobre todo, con un factor que jugaría sobremanera en su contra: los ejércitos de los reinos de Navarra, Aragón, Castilla y León formaron un frente común.

Seguramente, las cifras que dan algunos historiadores sobre el número de hombres que componían los ejércitos de Muhammad son un tanto exageradas. Lo que sí es cierto es que sumaban un número muy elevado, por lo que la derrota tuvo mucha resonancia en uno y otro bando. El acontecimiento, que se ha hecho célebre en las páginas de la Historia, tuvo como escenario las Navas de Tolosa (Jaén). Cuentan que allí murieron muchos musulmanes y que el propio Muhammad, que por poco logró sobrevivir, no tuvo más remedio que abandonar al-Andalus para emprender el camino de regreso al norte de África.

A Muhammad le sucedió en el poder su hijo Yusuf II. Sus diez años de gobierno fueron período de tiempo suficiente para que tuviera lugar el declive total del imperio. Con su muerte brotaron rápidamente enfrentamientos entre miembros de su familia que aspiraban a ser los nuevos dirigentes del movimiento. Tales circunstancias acontecieron tanto en el norte de África como en al-Andalus. En concreto, en la Península surgieron varios aspirantes que, con tal de hacerse con el poder, pactaron por separado con los cristianos, sin darse cuenta de que esa desunión no acarrearía más que trágicas consecuencias para la causa almohade en al-Andalus.

En efecto, unos y otros fueron aliándose con los cristianos, quienes les prestaban ayuda a cambio de territorios. El final almohade no tardó en producirse, pues el desequilibrio y la inestabilidad trajeron consigo la aparición de gobernantes independientes. Una vez más se repetían situaciones y acontecimientos en la Península. Al-Andalus, que no hacía tanto tiempo había conocido períodos de rivalidades entre reinos, volvía a contemplar un mismo panorama.

En general, los reinos cristianos supieron sacar máximo provecho de tal coyuntura. El beneficio que fueron obteniendo tras prestar su colaboración a unos u otros reinos musulmanes les situó en una posición ventajosa para penetrar con firmeza en territorios de al-Andalus.

De entre esos gobernantes independientes surgidos del declive almohade destacaron tres: uno de ellos, llamado Muhammad ibn Yusuf ibn Nasr, hizo desde su lugar de nacimiento —Arjona, en la actual provincia de Jaén—, una declaración de independencia. Luego, proclamándose señor de la ciudad, empezó a anexionarse territorios de Jaén y de otros puntos de la actual provincia de Granada, de forma que llegó a formar un importante reino.

Otro, de nombre Zayyan ibn Mardanish, descendía de la familia que en tiempos no muy lejanos había controlado el levante peninsular. Ahora, con el derrumbamiento almohade, Zayyan volvía a hacerse con el dominio de algunas zonas de ese área.

Quizás, el tercero de los considerados más relevantes fue el que llegó a convertirse en el más poderoso de todos ellos. Recibía el nombre de Muhammad ibn Hud y, tal y como puedes sospechar, María, era descendiente de la poderosa familia zaragozana de los Banu Hud.

Dicen que este último se dedicó durante algún tiempo al bandolerismo y que eso fue lo que le llevó a acumular grandes sumas de dinero y a ser respaldado por buen número de hombres. Su poder, aunque efímero, lo extendió a zonas del este de la Península y a áreas del actual territorio andaluz.

María, como ya te adelantaba, las luchas entre estos reinos musulmanes pusieron en situación ventajosa a los reyes cristianos que tomaron parte en las conquistas: el de Castilla, el de Portugal y el de Aragón. De tal forma que, una tras otra, importantes plazas que hasta entonces venían siendo musulmanas fueron cayendo en sus manos. Según me refirió mi abuela, Córdoba y Sevilla, entre otras, fueron las ciudades que quedaron bajo control del reino de Castilla. Al reino de Portugal pasaron a anexionarse Santarem, Silves y la región del Algarve. En cuanto a la zona levantina y las islas Baleares pasaron a poder del reino de Aragón.

Me gustaría llamarte la atención sobre algo que deberás tener presente a partir de este momento de la historia de al-Andalus. La pérdida progresiva de todos esos territorios supuso para los musulmanes el inicio de una etapa que desembocaría en el fin de su fuerza en la Península. El reino de Granada, gobernado por el ya citado Muhammad ibn Yusuf ibn Nasr, constituyó el último y único signo de presencia musulmana en el país. Y si se mantuvo así fue merced al pago de fuertes tributos al reino de Castilla, que prefirió de momento ingresar grandes sumas de dinero a conquistar esos territorios.

Me doy cuenta de que me he extendido demasiado. Hasta la semana que viene. Un beso muy fuerte.

La historia de la batalla de las Navas de Tolosa

Cuentan que la batalla de las Navas de Tolosa, ocurrida a pocos kilómetros de una pequeñísima población de Jaén llamada con ese mismo nombre, es de las más célebres de la Historia de España. Para nada se exagera cuando se dice que, con ella, los cristianos que habitaban entonces la Península asestaron un golpe, si no definitivo, sí muy importante, a la futura permanencia de los musulmanes en al-Andalus.

Hay también quien dice que la mencionada batalla se libró en los cerros cercanos a Navas de Tolosa y su fortaleza, mostrando así su desacuerdo con los que defienden que tuvo lugar doce kilómetros más al norte de esta población.

Gobernaban entonces estas tierras los almohades, quienes al mando de uno de sus soberanos, llamado Yaqub, no hacía mucho tiempo habían derrotado de manera aplastante al rey Alfonso VIII de Castilla en otra batalla sucedida en Alarcos, en la provincia de Ciudad Real.

Pero quien protagonizó la batalla de las Navas de Tolosa desde el bando musulmán fue un hijo del referido Yaqub, de nombre Muhammad. Éste, a la sazón dirigente espiritual y militar de los almohades, se trasladó con sus hombres desde el norte de África y atravesó el Estrecho hasta desembarcar en al-Andalus. Dicen que iba a la cabeza de más de medio millón de hombres y que sus caballos llegaban a la cifra de cien mil.

Apenas llegados a al-Andalus, se dirigieron a Sevilla, la ciudad emblemática de los almohades en la Península, y, desde allí, se pusieron en campaña, atacando al poco Salvatierra, en la actual provincia de Ciudad Real. Caída esta fortaleza, las fuerzas almohades avanzaron con el propósito de conquistar la totalidad de al-Andalus.

Alertados por aquellas noticias, los reyes de Castilla, Navarra y Aragón pactaron una alianza contra los almohades. Además, según dicen, los castellanos solicitaron ayuda a los reyes de Portugal y León. Mucho peligro debieron de ver en los avances musulmanes cuando, no satisfechos con el concurso de tantos ejércitos, pidieron colaboración a reyes cristianos de Europa y a Inocencio III, que era entonces el Papa.

La intervención de este último no se hizo esperar. A él se debió el anuncio de una cruzada que había de actuar en apoyo de los territorios de la Península. Pero no se limitó a eso: dio órdenes precisas para que se ayunase durante tres días, tiempo en el que sólo se podría ingerir pan y agua. Además, fue Inocencio III quien dirigió plegarias e impetraciones a favor de la causa cristiana en al-Andalus.

Como cabía esperar de la participación de tantos reinos, las fuerzas cristianas llegaron a estar compuestas por muchos miles de hombres dispuestos para la lucha. Cuentan que el ejército de castellanos que encabezaba Alfonso VIII de Castilla estaba formado, entre otras, por las huestes de sus caballeros, obispos y órdenes militares. Refieren los cronistas de la época que al rey Alfonso lo acompañaban sus hombres más destacados, las órdenes de Calatrava, San Juan, Alcántara y Santiago, y los obispos de Sigüenza, Plasencia, Ávila y Palencia.

A él se sumó un poderoso contingente militar llegado desde Navarra, así como unos tres mil caballeros aragoneses y un elevado número de nobles de Aragón. Entre otras personalidades, acompañaban a estos últimos el conde de Rosellón, el de Ampurias, y los obispos de Barbastro y Tarazona. También asistían al encuentro otras muchas tropas originarias de Cataluña. A todos ellos se les unieron diez mil caballos y más de cincuenta mil hombres de a pie muy bien pertrechados. Éstos venían de otras regiones del continente europeo, siendo los más de ellos, franceses. Al frente de estos últimos se puso a Diego López de Haro, un veterano militar que contaba con gran experiencia.

Dicen que el entonces rey de Aragón, Pedro II, acudió a la cita y que gran cantidad de personas procedentes de las regiones de Portugal, León, Galicia, Aragón y Navarra formaron parte del total del ejército. Según parece, la mayoría de estos últimos no contaba con formación para el combate y carecían, incluso, de armas para luchar, pero eso no les impidió participar en la empresa.

A tal cantidad de hombres hay que añadir otras cifras relativas al número de mulas de carga y carros empleados por los ejércitos cristianos. Algunos cronistas refieren que entre animales y carros se contaban más de cien mil unidades. Otros son más precisos y dan la cifra de sesenta mil mulas y una cantidad similar de carros.

Toledo fue la ciudad elegida para que todos esos hombres de procedencia tan diversa se concentrasen. La campaña militar se inició con cierto retraso. Algunos llegan a asegurar que partió un mes después de lo previsto. Las causas por las que se pospuso son achacables a la incesante pero lenta llegada de hombres desde puntos muy lejanos, pero también a la forma tan desorganizada con que hubo que preparar los pertrechos.

El ejército cristiano estaba constituido por tres cuerpos: la vanguardia la componían las tropas formadas por hombres venidos desde fuera de la Península y al mando de ellas iba el ya citado Diego López de Haro. A continuación, marchaba el rey de Aragón al frente de sus mesnadas. Le seguía el rey de Castilla a la cabeza de sus huestes. Por último, componían la retaguardia hombres dirigidos por Gonzalo Rodríguez Girón, que lo hacía en nombre de Alfonso VIII de Castilla.

Tan inmenso era el número de cristianos que componían el ejército que, no muy lejos de Toledo, al poco tiempo de partir, se comprobó que las vituallas con las que se contaba eran claramente insuficientes. Sucedió eso cuando la vanguardia cristiana se apoderó del castillo de Malagón, en la actual provincia de Ciudad Real. De alguna forma, eso empañó la celebración del triunfo e impidió que el descanso que se decidió hacer fuera del todo completo.

En un principio, la constatación de tales escaseces hizo que se disparasen las alarmas, pero, afortunadamente para los hombres de Alfonso VIII, la situación vino a mejorarse algo con la conquista de Calatrava, también en la provincia de Ciudad Real, pues gracias a ella se dispuso de unos suministros que calmaron las necesidades del ejército. No obstante, hasta que Alfonso VIII no se apoderó de algunas plazas de la provincia de Jaén, tales como Úbeda y Baeza, no se halló solución definitiva a los problemas de abastecimiento con los que se había partido de Toledo.

Los reyes cristianos hubieron de hacer frente a un contratiempo surgido en el seno de sus propias filas. Dicen al respecto que, dos días después de tomar Calatrava, la mayoría de los hombres que componían las tropas extranjeras venidas de Europa adoptaron la firme determinación de retirarse y emprender el camino de regreso a sus lugares de origen. Así, parece ser que sólo algo más de cien fueron los que se quedaron.

Aquella decisión perjudicaba sobremanera los intereses cristianos pues mermaba considerablemente sus fuerzas. No obstante, si cierta zozobra se apoderó de los soldados, que veían cómo el ejército se reducía en una tercera parte, la alegría también los reconfortó, pues se daban cuenta de que, a partir de ese momento, las escasas vituallas comenzarían a repartirse entre menos gente.

Hay muchas versiones sobre la causa que motivó esta retirada. La más aceptada asegura que se debió a que aquellos hombres no estuvieron de acuerdo con la forma de proceder de Alfonso VIII de Castilla. Éste, en consonancia con su personalidad, se oponía a destruir las fortalezas que conquistaba y no permitía que sus hombres las saqueasen. En consecuencia, ellos, acostumbrados a lo contrario, viéndose privados de botín, optaron por retirarse.

Alarcos, en Ciudad Real, fue el lugar donde el rey de Navarra, Sancho IV el Fuerte, se unió al grueso de los ejércitos cristianos. Como quiera que éstos se encontraban bastante próximos a los enemigos musulmanes, prefirieron montar campamento cerca de allí. Lo hicieron en un enorme llano al que sólo separaba del campamento enemigo un impresionante desfiladero que había sido tomado por la vanguardia musulmana.

Por su parte, Muhammad, el gobernante almohade, se había hecho con algunos pasos de la sierra y, tras adueñarse del desfiladero, se hallaba acampado en Santa Elena (Jaén).

Muchos cuentan que los dirigentes cristianos eran presa de la duda. No tenían muy claro qué hacer en aquellas circunstancias tan peligrosas en las que se encontraban. La única opción que tenían era emprender el ataque contra el enemigo y hacerlo significaba poner sus vidas a merced de los musulmanes, pues, teniendo que atravesar el desfiladero, eran un blanco demasiado fácil.

Pasada la incertidumbre, los reyes cristianos acordaron arriesgar la vida de sus hombres y emprender el camino del desfiladero. Con toda certeza, los ejércitos cristianos habrían fracasado en su empeño si el venturoso azar no hubiese intervenido en su favor. Cuenta al respecto la leyenda que la aparición de un pastor salvó la situación. Se hacía llamar Martín Halaja y se puso al servicio del rey Alfonso VIII al objeto de mostrarle un paso por el que las tropas podían tener acceso a un llano que se prolongaba a través de la parte sur de la sierra. El rey envió un grupo de hombres adelantados que debían reconocer el terreno. Éstos llegaron felizmente al llano —conocido posteriormente con el nombre de Mesa del Rey— y se hicieron con él, para lo cual tuvieron que luchar con un grupo de soldados almohades que, montados a caballo, les salieron al paso.

Enterados los reyes cristianos de la feliz noticia, al día siguiente, siendo aún de madrugada, levantaron el campamento y dirigieron todas sus tropas hacia aquel lugar llamado Mesa del Rey. Siguieron el mismo camino y los mismos movimientos realizados el día anterior por su cuerpo de vanguardia y hasta llegar al llano fueron haciendo caso omiso a los desafíos de los musulmanes. Y es que el rey Alfonso tenía previsto dejar un día de por medio entre la llegada al llano y el comienzo de la lucha, pues quería proporcionar descanso a sus hombres.

No obstante, ese intervalo de tiempo no sólo sirvió para que las tropas cristianas recuperasen fuerzas y estuviesen bien descansadas para el combate. Las refriegas de los jinetes musulmanes a las que hubo de hacer frente Alfonso en el transcurso de esas horas le hicieron comprender que los flancos de su ejército no eran todo lo fuertes y consistentes que él desearía. Tuvo tiempo, pues, para reforzarlos, cambiando de posición a algunos de sus hombres y situando en los laterales a quienes de ellos eran más experimentados y arrojados. Además, según dicen, ese día de descanso, que era domingo, sirvió para que los hombres cumpliesen con sus deberes religiosos.

Fue al día siguiente cuando tuvo lugar la célebre batalla. Según refiere algún cronista muy minucioso, con la primera claridad de la mañana estaban ya dispuestos los ejércitos cristianos. Se componían de tres líneas: el flanco izquierdo iba dirigido por Pedro II, rey de Aragón; el derecho lo comandaba Sancho IV el Fuerte, rey de Navarra; y la columna central, formada, a su vez, por cuatro cuerpos, estaba al mando de Alfonso VIII, rey de Castilla.

Del lado musulmán, Muhammad había distribuido su ejército en torno a cuatro líneas: la vanguardia estaba compuesta por tropas ligeras integradas fundamentalmente por árabes; la segunda línea estaba formada por soldados voluntarios reclutados en todas las regiones del imperio; las fuerzas almohades propiamente dichas marchaban en la tercera línea; y, por último, en la retaguardia, se agrupaban los principales jefes musulmanes.

Fue Alfonso quien ordenó tomar la iniciativa, de tal manera que Diego López de Haro, que comandaba la vanguardia cristiana, apenas comenzado el combate, dejó malparada a la vanguardia musulmana y, en un visto y no visto, tuvo un duro lance con los voluntarios que componían la segunda línea, que también quedaron maltrechos. Avanzaron entonces los cristianos al encuentro de los almohades, pero no contaban con que éstos no sólo iban a resistir con energía sino que iban a arremeter contra los hombres de Diego López de Haro, llegando al punto de ponerlos en serios aprietos. Y no sólo a ellos, también la emprendieron con vigor contra la segunda línea cristiana.

De pronto, el combate había cambiado de signo. Lo que comenzó siendo una clara ventaja cristiana se había convertido en desfavorable retroceso. Los musulmanes habían avanzado tanto que se hallaban cerca de la posición de Alfonso VIII de Castilla y del arzobispo de Toledo, Rodrigo Jiménez de Rada. Éstos, cuando ya todo se creía perdido, se intercambiaron palabras de aliento para no sucumbir en el combate y el rey de Castilla lanzó a todas las tropas que le quedaban a un feroz ataque. Los soldados, caballeros y obispos que acompañaban a Alfonso formaron una arrolladora piña humana que se empleó con fuerza contra los musulmanes.

Pedro II y Sancho IV imitaron con sus hombres el arrojo de Alfonso VIII y todos, en su conjunto, lograron rechazar a las tropas almohades, que se batieron en retirada.

Cuentan que la retaguardia musulmana, formada por los jefes almohades y los hombres que cuidaban de la seguridad

LA PENÍNSULA BAJO EL IMPERIO ALMOHADE (SIGLOS XII-XIII)
Territorios controlados por los reinos cristianos
Territorios controlados por los almohades
OCÉANO ATLÁNTICO
MAR MEDITERRÁNEO
ISLAS BALEARES
Menorca
Mallorca
Ibiza
LEÓN
CASTILLA
NAVARRA
ARAGÓN
CATALUÑA
PORTUGAL
AL - ANDALUS
NORTE DE ÁFRICA
Santiago
Oviedo
León
Astorga
Zamora
Salamanca
Oporto
Coimbra
Lisboa
Pamplona
Jaca
Huesca
Lérida
Zaragoza
Barcelona
Tarragona
Tortosa
Gormaz
Medinaceli
Alcalá
Madrid
Cuenca
Talavera
Toledo
Alarcos
Navas de Tolosa
Zallaqa
Badajoz
Mérida
Córdoba
Sevilla
Huelva
Silves
Jaén
Granada
Málaga
Almería
Murcia
Alicante
Denia
Valencia
Algeciras
Gibraltar
Tarifa
Ceuta

de Muhammad, se hallaba apostada en el punto más alto de un cerro. Todos ellos se encontraban encerrados en el interior de una valla construida al efecto con estacas que se unían mediante recias cadenas. Pues bien, dicen que Sancho IV el Fuerte se empleó con tal valentía que hizo saltar a su caballo por un lado del palenque y que de la misma manera procedió el caballero Alvar Núñez de Lara por otro lateral. Ambos consiguieron así abrir brechas por donde penetrar.

Roto el cerco que custodiaba a Muhammad, éste, viéndose sin defensa, no tuvo más remedio que huir en dirección a Vilches (Jaén), mientras le pisaban los talones buen número de jinetes del bando cristiano.

Como ha venido sucediendo con todas las batallas a lo largo de la historia, los cronistas que dieron noticias desde uno u otro bando no se pusieron de acuerdo a la hora de evaluar las pérdidas habidas en las Navas de Tolosa. Es por eso por lo que los historiadores musulmanes trataron de rebajar el número de almohades caídos en la contienda y, en cambio, los cronistas cristianos exageraron las cifras de musulmanes derrotados.

Sin tener por exacto lo dicho por unos u otros, lo cierto es que la leyenda se hico eco de la aplastante derrota que hubieron de sufrir los almohades dirigidos por Muhammad. No obstante, cabe pensar por lógica que, en una batalla donde hubo tal equilibrio de fuerzas, lo normal es que murieran muchos hombres de los dos bandos.

De la batalla de las Navas de Tolosa quedaron algunos vestigios. Por ejemplo, la ciudad de Burgos contó en su día con la bandera del rey Alfonso VIII de Castilla, y la de Toledo conserva aún en su catedral los pendones que los cristianos arrebataron a los almohades. De otro lado, el pabellón de oro y seda empleado por Muhammad en la campaña fue trasladado hasta Roma y entregado al Papa para la Basílica de San Pedro.

El recuerdo heráldico de esta batalla ha quedado impreso en los escudos de muchas casas nobles e incluso en el de la Comunidad Foral de Navarra, donde figuran las cadenas que logró Sancho IV cuando rompió el cerco de la retaguardia almohade. Este último símbolo se incluye también en el escudo oficial del Estado español, así como en el escudo de la Casa Real Española.

CAPÍTULO VII

El reino nazarí de Granada

(del año 1232 al año 1492)

Tetuán, diez de diciembre

Querida María: Perdona si hoy no me extiendo demasiado en preámbulos. Como supongo que te ocurrirá a ti, a estas alturas de curso ya comenzamos a estar un tanto agobiados con los trabajos que nos mandan hacer los profesores. Además, justo ayer comenzó el mes de ramadán. Como recordarás, algo te expliqué en la playa acerca de la importancia que este mes tiene en la vida del musulmán. También te dije que aunque en la práctica solemos utilizar el mismo calendario que empleáis los cristianos, los musulmanes usamos uno propio en el que los meses tienen nombres diferentes. Uno de ellos es el mes de ramadán.

Comprenderás, por tanto, que las obligaciones del colegio junto con las propias de estos días, que, de alguna manera, trastocan la rutina de la casa, me impiden ser más explícito esta vez.

Pero, como puedes comprobar, no dejo por ello de faltar a mi cita semanal contigo. ¡Ah!, por cierto, me alegro de que me digas en tu última carta que estás aprendiendo mucha historia y que cada vez te gusta más. Lo que no tengo tan claro es que ese profesor del que me hablas no esté un poco harto de tus preguntas y de tus continuas observaciones. ¿No deberías decirle que la fuente de inspiración de la que beben tus agudos e ingeniosos comentarios es mi abuela? ¡Eh!, que es una broma. Sólo trataba de poner en práctica ese sentido del humor que no entendías en la playa y que tratabas de corregirme.

Te prometo que en alguna de mis próximas cartas te hablaré del mes de ramadán, de su significado, de la trascendencia con la que lo viven los musulmanes y de cómo se celebra. Lo haré cuando dentro de unos días lo esté viviendo más de lleno. Sin embargo, aunque sea de una forma muy concisa, quiero hablarte hoy de la limosna legal, que es otro de los pilares del Islam. Si no recuerdo mal, cuando te cuente algo sobre éste, sólo me quedará darte alguna información sobre el ayuno de ramadán y habremos terminado con los cinco.

Con la palabra árabe *zakat* se refieren los musulmanes a una limosna legal de carácter religioso. Por cierto, ¿sabes que de esta palabra árabe derivó la castellana «azaque»? Nos lo enseñó un profesor en el colegio. Lo que persigue esta limosna es purificar los bienes de este mundo terrenal. La explicación que me da mi padre para que lo entienda es que al musulmán sólo le está permitido disfrutar de los bienes terrenales siempre y cuando devuelva una parte de ellos a Allah.

Esta limosna legal es obligatoria para todo musulmán que disponga de buena salud y de medios económicos suficientes. No obstante, hay otra limosna legal que se conoce en árabe con el nombre de *sadaqa*, pero, a diferencia de la anterior, ésta es voluntaria.

Me explicó mi abuela que, en un principio, la limosna legal consistía en la parte que el rico repartía entre los pobres una vez descontada de sus ganancias. Solía entregar una décima parte. Era, por tanto, un diezmo lo que el rico distribuía. Pero, más tarde, la limosna legal pasó a convertirse en un sencillo impuesto que los buenos musulmanes están obligados a dar cuando termina el mes de ramadán.

Me centro ya en el contenido de este capítulo, tan interesante o más que los anteriores. Piensa que a comienzos del siglo XIII, a tenor de los acontecimientos que se venían presenciando en los últimos tiempos, nadie habría apostado fuerte por la vida del Islam en la Península. Sin embargo, contra todo pronóstico, un último espacio del territorio peninsular le daría aún cobijo durante algo más de dos siglos y medio.

María, según he creído entender, el nuevo reino de Granada nació como resultado del desbarajuste tan tremendo que hubo de padecer al-Andalus tras la decadencia y posterior caída del imperio almohade. Se vivieron entonces momentos en los que ciertos jefes militares y políticos se hicieron con las riendas de diversas regiones del país.

Ya te adelanté que sobresalió entre ellos Ibn Hud, un personaje que ejerció su liderazgo en Murcia y expandió sus dominios por la zona oriental de al-Andalus. Te hablé también de otro cabecilla llamado Zayyan ibn Mardanish, un líder de cierta relevancia que se adueñó de Valencia y de otros enclaves cercanos. Y, por supuesto, te mencioné a Muhammad ibn Yusuf ibn Nasr, que fue el responsable de fundar el nuevo reino de Granada.

Cuando me refiero a este último personaje con el calificativo de responsable es porque los cronistas coinciden en atribuirle los orígenes del reino nazarí. El nacimiento de Muhammad ibn Yusuf ibn Nasr tuvo lugar en Arjona, en la actual provincia de Jaén. Según refieren las crónicas, fue en esta localidad donde, por expreso deseo de la población, Muhammad resultó elegido gobernador del lugar. Dicen que al principio, durante un tiempo, estuvo a las órdenes del mandatario almohade del norte de África, pero que después modificó su política y rindió obediencia a Ibn Hud de Murcia, que contaba con el respaldo del califa de Oriente. Luego Muhammad optó finalmente por declararse independiente en su ciudad natal.

A partir de entonces, Muhammad, con la decidida colaboración de miembros de su familia, los Banu Nasr o Banu l-Ahmar —¿entiendes ahora de dónde vienen los términos «nasríes*» o «nazaríes», y «alahmaríes» o «alahmares»?—, se fue haciendo con distintas plazas. Por ejemplo, se apoderó de Porcuna (Jaén) y Jaén, e incluso de otros enclaves del territorio granadino, tales fueron los casos de Guadix y Baza, que acabaron por unírsele.

Dicen que desde el principio de su liderazgo hubo un elemento que siempre jugó en favor de Muhammad y es que quienes abrazaban su causa nunca olvidaban que la familia de su líder descendía, al parecer, de uno de los conocidos Compañeros del Profeta*.

El nuevo reino de Granada quedó configurado como una banda geográfica que discurría a lo largo del litoral meridional del Mediterráneo peninsular. De manera aproximada, los geógrafos de la época delimitaban el reino granadino poniendo a Tarifa (Cádiz) en su extremo occidental y a límites posteriores a Vera (Almería) en su lado oriental. La frontera septentrional del reino quedaría algo más arriba de la propia Granada y la costa le serviría de frontera natural en el sur. Prácticamente, el reino ocupaba casi todos los territorios de las actuales provincias de Granada, Málaga y Almería.

Muhammad puso sus hombres a disposición del rey cristiano Fernando III a fin de que éste contase con fuerzas suficientes para conquistar Córdoba. Como es lógico, prestando ayuda a Fernando se enfrentaba abiertamente a Ibn Hud, que era el jefe musulmán que controlaba esa plaza. Algo después, el propio Muhammad se hizo con la ciudad de Granada, que convirtió en capital del reino, así como con las localidades de Málaga y Almería.

Mientras tanto, los cristianos no cesaban en sus ataques y, una tras otra, iban haciendo suyas plazas muy importantes en sus avances desde el norte. Fue así como se apoderaron de emplazamientos de especial relevancia, tales como Valencia, Játiva y Alcira.

Desde hacía tiempo, los cristianos venían recibiendo noticias de la enorme riqueza que se estaba condensando en el joven reino granadino y era por tanto lógico que aspiraran a conquistarlo. Así que pusieron cerco a la ciudad de Jaén y la plaza, aunque plantó seria batalla y se defendió con tenaz resistencia, tuvo finalmente que capitular. Muhammad no tuvo más remedio que firmar un pacto con Fernando III, convirtiéndose desde entonces en vasallo del monarca cristiano. Este hecho suelen destacarlo los historiadores cuando tratan de señalar de manera significativa cómo a partir de ese momento, a lo largo de toda la historia del reino, todos los monarcas nazaríes fueron vasallos de los cristianos.

Convertida en capital del reino, Granada y, más concretamente, el emplazamiento donde hoy se levanta la Alhambra, dio albergue a Muhammad, primero de los gobernantes nazaríes que pasaría a la historia con el nombre de Muhammad I.

A este primer monarca se le atribuye el mérito de haber proporcionado al reino un período de calma que duró casi dos décadas, un tiempo que le fue más que suficiente como para contribuir al realce de Granada. Dice mi abuela que fue seguramente en esta época cuando nació el conocido barrio del Albayzín de Granada. Al parecer Muhammad I buscó con su construcción dar acogida a numerosas familias llegadas a Granada desde algunas zonas del levante peninsular y, especialmente, a una nutrida población emigrada de Baeza. A propósito de esto último, no me resisto a la tentación de contarte que, a decir de muchos, el nombre de Albayzín deriva precisamente de la estructura árabe *rabad al-bayyasin*, que, en castellano, significaría «barrio de los baezanos»; si bien es verdad que otros aseguran que el término Albayzín habría derivado de *rabad al-bayyazin*, o «barrio de los halconeros».

Muhammad I también se preocupó por devolver estabilidad a la ciudad, que era algo de lo que se venía careciendo desde hacía bastante tiempo. Granada, sumida en una situación de desórdenes y conflictos durante el último período de guerra, era refugio de saqueadores sin escrúpulos que encontraron freno en las medidas impuestas por el primer monarca nazarí.

A Muhammad I se le ha reconocido gran habilidad en su política de pactos con otros reinos. Dicen que no alteró en nada los términos de lo estipulado con el rey Fernando III y que, de acuerdo con los pactos firmados con el monarca cristiano, ayudó a éste a cercar Sevilla, empresa para la que aportó numerosos hombres y caballos.

Pero Granada fue fruto apetecido para el frente aliado formado por los cristianos. Ante los reiterados ataques de éstos, Muhammad I no tuvo más remedio que mirar hacia el sur de su reino y recurrir a la ayuda de los mariníes*, la dinastía beréber que, tras la almohade, dirigió durante casi tres siglos el gobierno de la zona geográfica que aproximadamente coincide con la actual Marruecos. Hubo también de firmar alianzas con poblaciones de mudéjares* afincadas tanto al oeste como al este del reino. Estos últimos grupos, que venían manteniendo enfrentamientos con el monarca castellano Alfonso X, vieron cómo finalmente sus territorios caían en manos de este rey cristiano.

No todo el camino de Muhammad I fue fácil de transitar. El monarca nazarí hubo de atajar alguna que otra sublevación en el interior del reino. A este respecto, quizás los levantamientos ocurridos en las poblaciones de Guadix y Málaga fueron los más llamativos.

En definitiva, Muhammad I tuvo oportunidad de dirigir el reino nada más y nada menos que durante cuarenta y dos años, un espacio de tiempo sumamente significativo, máxime si se le compara con otros tantos gobiernos fugaces de la historia del Islam peninsular. Gobernó con el título de al-Galib bi-llah (= el victorioso por Dios) y a él se debió en gran parte el que Granada pasara a ser una próspera capital que daba acogida a miles de musulmanes que huían de los territorios septentrionales de la Península.

A la iniciativa de Muhammad I se atribuye la edificación en Granada de gran número de mezquitas, construcciones públicas y baños. Fue precisamente en los inicios de su reinado cuando tuvieron comienzo las obras de lo que llegaría a ser el gran palacio monumental que conocemos con el nombre de la Alhambra. Para su construcción tomó como base una fortaleza denominada al-Hamra (= la Roja), que era una primitiva alcazaba de época zirí levantada en las colinas al sureste de la ciudad.

A Muhammad I le sucedió uno de sus hijos, también llamado Muhammad. El nuevo monarca, al que se le conocía con el apelativo de «el alfaquí» debido al dominio que tenía de los temas relacionados con la religión, pasó a la historia con el nombre de Muhammad II.

Dicen que, desde el principio, sus actuaciones estuvieron marcadas por una política distinta de la de su padre, en tanto en cuanto, a diferencia de su progenitor, luchó lo indecible por no cargar con pactos que lo supeditaran a los cristianos. Pero para mantenerse al margen de éstos no tuvo más remedio que depender en gran medida de la ayuda que le prestaran sus hermanos de fe desde el norte de África. Efectivamente, contó con el apoyo de nuevas dinastías nacidas en esa región, pero el precio que hubo de pagar por su colaboración fue un tanto alto. Las tropas enviadas por los mariníes a la Península emprendieron duros ataques que destruyeron una gran parte de las provincias de Sevilla y Cádiz, pero Muhammad II se vio obligado a entregar a los gobernantes mariníes plazas tan estratégicas como las de Algeciras y Tarifa.

Muhammad II no tardó en darse cuenta de que aquellos pactos con los mariníes le iban a resultar a la larga demasiado costosos; sobre todo, cuando fue consciente de que los propósitos de sus hermanos norteafricanos no eran otros que los de apoderarse del apetecido reino granadino. Advertido de su error, se vio forzado a cambiar el rumbo de su política exterior, de manera que entabló luchas en el interior de sus dominios contra los invasores mariníes y para ello hubo de recurrir nuevamente a las alianzas con los cristianos; en concreto, con castellanos y aragoneses.

Dicen que, a pesar de esto último, las relaciones entre granadinos y cristianos anduvieron por un tiempo algo dañadas debido precisamente a la política de alianzas que Muhammad II había mantenido con las dinastías norteafricanas.

María, el tercero de los monarcas nazaríes también se llamó Muhammad. Pasó a las páginas de la historia con el nombre de Muhammad III y, según indican las crónicas, fue conocido con el apelativo de *al-majluu* (= el depuesto, o el destronado). Quienes lo conocieron afirmaban que no reunía aptitudes para gobernar y que el corto período durante el cual dirigió las riendas del reino se mantuvo tan al margen de los asuntos del Estado que delegó prácticamente todos los poderes en uno de sus visires y en un secretario.

Dicen en su favor que fue un poeta de gran erudición y que a él se debió la construcción de la Gran Mezquita de la Alhambra. Por lo que respecta a la política expansionista del reino, fue también durante su breve reinado cuando se conquistó Ceuta. Pero, como te digo, María, todos coinciden en ensombrecer un tanto su figura y hacerle víctima de los pactos firmados entre sí por los reinos de Castilla y Aragón.

Un hermano de Muhammad III llamado Nasr fue el siguiente en ocupar el trono del reino granadino. Él mismo se encargó de que Muhammad III abdicase en su favor. Los argumentos que justificaban tal medida se basaban en la desastrosa actuación política que tanto el visir como el secretario de su hermano estaban llevando a cabo a nivel interno.

Refieren las crónicas que tampoco Nasr puede pasar a las páginas de la historia por su labor de estadista, pero que, al menos, fue capaz de ocuparse en la medida de sus posibilidades de los asuntos del reino. Sí se coincide en que Nasr, al margen de su actuación como gobernante, desempeñó un papel destacado en el mundo científico. En concreto, parece ser que se le consideró buen astrónomo y matemático.

Cuentan también que durante la etapa de su gobierno, los mariníes se encargaron de prestar ayuda a Nasr y que la dinastía norteafricana obtuvo la plaza de Ceuta. Fue, asimismo, en época de Nasr cuando Jaime II de Aragón recibió un serio revés al salir derrotado en la zona de Almería, donde se hallaba de campaña al frente de sus tropas.

Entre los aciertos que se le atribuyen a Nasr figura uno según el cual Fernando IV de Castilla se vio obligado a abandonar el cerco con el que venía estrangulando a Algeciras después de firmar unos pactos con el monarca nazarí sumamente ventajosos para el reino de Granada.

A Nasr le sucedió en el trono uno de sus primos. El nuevo monarca gobernó con el nombre de Ismail I. Nada más llegar al poder adoptó medidas muy precisas y afortunadas que le sirvieron para llevar a cabo una nueva estructuración del reino. Con sus decididas actuaciones los territorios granadinos contaron con una mayor protección, lo que redundó de manera positiva en la seguridad de la población. A este respecto, cuentan, por ejemplo, que salió airosamente victorioso de un combate librado contra los cristianos en la Batalla de la Vega, cuyo escenario tuvo lugar a escasa distancia de Granada. Cuentan también que se benefició entonces de un tratado de paz firmado con los mandatarios cristianos cuyas cláusulas le permitieron ciertos márgenes de maniobra durante casi ocho años.

El final de Ismail I fue, no obstante, trágico, pues acabó asesinado por un primo suyo que dirigía entonces el gobierno de Algeciras. Muerto Ismail I, su hijo Muhammad, que sólo contaba nueve años, hubo de heredar el trono que dejaba vacante su padre.

Los cronistas hacen mención del jovencísimo monarca con el nombre de Muhammad IV. Dicen que, pese a lo corto de su edad, se celebró una ceremonia donde recibió juramento de fidelidad por parte de juristas, eruditos y hombres de religión. Claro está, sus nueve años de edad le impidieron ejercer como mandatario efectivo del reino, por lo que se amparó en la regencia de su tutor, un personaje llamado Ibn Ahmad al-Mahruq al que coinciden en definir como un hombre extremadamente ambicioso.

Cuentan las crónicas que durante el reinado de Muhammad IV la política desarrollada por su gobierno logró poner freno a las expectativas territoriales que mantenían los mandatarios del norte de África. Se dice que el gobierno granadino contó con puntual colaboración procedente de los norteafricanos y que, gracias a la ayuda de éstos, Muhammad IV consiguió recuperar Gibraltar, un enclave de sumo valor estratégico. Quiso el destino que el final de sus días fuera tan trágico como el de su padre, pues, tal y como le ocurriera a éste, Muhammad IV fue asesinado, aunque, eso sí, a manos de un cristiano.

Algo más de veinte años gobernó el reino el siguiente monarca nazarí. Lo hizo con el nombre de Yusuf I y coinciden en caracterizarlo como hombre prudente, algo reservado y extremadamente precavido. Era hermano del anterior soberano y dicen que llegó al trono por las gestiones mediadoras emprendidas por su valedor, un visir llamado Ridwan que desempeñó un papel muy importante en la corte nazarí.

Apenas llegado al poder inició una activa política de alianzas con Aragón, Castilla y la dinastía mariní, que se tradujeron en períodos de tregua favorables para el reino. Con respecto a los mariníes, fue el propio Yusuf I quien respaldó la idea de que fuese esta dinastía norteafricana la que se ocupara de dominar por completo la Península. En concreto, fue con sus hermanos de fe norteafricanos con quienes se alió para enfrentarse a los ejércitos combinados de Aragón, Castilla y Portugal. El encuentro de los dos bandos tuvo lugar junto al río Salado, un riachuelo de la provincia de Cádiz que nace en tierras de Tarifa. De ahí que el acontecimiento histórico pasara a conocerse por Batalla del río Salado o Batalla de Tarifa.

El resultado de la contienda no pudo ser más nefasto para los musulmanes, pues allí hubieron de sufrir una humillante derrota de la que dieron larga y lamentada cuenta los cronistas y poetas de la época. El triunfo aplastante de los cristianos, liderados por Alfonso XI de Castilla y Alfonso IV de Portugal, tuvo enorme repercusión y sirvió para que el primero de estos dos monarcas ostentase el título de «aventajado capitán», otorgado al parecer por haber sabido aprovechar los accidentes del terreno y organizar de manera acertada sus tropas.

La derrota del Salado acabó con las ambiciones del monarca mariní, que, lejos de conquistar al-Andalus, hubo de huir a Algeciras para después regresar al norte de África. Paralelamente, Yusuf I emprendió el camino de vuelta a Granada tras pasar por Marbella (Málaga).

En consecuencia, Alfonso XI de Castilla se apoderó de Tarifa y Algeciras e hizo huir a las tropas mariníes, que no tuvieron más remedio que abandonar la Península. María, a propósito de este enfrentamiento, cuenta mi abuela que los cristianos se hicieron con un inmenso botín y que, entre otros valiosos obsequios, enviaron al papa Benedicto XII veinticuatro estandartes del enemigo.

Pero a la herida moral que hubo de sufrir el Islam a partir de esa batalla, vino a sumarse algo positivo para el reino de Granada, pues Yusuf I, obligado a firmar una tregua de diez años con los castellanos, disfrutó de un período de paz y tranquilidad que le permitió dedicarse a tareas internas y a dar realce a Granada. Así, por ejemplo, a él se debe la construcción de la Puerta de la Justicia de la Alhambra, o importantes edificaciones públicas erigidas en Granada, entre las que destaca la conocida Madraza.

Por lo que respecta a su política exterior, los cronistas coinciden en destacar las excelentes relaciones que Yusuf I mantuvo con Pedro IV de Aragón, llamado el Ceremonioso, el Cruel y el del Puñal. Al parecer, durante esta época fueron frecuentes entre ambos reinos los intercambios de embajadas y de valiosos obsequios. Cuentan, además, que Yusuf I se propuso estrechar lazos con los mamelucos*, la dinastía que gobernaba en Siria y en Egipto en aquellos momentos. Sin embargo, a pesar de su empeño, poco consiguió Yusuf I de quien dirigía los asuntos de aquellas regiones, pues, a su petición de ayuda, sólo encontró excusas como respuesta y los ejércitos mamelucos no llegaron a venir a la Península en auxilio del monarca granadino.

María, justo al llegar a esta parte de la historia del reino nazarí te pediría que prestaras cierta atención a los acontecimientos que se fueron sucediendo en tan pequeños intervalos de tiempo, a fin de que no te pierdas con algunos de los reinados laberínticos de sus monarcas. Te lo digo a propósito del gobierno de Muhammad V, hijo y sucesor de Yusuf I que, debido en gran parte a tramas de carácter político, hubo de reinar en dos etapas.

En la primera de ellas lo hizo por espacio de cinco años, un quinquenio calificado por los historiadores como pacífico y próspero para Granada. Durante ese tiempo Muhammad V mantuvo excelentes relaciones con Pedro I de Castilla, hijo de Alfonso XI que era conocido por el Cruel y el Justiciero. Fueron precisamente esas buenas relaciones las que le llevaron a tener enfrentamientos con Pedro IV de Aragón, quien, al parecer, en escaso margen de tiempo estuvo implicado en las intrigas que condujeron al derrocamiento de Muhammad V y a la entronización sucesiva de dos monarcas nazaríes. Como resultado de ello, Muhammad V hubo de abandonar la Península y huir a Fez (Marruecos), donde encontró refugio junto a sus leales hombres y su guardia personal, formada ésta por cristianos.

Quien ocupó el trono granadino fue Ismail II, un hermanastro de Muhammad V que, tras derrocar a éste, dirigió el gobierno del reino nazarí tan sólo por unos meses y, según dicen, de manera calamitosa. Su final fue violento, pues consta en las crónicas que, al poco de llegar al poder, fue asesinado por orden de un primo suyo que, a continuación, se apoderó del trono y comenzó a gobernar.

El responsable de haber ordenado la muerte de Ismail II era conocido por Abu Said el Bermejo y reinó durante dos años con el nombre de Muhammad VI, período durante el cual Granada quedó sumida en un alarmante estado de agitación y desequilibrio. Muhammad VI, unánimemente descrito por sus contemporáneos como un hombre extremadamente ambicioso, prestó obediencia a los castellanos con el ánimo de tener de su lado al monarca Pedro I, pero no contaba con que éste era partidario del desterrado Muhammad V.

Efectivamente, el rey castellano, que siempre había defendido la causa de Muhammad V, actuó de manera enérgica y decidida para que éste recuperase el trono granadino. A tal efecto, facilitó el regreso de Muhammad V a la Península y colaboró para que éste se instalase en Ronda (Málaga). Luego, desde esta plaza elaboraron conjuntamente una estrategia para expulsar del trono a Muhammad VI.

Los ataques de Pedro I y Muhammad V contra Muhammad VI surtieron el efecto deseado. Luego, la paz firmada por los reinos de Castilla y Aragón hizo el resto: Muhammad VI fue destituido y acabó muerto por el mismo

Pedro el Cruel en Tablada, cerca de Sevilla, mientras que Muhammad V, apoyado por los cristianos, recuperó el trono granadino.

Se iniciaba así la segunda de las dos etapas de gobierno de Muhammad V. Con ella se ponían en marcha casi treinta años de poder que figuran entre los más pacíficos en la historia del reino nazarí. En el transcurso de estas tres décadas, Muhammad V no sólo supo mantener las fronteras de sus territorios sino que logró hacerse con otros ya perdidos; tal fue el caso del estratégico enclave de Algeciras.

Con la posterior muerte de Pedro I de Castilla expiró la tregua que Muhammad V tenía firmada con el reino castellano. Fue entonces cuando el monarca nazarí estrechó lazos con Aragón mediante pactos con su rey Pedro IV. Pero su política exterior fue aún más fructífera durante un tiempo, pues, paralelamente, mantuvo excelentes relaciones con sus hermanos de fe norteafricanos. Estas últimas circunstancias, tan beneficiosas para el reino granadino, encuentran explicación en el hecho de que en aquel momento corrían malos vientos para la paz interna de los mariníes, sumidos en tal estado de enfrentamientos políticos por alcanzar el poder que se mantenían ajenos a ambiciones e intereses externos. Hay además quienes defienden que la relación idílica que vivió el reino nazarí con los mariníes durante este tiempo se debió en gran parte a la hábil política empleada por el célebre visir granadino Ibn al-Jatib, en cuyas actuaciones se dejaba ver su postura de acercamiento a los norteafricanos.

Pero, María, a este período de feliz relación siguió otro más turbio que desembocó en acontecimientos trágicos. Dicen que ciertas maquinaciones políticas urdidas en palacio dieron al traste con los buenos lazos que estrechaban a nazaríes y mariníes. Como consecuencia de ello, Ibn al-Jatib hubo de abandonar la Península, cruzar el Estrecho y refugiarse en Marruecos. Tres años más tarde fue allí asesinado y, según afirman, los hombres que le dieron muerte estaban al servicio de Muhammad V.

Refieren algunos historiadores que el monarca nazarí aprovechó la oportuna situación que le brindaba el desconcierto mariní para deshacerse de los norteafricanos asentados en Granada. Fue entonces también cuando Muhammad V se apoderó de Gibraltar, que era la última de las posesiones mariníes en territorio peninsular.

Pero su política exterior no sólo quedó limitada a esas actuaciones. Muhammad V también estrechó lazos con los mandatarios de otras zonas de la costa norteafricana que gobernaban en Túnez y Tremecén, y mantuvo buenas relaciones con los mamelucos de El Cairo.

Los períodos de paz de los que disfrutó Muhammad V permitieron a este monarca preocuparse por el desarrollo arquitectónico y artístico de Granada. En este sentido, a él se debió la construcción de nuevas salas en el recinto palatino de la Alhambra y la fundación de un *maristán* (= hospital) en la ciudad de Granada, el único existente en suelo peninsular durante toda la historia de la España musulmana.

A Muhammad V le sucedió su hijo mayor, que pasó a la historia con el nombre de Yusuf II. El reinado de este nuevo monarca nazarí fue muy breve, pero suficiente para continuar las buenas relaciones que el reino había mantenido en otro tiempo con Aragón.

Yusuf II se preocupó también de asegurar la paz en los límites fronterizos con el reino de Castilla, pero poco más pudo hacer durante el escaso año en que estuvo en el poder, pues, al igual que algunos de sus antecesores, tuvo una muerte trágica. En este caso, Yusuf II perdió la vida después de ser envenenado.

El fatídico desenlace de Yusuf II puso a otro hijo de Muhammad V en el poder. El nuevo monarca era, por tanto, hermano del último nazarí asesinado. Pasó a gobernar con el nombre de Muhammad VII y actuaba en calidad de heredero de Yusuf II.

Muhammad VII supo aprovecharse del estado de vacilaciones e interrogantes por el que atravesaba el reino de Castilla, dirigido por un jovencísimo Enrique III que aún no tenía la mayoría de edad. La coyuntura le permitió emprender campañas contra los castellanos, pero no fueron empresas de resultado claro. Además, tuvieron cierta respuesta, pues tropas de Castilla dirigieron algún que otro ataque contra los dominios del reino nazarí.

A tenor de estos últimos datos, cualquiera pensaría que los reinos castellano y nazarí estaban claramente enfrentados. Pero consta por las crónicas que aquellos roces no dejaban de ser escaramuzas en las que tanto los granadinos como los castellanos sólo perseguían hacerse con armas, animales y cosechas. Quiere esto decir que, por encima de enfrentamientos menores, los gobiernos de ambos reinos conservaban estrechos lazos. La explicación de que eso fuese así es que el proceso de avance cristiano desde el norte se mantenía algo paralizado desde hacía varias décadas.

Pero esos años de aparente equilibrio dieron al traste cuando el infante Fernando de Castilla, a la sazón regente de Juan II, puso en marcha una campaña contra el reino nazarí en la que no regateó medio alguno. Resultado de esta campaña, planeada y organizada al milímetro, fue la caída de Antequera (Málaga) en manos cristianas. Muchos han querido ver en el inicio de esta empresa castellana el nacimiento de una época de crisis para el reino de Granada.

El tiempo en que estuvo en el poder el nuevo monarca Yusuf III —hermano y sucesor de Muhammad VII— fue fructífero. Como cualquier otro soberano, tuvo sus defensores y sus detractores, pero se le reconoce algo tan importante como haber firmado la paz con los castellanos por espacio de dos años. Bien es verdad que, tras este período, los cristianos volvieron a la carga con nuevos ataques.

También son destacables sus actuaciones contra los norteafricanos, a los que supo poner freno en momentos oportunos. Pero, por encima de cualquier otra circunstancia, en general, Yusuf III fue responsable de dar equilibrio, calma y esplendor a los dominios de su reino.

El nuevo soberano que se sentó en el trono nazarí fue un hijo de Yusuf III. Como heredero de éste, pasó a gobernar con el nombre de Muhammad VIII. No obstante, relatan los cronistas que la responsabilidad del cargo le llegó cuando aún no tenía la mayoría de edad, motivo por el cual hubo de encargarse del gobierno el que había sido visir de su padre.

Llegados a este punto, las crónicas coinciden en sacar a colación a una familia árabe muy conocida en el ambiente de la Granada nazarí: la de los Abencerrajes. Al parecer, esta familia comenzaba a adquirir cierto protagonismo en los círculos políticos de la ciudad de Granada. Dicen que a muchos de su miembros se debe el estallido de enfrentamientos internos entre los granadinos y que maquinaciones, intrigas y confabulaciones tejidas por ellos fueron mermando la capacidad de poder de los monarcas nazaríes.

Entre los enfrentamientos que hubo de dirigir Muhammad VIII contra los cristianos figura uno que destaca de manera especial, por cuanto todos los cronistas coinciden en magnificarlo. Me refiero, María, al combate librado cerca de Granada entre las tropas del rey nazarí y las de Juan II de Castilla. El escenario concreto tuvo lugar al pie de Sierra Elvira, lugar que dio nombre a la batalla, si bien ésta es tanto o más conocida por la Batalla de la Higueruela, debido a una pequeña higuera que había en el campo y que logró subsistir a los estragos de la lucha.

Los cristianos arrebataron a Muhammad VIII una plaza tan estratégica como la de Gibraltar y otra de cierta importancia como la de Archidona (Málaga). Además, Muhammad VIII se vio obligado a seguir pagando fuertes tributos al reino de Castilla, por lo que muchos historiadores, además de persona frívola, han tachado a este monarca de mandatario desacertado y poco efectivo.

Finalmente, he de decirte, María, que Muhammad VIII fue expulsado de al-Andalus en dos ocasiones y que, por tanto, su reinado tuvo tres etapas.

En los dos espacios que mediaron entre esas etapas reinaron —y, al parecer, con sumo acierto— dos monarcas: en el primero lo hizo Muhammad IX, que gobernó dos años; y, en el segundo, Yusuf IV, que dirigió el reino nazarí durante un año.

María, a partir de estos momentos se fueron sucediendo gobiernos de corta duración dirigidos por monarcas que reinaron con mayor o menor fortuna: Yusuf V, Muhammad X, Nasr y Saad ibn Ali.

Fueron, en general, años delicados para el reino de Granada. Estos monarcas, preocupados por encontrar una salida satisfactoria a momentos de crisis y de disturbios, solicitaron en mayor o menor medida la colaboración de los mamelucos de Egipto y de los mariníes de Marruecos. Pero ni unos ni otros enviaron ayuda a Granada. Los primeros se limitaron a mandar embajadas a al-Andalus que, aparte de algún dinero, material de guerra y presentes lujosos, no traían más que excusas que justificaban su falta de apoyo. En cuanto a los segundos, bastante tenían con resolver las crisis internas que les estaban sumiendo en un abismo del que difícilmente podrían salir.

Hay opiniones para todos los gustos y, en consecuencia, en tanto que unos opinan que fue preferible la política que impulsó a los mamelucos y a los mariníes a no intervenir, otros, por el contrario, sospechan que la ayuda de estas dinastías habría cambiado el rumbo de los acontecimientos en beneficio del futuro granadino.

María, con el reinado de Abu l-Hasan Ali, el famoso Muley Hacén de las crónicas cristianas, asistimos progresivamente al tramo final del reino granadino. Por cierto, María, ¿entiendes ahora de dónde puede venir el nombre del monte granadino Mulhacén, el más alto de la Península Ibérica? A propósito de esto, dice mi abuela que corre una leyenda según la cual fue deseo de Muley Hacén que su cadáver descansara sepultado por la nieve de la cima.

Este nuevo monarca era hijo de Saad ibn Ali. Aseguran los historiadores que su subida al trono marcó el final de una aciaga racha de sucesiones que venían haciendo de Granada un reino sin futuro esperanzador. En Abu l-Hasan Ali, o, si prefieres, en Muley Hacén, Granada encontró un soberano al que no le temblaba el pulso para acometer medidas y actuaciones. En este sentido, parece ser que se hizo famosa su respuesta represiva a un levantamiento ocurrido en Málaga.

Los historiadores lo definen como hombre de mano férrea y talante resuelto que tuvo gran capacidad para dar al ejército una nueva estructuración y que no se permitió descanso en sus luchas contra los cristianos. A propósito de estos últimos, dicen que Muley Hacén fue ciertamente hábil para sacar partido de las circunstancias adversas a las que se enfrentaba el reino de Castilla. Cuentan al respecto que Muley Hacén, consciente de que la sucesión al trono castellano creaba desequilibrios entre los cristianos, dirigió campañas contra sus enemigos de muy variado signo. Fue, por tanto, con Muley Hacén cuando la tregua firmada por los reinos de Castilla y Granada expiró.

Pero fue también durante su reinado cuando tuvo lugar un hecho de especial trascendencia para el futuro del reino nazarí: las coronas de Castilla y Aragón se unieron mediante enlace matrimonial de su monarcas. Cabía esperar que la relación resultante de tan magno acontecimiento sirviera a ambos reinos cristianos para combinar fuerzas, consolidar posesiones y luchar por objetivos comunes.

En consecuencia, los reyes cristianos lucharon conjuntamente para acabar con todos los levantamientos que habían de padecer en el interior de sus territorios para después, sofocados buena parte de ellos y restablecida la situación de sus reinos, elaborar una estrategia común que condujese a la conquista de Granada. Efectivamente, Castilla y Aragón comenzaron a preparar la guerra contra los dominios granadinos.

La transformación que el comportamiento personal de Muley Hacén fue sufriendo fue objeto de duras críticas. Dicen que fue dejando en manos de sus visires la mayoría de las responsabilidades a las que le obligaba el trono y que, poco a poco, fue abandonándose al mundo de los placeres y las diversiones. Hasta tal punto trascendió su tipo de vida personal, envuelta en escándalos, abusos de poder y derroche sin freno, que la población en pleno se lanzó a la calle para manifestar públicamente su insatisfacción.

Además, al objeto de poner fin a la crisis económica que padecía el reino, Muley Hacén tuvo que adoptar medidas muy impopulares como la subida de impuestos. Ésa sería la gota que colmaría la paciencia de la población granadina, sumamente descontenta.

A las revueltas populares vino a sumarse un conflicto que tambaleó las estructuras de la monarquía nazarí. Los cronistas resumen la situación centrándola en las luchas que entablaron los hijos de Muley Hacén por hacerse con el trono granadino. En tanto que unos defendían los derechos del que era hijo de su esposa, otros hacían lo propio en favor de otro hijo que había nacido de las relaciones de Muley Hacén con una concubina cristiana llamada Isabel de Solís. Al final, María, puedes comprobar cómo con el tiempo el conflicto se resolvió con el ascenso al trono de Abu Abd Allah Muhammad, el hijo de su legítima esposa, al que las crónicas cristianas hicieron célebre bajo el nombre de Boabdil.

Ha quedado constancia de que Abu Abd Allah Muhammad, o, si prefieres, Boabdil, subió al trono respaldado por la familia de los Abencerrajes. Como es lógico, su ascenso significó el derrocamiento de su padre, que no tuvo más remedio que huir de Granada y buscar refugio en Málaga, localidad que venía siendo gobernada por su hermano Muhammad ibn Saad, más conocido por el Zagal(=el valiente).

En Granada no cesaba el descontento. Ya se había iniciado con las medidas fiscales adoptadas por Muley Hacén, pero tantos desequilibrios en el trono granadino no hacían más que empeorar la situación. Boabdil, deseoso de presentarse ante su pueblo con una imagen nueva y prestigiosa, organizó un ataque contra la plaza de Lucena, en Córdoba, pero quiso el destino negarle el éxito y, lejos de salir victorioso de la empresa, no sólo acabó derrotado sino que fue capturado por los cristianos.

El cautiverio de Boabdil brindó a Muley Hacén y a su hermano el Zagal la posibilidad de regresar a Granada. Dicen que, además de la afortunada coyuntura, tuvo mucho que ver en la recuperación del trono el arrojo demostrado por el Zagal. Éste, de hecho, fue quien manejó por un tiempo las riendas del gobierno por cesión voluntaria de Muley Hacén.

En poco tiempo, los cristianos se adueñaron de importantes enclaves como Loja (Granada) y Ronda (Málaga). Todo se puso de su lado cuando, además de sus reiterados avances, supieron sacar provecho de las guerras fratricidas que empezaron a librar abiertamente los seguidores de Muley Hacén y el Zagal contra los partidarios de Boabdil. Estos últimos habían tenido que pagar por el rescate de su monarca un alto precio, pues además de entregar cuatrocientos prisioneros cristianos y mil doscientas piezas de oro, el soberano cautivo se había visto obligado a rendir vasallaje a los castellanos a cambio de su libertad.

Como es lógico, tales circunstancias jugaron más a favor de los castellanos, que, de esta forma, lograron apoderarse de nuevas plazas, tales como Málaga, Vélez Málaga y Baza (Granada).

Aseguran que la caída de esta última ciudad en manos cristianas provocó grave alteración en el espíritu luchador y ambicioso de el Zagal y que, a partir de entonces, víctima del desaliento, el hermano de Muley Hacén fue rindiendo plazas hasta entregar Almería y Guadix.

María, dice mi abuela que fue en esta época cuando muchas familias de andalusíes decidieron emigrar de al-Andalus y cruzar el Estrecho para instalarse en el norte de África, donde recibieron calurosa acogida por parte de la población beréber. Y dice también mi abuela que, en concreto, el Zagal acabó buscando refugio en Orán, en la actual Argelia.

Una vez liberado, Boabdil estableció su cuartel general en Guadix, donde recibió juramento de fidelidad como soberano. Algo más tarde recuperaría el trono de Granada.

Entretanto, la capital nazarí mantenía un grado de tensión que se hacía cada vez más asfixiante. Los cristianos no dejaban de atenazarla y la presión aumentaba por días. El enlace matrimonial entre el rey Fernando V de Aragón y la reina Isabel I de Castilla aportaba bazas ventajosas para los intereses cristianos, que no sólo iban cosechando triunfo tras triunfo sino que veían cada vez más cerca la posibilidad de apoderarse por fin de su codiciada presa: Granada.

Muchos estudiosos coinciden en apuntar que las instituciones religiosas cristianas fueron decisivas para que Fernando e Isabel, los conocidos Reyes Católicos, duplicaran sus esfuerzos a la hora de conquistar Granada. La explicación parece sencilla si se tiene en cuenta que el poder eclesiástico sólo perseguía que el celo religioso de estos monarcas les llevara al extremo de no querer otra cosa que acabar con el último reducto musulmán de la Península. Y, efectivamente, la idea terminó por calar en la conciencia de los Reyes Católicos, quienes llegaron a pensar que la última posibilidad de llevar la fe cristiana a todos los rincones del país pasaba por la conquista de Granada.

Paralelamente, Boabdil, angustiado por la situación que se vivía y plenamente consternado, volvió la vista hacia el norte de África pretendiendo que los mariníes acudiesen en su ayuda. Hay quien dice que el tiempo ya jugaba en su contra y que era demasiado tarde para remontar un panorama tan adverso. En este sentido, refieren los cronistas que ya para entonces el rey Fernando el Católico disponía de cien mil hombres de a pie y de cincuenta mil jinetes para atacar Granada. De la envergadura de tales cifras sólo cabía esperar un desenlace calamitoso para los musulmanes granadinos.

María, por desgracia para la ciencia, las artes y la cultura en general, la historia de al-Andalus entraba en la recta final de un proceso agónico del que no había podido o no había sabido recuperarse. Se celebró en Granada una reunión a la que asistió lo más notable de los ámbitos jurídico y militar de la ciudad y en ella se acordó desestimar la propuesta cristiana, según la cual se brindaba a los granadinos la posibilidad de entregar la ciudad sin derramamiento de sangre. Dicho de otro modo, los altos responsables de Granada decidieron defenderse con las armas de los ejércitos del Rey Católico.

Apenas iniciada la guerra, los primeros síntomas fueron de signo favorable para los cristianos y Fernando el Católico se apoderó de algunas fortificaciones. Pero algo después, sin quedar muy claros los motivos, el monarca cristiano efectuó movimientos de retroceso, con lo que los granadinos lograron reconquistar varios emplazamientos que habían perdido. Se vivieron entonces instantes alentadores en los que no cabía imaginar lo que de repente ocurrió y es que los cristianos regresaron y sometieron a Granada a un cerco asfixiante.

Testigos de la época dieron noticia de los pactos a los que llegó Boabdil con los Reyes Católicos. Dicen que éstos se desarrollaron a escondidas y que el monarca nazarí firmó la rendición de la ciudad. Las tropas de Fernando e Isabel se habían hecho fuertes en Santa Fe, a escasos kilómetros de la capital granadina, y desde allí organizaban el estrangulamiento de Granada. La situación se hizo insostenible, los alimentos escasearon y el desánimo empezó a hacer mella en la población. Los trágicos acontecimientos se fueron sucediendo hasta que, finalmente, Granada capituló. Precisamente, fue en Santa Fe donde se firmó la capitulación de la ciudad.

Algún testigo presenció cómo Boabdil, antes de iniciar su marcha fuera de la ciudad, hizo en la intimidad, junto con sus más allegados, una demostración de respeto a los Reyes Católicos. Luego, no sólo habría de abandonar Granada, sino el país, de manera que, al igual que ya lo hicieran otros soberanos musulmanes en el pasado, Boabdil cruzó el Estrecho para vivir el resto de sus días en el norte de África.

Muchos son los historiadores que opinan que la pérdida de Granada se debió en gran medida a que los musulmanes peninsulares y los del reino nazarí se dieron la espalda en lugar de colaborar en objetivos comunes. Todo hace indicar que si el reino hubiese disfrutado de mayor paz interna y, por consiguiente, no hubiese padecido tantas rebeliones, no habría tenido que recurrir a las ayudas externas de cristianos y mariníes y, en consecuencia, éstos se habrían mantenido más apartados de tentaciones conquistadoras.

Otros tantos historiadores inciden de manera especial en los cuantiosos gastos a los que tuvo que hacer frente el reino granadino. Había que mantener costosos ejércitos para controlar todas las alteraciones y desequilibrios que se producían de continuo y el dinero que eso requería había de salir, cómo no, de unas arcas estatales que se sostenían a base de incrementar más y más los impuestos. Las desorbitadas medidas fiscales fueron calando en el ánimo de una población que, cada vez más castigada, acabó por explotar. Como consecuencia de ello fue algo habitual respirar aires de revuelo social y dificultades económicas.

Hay también quienes han defendido la idea de que en la decadencia del reino de Granada tuvo mucho que ver el hecho de que éste se hallara situado en una zona geográfica rodeada de reinos cristianos y norteafricanos. Pero dice mi abuela que a todo eso se debe añadir algo que a veces suele olvidarse. Otros vientos habrían corrido para el reino, como para toda al-Andalus, si en ocasiones no hubieran dirigido los gobiernos monarcas poco capaces o faltos de sensibilidad social. O, como también asegura mi abuela, otra música habría sonado en al-Andalus, o después en Granada, si muchos de esos gobernantes no hubieran delegado los asuntos del Estado en visires y militares ambiciosos y sin escrúpulos.

Mucho se ha venido insistiendo en una idea y es que tan ventajosas fueron para los granadinos las condiciones iniciales de la rendición que luego, una vez firmada ésta, los cristianos no tardaron en incumplir parte de ellas. Por ejemplo, figuraban cláusulas según las cuales podían los granadinos conservar sus costumbres y tradiciones porque éstas les serían respetadas; no se les ponía obstáculos para mantener en su poder caballería y armamento; se les permitía practicar sus oraciones en las mezquitas, etc.

Los Reyes Católicos se apresuraron a reorganizar el aparato administrativo de la ciudad. Una tras otra, se adoptaron medidas con celeridad al objeto de que el espíritu musulmán no tardase en extinguirse. María, lo que los cristianos denominaron durante mucho tiempo con el término de reconquista llegaba a su fin.

La firmeza de los Reyes Católicos había servido para que la fe cristiana acabara con el último reducto musulmán de la Península. Pero, lamentablemente, no se había vivido aún lo peor. Comenzaba un período en el que los musulmanes que optaron por permanecer en tierras heredadas de sus antepasados tuvieron que tratar con cristianos que pronto olvidaron las promesas firmadas por escrito en Santa Fe. Se ponía en marcha un período oscuro y de difícil entendimiento en el que los musulmanes que se resistieron a emigrar se vieron obligados a caminar dentro de un círculo impuesto por la cristiandad donde imperaban la intolerancia y la rigidez religiosas.

Las duras medidas adoptadas por los Reyes Católicos pretendían sin más que los musulmanes renunciasen a su fe, a sus tradiciones y a su lengua. Ante imposiciones tan represivas sólo cabía someterse o rebelarse y esto último traía aparejada la idea final de la muerte. De hecho, las minorías musulmanas que en zonas del levante y sureste peninsular alzaron la voz para protestar contra tales desafueros fueron aplastadas sin contemplaciones.

La intolerancia religiosa de los cristianos fue a más. Una década despúes de entrar los Reyes Católicos en Granada, gran parte de la población granadina fue obligada a abrazar la fe cristiana. A estas gentes, al igual que algo más tarde a los mudéjares de Castilla, Navarra y Aragón, se les denominó moriscos*. Integraban por tanto este grupo los nuevos cristianos que decidieron permanecer en la Península aun a sabiendas de que eso les obligaba externamente a convertirse. Y digo, María, externamente, porque, al parecer, la mayoría de ellos siguió llevando de manera oculta el Islam en su corazón. Aun así, cuenta la historia que un siglo más tarde fueron expulsados de manera definitiva de la Península.

Dice mi abuela que tanto musulmanes como moriscos fueron violentamente reducidos por los ejércitos cristianos. Lógicamente, las ventajas que les proporcionaba a estos últimos enfrentarse a un enemigo desprovisto de un mínimo de organización, les facilitó la tarea. Se sucedieron cruentos enfrentamientos y las familias que lograron sobrevivir al empuje cristiano no tuvieron más remedio que optar por seguir el camino que emprendiera antes el Zagal o Boabdil, es decir, huir al norte de África, o claudicar para llevar un futuro nada agradable en suelo peninsular.

Los que se decantaron por la primera opción, al igual que los que un siglo más tarde fueron definitivamente expulsados, se instalaron en el norte de África y allí formaron grupos muy compactos y homogéneos a los que se comenzó a conocer con el nombre de «andalusíes». La mayoría de ellos establecieron sus nuevos hogares en ciudades como Tetuán, Tánger, Ceuta o Túnez. Y desde ésos y otros tantos lugares se encargaron de transmitir el legado cultural e intelectual que habían traído de la Península.

Cuando te cuento esto último, María, refiriéndome a ciudades como Tetuán, que es la mía, comprenderás el orgullo de mi abuela, de mis padres y de mí mismo, al saber que gran número de costumbres, de nombres castellanizados, de especialidades artísticas, gastronómicas, musicales, etc., forman parte de ese legado.

Los que, en cambio, prefirieron permanecer en la Península hubieron de aceptar conformes un futuro poco esperanzador. María, sobre estos últimos que optaron por quedarse me refirió mi abuela algo que me llamó poderosamente la atención. Estas gentes, pensando en las generaciones futuras, hicieron todo lo posible por dejar herencia de su existencia y, sorteando todo tipo de dificultades y trabas, se dedicaron a redactar y traducir textos en lengua que no era árabe, pero que estaba escrita en caracteres arábigos; es decir, supieron desarrollar un vehículo de transmisión tan peculiar como fue el de emplear la lengua romance disfrazada con caracteres arábigos. El conjunto de textos elaborados así conformó un tipo de literatura que recibe el nombre de aljamiada. Seguro que tus profesores te la habrán mencionado alguna vez.

Algo te he adelantado de lo que pasó con los mudéjares. Ya te he dicho que lo mismo que le ocurrió a un gran número de granadinos le sucedió algo más tarde a los mudéjares de Castilla, Navarra y Aragón, obligados todos ellos a abrazar la fe cristiana. Mientras el reino nazarí de Granada se había mantenido en pie, los mudéjares, al igual que los judíos, habían recibido en territorios cristianos un trato condescendiente. Pero luego, derrumbado el último pilar musulmán de la Península, se aplicó contra unos y otros una política de intolerancia basada en la conversión forzosa.

Las alternativas que encontraban mudéjares y judíos eran similares a las que te he venido describiendo. Se les daba a elegir entre la conversión o la expulsión. La situación, ya de por sí dolorosa, se agravó cuando, aun pasando muchos de ellos por la humillación de renunciar públicamente a sus creencias, fueron más tarde objeto de desprecios, insidias, ignonimias y persecuciones. Según me cuenta mi abuela, se colgó a esas gentes la etiqueta de conversos y eso era algo que no terminaba de gustar. Las autoridades de la Península, rendidas ante la fe cristiana, maltrataron y persiguieron a esta población que, finalmente, no tuvo más remedio que marchar exiliada. Por mi abuela sé que, en el caso de los judíos, todos fueron expulsados.

Como también te adelantaba antes, los musulmanes y moriscos que resistieron en un principio y tuvieron arrojo para permanecer en la Península, se vieron obligados finalmente a emigrar. En nombre de la iglesia católica, tribunales que violaban la libertad de conciencia, se dedicaban a perseguirlos y castigarlos. Como cabía prever en tales circunstancias, dos siglos más tarde todos acabaron expulsados.

Como era de esperar, la expulsión de judíos y musulmanes trajo a la larga daños irreparables para el progreso económico y cultural del país. En este sentido, es fácil imaginar que sectores como el de la agricultura, el de la industria, o el del comercio salieron muy malparados.

Granada había representado durante dos siglos y medio el elemento prolongador de una realidad física y espiritual llamada al-Andalus; había sido techo protector de miles y miles de musulmanes huidos de otros puntos de la geografía peninsular; y había sido libro valioso donde se hallaban reunidas y guardadas la tradición, la cultura, la religión y las costumbres de los musulmanes. Lamentablemente, hablar de la pérdida de Granada equivale a comprender que la cultura andalusí, radiante y esplendorosa durante ocho siglos de historia, recibía heridas de gravedad.

María, con estas palabras me despido por hoy. Perdona que no sean muy alegres, pero es que, a pesar de intentarlo mientras te escribía, no he podido borrar de mi memoria el semblante de dolor de mi abuela cuando me contaba esta parte final de la historia de al-Andalus. Tampoco puedo olvidar las lágrimas que derramó al relatarme el episodio que, a continuación, te envío. Muchos besos para ti y para tu familia. ¡Ah!, se me olvidaba: ¡Mucha suerte en tus exámenes!

La historia de la entrega de Granada

La historia que a continuación te narro se desarrolla en un período que comprende los dos últimos años del reino nazarí de Granada y la caída de su capital en manos de los cristianos.

Cuentan que por aquel entonces el reino de Granada ya había perdido la mayor parte de sus territorios, que habían pasado a manos de los Reyes Católicos, Fernando de Aragón e Isabel de Castilla. Prácticamente, la extensión del reino quedaba limitada a la capital y a algunos territorios de la vega granadina y de las montañas que la rodeaban. También, los jefes musulmanes más destacados ya habían sido derrotados por las tropas cristianas. Las últimas resistencias las componían Boabdil, en su palacio de la Alhambra, y algún que otro levantamiento aislado en poblaciones cercanas a Granada.

Los problemas no dejaban de atormentar al rey Chico, nombre con el que pasó a ser conocido Boabdil, último rey de Granada. Los cristianos ya casi rozaban las puertas de la ciudad y el pueblo granadino había perdido toda confianza en la capacidad de su rey. Recelaba la población de su monarca, pues sabía que Boabdil, tiempo atrás, había pactado de manera secreta y en beneficio propio la rendición de Granada, perjudicando con ello los intereses de la ciudad.

Hacía poco tiempo que Boabdil había sido apresado por las tropas cristianas. Para conseguir su libertad, había prometido a los Reyes Católicos la entrega del reino granadino, asegurándoles que él se retiraría a Guadix, donde llevaría una vida tranquila gozando de los privilegios de un título nobiliario que le sería otorgado por los monarcas cristianos.

No obstante, una vez que se vio liberado, el rey Chico no cumplió lo pactado. Los argumentos que dio se basaron en que la entrega de Granada pondría en juego su vida. Aseguró que los granadinos nunca se lo perdonarían y que, por tanto, había de seguir gobernando la ciudad.

En contra de lo que cabría imaginar, las promesas incumplidas por Boabdil no irritaron al rey Fernando. Éste encontró en ellas la excusa necesaria para llevar adelante la conquista final. Así pues, para sembrar la confusión entre los granadinos, el monarca cristiano se encargó de difundir por la ciudad las condiciones del pacto que había firmado con Boabdil para su liberación. Como era de esperar, esto no fue del agrado de nadie y violentó tanto a los que descendían de familias asentadas en la ciudad desde siglos atrás como a los que acababan de llegar a Granada huyendo de otras zonas de la Península.

Las noticias divulgadas por los espías de Fernando provocaron tales desórdenes y disturbios dentro de la ciudad que hizo falta que interviniesen los nobles musulmanes para poder apaciguar la situación. Boabdil, ante la magnitud que cobraban los acontecimientos, se vio obligado a demostrar a sus gentes que no había sido un traidor. Para ello declaró abiertamente la guerra al rey Fernando y emprendió con sus tropas diversas escaramuzas en territorios fronterizos.

La reacción de Fernando e Isabel no se hizo esperar. La noticia les alcanzó en Sevilla, donde celebraban las bodas de su hija mayor, la infanta Isabel, con el príncipe Alfonso, heredero de la corona de Portugal. Inmediatamente encargaron al conde de Tendilla, capitán mayor de la frontera, que restableciera el orden en aquellos lugares. Éste así lo hizo y, por cierto, con gran éxito, pues recuperó algunas fortalezas que habían sido arrebatadas a los cristianos por los granadinos. Luego, el rey Fernando en persona se dirigió a la vega de Granada al frente de cinco mil caballeros y veinte mil soldados de a pie con el fin de destrozar las cosechas de los musulmanes.

Entretanto, la reina Isabel se quedó en Moclín para hacer frente a los musulmanes rebeldes de la zona. Dirigía las tropas cristianas el marqués de Villena, que se había labrado buena reputación como guerrero. Cuentan que el choque librado por los dos bandos junto a aquella plaza fue muy violento. Se dice que un hermano del marqués, llamado don Alfonso Pacheco, murió en el combate, y que el propio marqués, al salir en defensa de uno de sus criados, fue atacado por seis musulmanes y quedó manco.

Mientras, ya en la vega granadina, a las tropas de Fernando se les habían sumado las huestes de dos nobles musulmanes que pasaban al bando cristiano por odio a

Boabdil. Uno de ellos era el tío del monarca nazarí, conocido por el nombre de «el Zagal». Dicen que el otro logró con sus hombres conquistar una pequeña fortaleza de la Vega, lo que vino a incrementar aún más el desánimo de la población granadina.

Pero aseguran que después, contra todo pronóstico y de manera inesperada, tras arrasar los campos de la Vega y todas sus cosechas, Fernando se retiró con sus tropas a la ciudad de Córdoba.

Animado por esta inexplicable retirada, Boabdil atacó con sus hombres la fortaleza de Alhendín, entonces en poder de los cristianos, y acabó con Mendo de Quesada, que era quien estaba al mando del castillo. Y no satisfecho con ello, después, el rey Chico se hizo con otros territorios que formaban parte de los dominios de su tío el Zagal.

En estas el marqués de Villena ponía cerco a Guadix, plaza que acabó conquistando. Dicen que muchos de los musulmanes que se habían levantado en esta ciudad tuvieron que huir a tierras del norte de África, en tanto que otros optaron por buscar refugio en Granada.

Con los últimos éxitos ganó algo de prestigio Boabdil. Puso entonces el monarca su mirada en la costa, buscando en ella el medio de solicitar ayuda de sus hermanos de fe norteafricanos. Emprendió el camino de Almuñécar, pero antes de llegar allí se desvió para asediar la plaza de Salobreña, que se hallaba en manos de los cristianos. Intentó conquistarla, pero quienes la defendían, pese a carecer de víveres y armamento suficientes, se lo impidieron, empleando en la empresa gran arrojo y resistiendo con tenacidad mientras quedaban a la espera de refuerzos.

Más tarde, cuando Boabdil supo que el rey Fernando se hallaba en el valle de Lecrín con la intención de cortarle la retirada, optó por regresar apresuradamente a Granada y evitar, así, un enfrentamiento directo con las tropas del monarca cristiano.

Nuevamente, el rey Fernando ordenó quemar y destruir por completo lo sembrado en la Vega por los granadinos, pretendiendo con tal medida privar de alimentos a la población de Granada. Después se dirigió a Baza y a Almería y expulsó de las plazas a los musulmanes que mostraban rebeldía. Por último, regresó a Córdoba con la intención de preparar un poderoso ejército que llevara a cabo la conquista definitiva de Granada.

Cuentan que los jefes cristianos, mientras tanto, protagonizaron contra los musulmanes episodios dignos de mención. Así, por ejemplo, reza la leyenda que el valiente Hernán Pérez del Pulgar, amparándose en la oscuridad de la noche, penetró en la ciudad de Granada y, acompañado de quince fieles caballeros, consiguió llegar hasta la Mezquita Mayor para clavar en sus puertas un pergamino en el que podía leerse «Ave María». Después, hallándose en el barrio de la Alcaicería, fue descubierto por vigilantes musulmanes, quienes dieron voz de alarma, por lo que hubo de huir a galope seguido por sus hombres. El rey Fernando supo después recompensar a Hernán Pérez y a sus acompañantes por tan valerosa acción.

Gloria similar a la de Hernán Pérez alcanzó el conde de Tendilla que, sabiendo que una importante doncella musulmana había de partir desde Granada para embarcar en un puerto de la costa en dirección a Tetuán, donde la esperaba el alcaide de la ciudad para casarse con ella, decidió capturarla a su paso por la sierra y, junto con la comitiva que la acompañaba, llevarla a Alcalá la Real (Jaén). La joven, llamada Fátima, era sobrina del alcaide de Granada, quien, apenas informado del incidente, despachó carta del mismo Boabdil en la que informaba al conde de Tendilla que por el rescate de su sobrina estaba dispuesto a entregarle los cien prisioneros cristianos que gustase elegir.

Cuentan a propósito que, durante su cautiverio, Fátima recibió trato exquisito y delicado del conde de Tendilla, quien incluso la agasajó con joyas y otros ricos regalos. Dicen también que, una vez liberada la doncella, el alcaide no sólo agradeció al caballero cristiano su comportamiento sino que, además, ambos mantuvieron en lo sucesivo afectuosa correspondencia.

Entrada la primavera, el rey Fernando inició preparativos para hacerse definitivamente con Granada. Acompañado de buen número de nobles cristianos volvió a acampar en la

Vega al frente de unas tropas que, a decir de algunos, sobrepasaban los cincuenta mil hombres. Quedaban pocos meses ya para la capitulación final de Granada y los reyes cristianos aguardaban pacientes a que el reino musulmán entregara la plaza. Dicen que mientras Fernando reunía las tropas, Isabel se ocupaba en Alcalá la Real (Jaén) de estar al tanto de las necesidades de los combatientes cristianos.

En Granada, Boabdil y sus hombres más notables, sabiéndose bien aprovisionados y superiores en número a los cristianos, optaron por hacerse fuertes en la plaza. Les alentaba además la idea de que la ciudad estaba suficientemente protegida por sus gruesos muros, que se hallaba bien abastecida de agua gracias a los ríos Genil y Darro, y que se encontraba debidamente arropada por las altas montañas de Sierra Nevada.

El campamento instalado por Fernando en la Vega parecía por sus dimensiones y número de tiendas una enorme ciudad. Desde él iniciaron los cristianos una primera ofensiva, que consistió en arrasar todas las cosechas del valle de Lecrín y de la Alpujarra, las zonas que abastecían fundamentalmente a la ciudad. Ambas comarcas fueron escenario de duros enfrentamientos librados por los cristianos y los musulmanes que las habitaban. Estos últimos mostraron valentía en la defensa de sus campos, de sus huertos y frutales, pero los cristianos lograron finalmente reducirlos y regresaron después victoriosos al campamento levantado en la Vega.

Muchos aseguran que estos últimos éxitos cristianos fueron casi decisivos en la ya inminente caída de Granada, pues, a partir de entonces, el abastecimiento que llegaba a la ciudad desde aquellas zonas quedó bloqueado.

Dicen que algo más tarde llegó la reina Isabel al campamento cristiano y que lo hizo acompañada de un gran séquito de damas y doncellas, de su hijo el príncipe y de sus hijas las infantas.

Las dimensiones del campamento cristiano frenaron por un tiempo las expectativas musulmanas. Los granadinos optaron por no avanzar posiciones con sus ejércitos y se entró en un período de franca incertidumbre en el que ninguno de los bandos realizaba movimientos. La relativa calma permitió que los musulmanes, diestros y valerosos guerreros, gustaran de retar a duelo a caballeros cristianos, quienes solían aceptar complacidos, viendo en ello ocasión de mostrar ante las damas su arrojo.

Fue Fernando quien, al poco, hubo de acabar con aquellos torneos. Ocurrió a partir de un día en el que un granadino que participaba en los combates corrió veloz con su caballo y, saltando fosos y echando abajo tiendas, clavó una lanza junto al pabellón de la reina Isabel. Luego, a galope, logró salir del campamento y llegar hasta Granada.

Pasaban los días y el rey Fernando aguardaba, paciente, síntomas que denotaran debilidad por parte del enemigo.

Entretanto, la reina Isabel se encargaba de controlar la administración del campamento y cuidaba de las provisiones. Incluso, al parecer, ella misma pasaba revista a las tropas cristianas con el fin de elevar la moral de sus hombres.

Cuenta la leyenda que un día quiso la reina ver más de cerca la ciudad que se les resistía y que, junto con su esposo y varios nobles cristianos, se dirigió a La Zubia, un pequeño enclave asentado en una colina próxima a Granada. La reina había dado instrucciones precisas a sus caballeros a fin de que éstos evitaran por todos los medios que el capricho derivara en un derramamiento de sangre. No obstante, parece ser que la osada proximidad del enemigo fue vista por los musulmanes como un signo de insolente provocación de guerra. De manera que los granadinos enviaron tropas de combate contra los cristianos que se hallaban en la Zubia. Estos últimos, obligados por las circunstancias, no tuvieron más remedio que desoír las órdenes dadas por su soberana y cargaron contra los musulmanes, causando entre éstos gran número de bajas y capturando buen número de prisioneros. Al poco, los Reyes Católicos ordenaron el regreso de la expedición al campamento de la Vega.

Todos volvieron excepto un grupo de cincuenta caballeros que quedaron ocultos para tratar de sorprender a los musulmanes cuando éstos acudieran por la noche a recoger los cadáveres que yacían en el campo de batalla. Pero el plan no se desarrolló conforme a lo previsto pues fueron los propios caballeros cristianos quienes cayeron víctimas de una emboscada musulmana. Cuentan que casi todos ellos fueron

EL REINO NAZARÍ DE GRANADA (SIGLOS XIII-XV)
Territorios controlados por los reinos cristianos
Territorios controlados por el reino nazarí
MAR MEDITERRÁNEO
OCÉANO ATLÁNTICO
ISLAS BALEARES
Menorca
Mallorca
Ibiza
NAVARRA
Pamplona
ARAGÓN
Barcelona
Tarragona
Lérida
Zaragoza
Valencia
Alicante
LEÓN
Oviedo
León
Zamora
Santiago
CASTILLA
Guadalajara
Alcalá
Madrid
Toledo
Talavera
Salamanca
Mérida
Badajoz
Córdoba
Sevilla
Jaén
Huelva
PORTUGAL
Oporto
Coimbra
Lisboa
GRANADA
Granada
Almería
Málaga
Algeciras
Gibraltar
Ceuta
NORTE DE ÁFRICA

degollados y que entre los que salvaron la vida se encontraba Gonzalo Fernández de Córdoba, el célebre guerrero cristiano que pasaría a las páginas de la Historia con el conocido apelativo de «el Gran Capitán».

Un nuevo incidente vino a turbar después la aparente calma que se vivía en el campamento cristiano. Todo ocurrió en el transcurso de una noche de verano y se debió a la imprudencia de una doncella de la reina Isabel. Al parecer, por indicación de ésta, la sirvienta retiró una vela que molestaba a la soberana y la dejó cerca de unos cortinajes. Todo hace pensar que el viento hizo que éstos prendieran y que provocaran, no ya un peligoso incendio, sino la alarma general de las gentes del campamento, que corrían convencidas de que aquello se trataba de un ataque repentino de los granadinos. Al final se logró aclarar el incidente y pudo sofocarse las llamas, aunque éstas ya habían arrasado gran parte del campamento. Cuentan que, mientras ocurría eso, los musulmanes asistían desconcertados al desarrollo del espectáculo en tanto que interpretaban aquello como una treta de los cristianos para emprender contra Granada alguna incursión.

En previsión de nuevos percances y presintiendo que la rendición de Granada iba para largo y que, por tanto, les alcanzaría el invierno, Fernando ordenó construir gran cantidad de casas que vinieran a sustituir a las tiendas. Al cabo de ochenta días quedó concluido el nuevo perfil del campamento. Configurado éste como una ciudad, cuentan que los cristianos quisieron llamarla Isabela, en honor a la reina

Isabel, pero que ésta, dando muestras de humildad, prefirió denominarla con el nombre de Santa Fe, que era una forma de declarar sagrada la causa que les había conducido hasta aquel lugar.

A propósito de todo esto, dicen que la construcción de una ciudad en un entorno tan próximo provocó sorpresa y desánimo en la población granadina y, principalmente, en su monarca y allegados.

Testigos de la época aseguraron que el rey Chico envió de manera secreta un emisario para que negociara con los Reyes Católicos las condiciones de una rendición digna. Esos mismos testigos sacaron a la luz algunos acuerdos a los que llegaron, como, por ejemplo, que en sesenta y cinco días Boabdil entregaría la ciudad a los cristianos; que éstos se comprometerían a respetar a los musulmanes, asegurando sus vidas y sus haciendas; que dejarían en pie las mezquitas, autorizándoles a orar y a practicar sus ritos y ceremonias en ellas; que no se opondrían a que los musulmanes fueran juzgados por sus propios jueces; que se les permitiría hablar la lengua árabe y vestir según su costumbre; que los musulmanes granadinos quedarían exentos de tributos durante tres años y que, transcurrido ese tiempo, no se les cobraría más impuestos que los que las leyes musulmanas estipularan; que se mantendrían abiertas las escuelas públicas musulmanas y que se seguirían impartiendo en ellas las enseñanzas del Islam; y un largo etcétera. Tales estipulaciones eran extensibles con sus mismos beneficios a los judíos de Granada y de la Alpujarra.

Había, además, otras condiciones específicas que guardaban relación con la distribución, abastecimiento y reparto de aguas, acequias y regadíos de la ciudad. Y, al parecer, se incluyeron también unas diez condiciones secretas. En ellas se aseguraba a Boabdil, a su esposa, a su madre, a sus hermanos y hermanas, así como a sus más inmediatos deudos, la posesión de todas sus herencias. Se le cedía un territorio en la Alpujarra así como los derechos de una docena de pueblos, y, por último, se le concedía cierta cantidad de dinero.

Como garantía del pacto, Boabdil hubo de hacer entrega de quinientos nobles musulmanes en calidad de rehenes. Sólo cuando los Reyes Católicos ocuparan la Alhambra quedarían los caballeros en libertad.

Aunque se intentó que las capitulaciones quedaran en secreto, no tardó la población en tener noticias de ellas, lo que provocó actos de sublevación en el interior de la ciudad que obligaron a Boabdil a refugiarse en la Alhambra. Dicen algunos que miles de granadinos alzaron voces de protesta y que, después de un día de encierro, Boabdil decidió salir del palacio para calmar a la muchedumbre. Finalmente, tales contratiempos, junto con el hambre que ya hacía mella en las gentes, animaron a Boabdil a solicitar de los Reyes Católicos la inmediata toma de la ciudad. La respuesta no se hizo esperar y Fernando e Isabel acordaron que la entrega de Granada tuviera lugar el día dos de enero del año mil cuatrocientos noventa y dos.

Ésa fue la fecha en la que las tropas cristianas, vestidas de gala para la ocasión, partieron de Santa Fe en dirección a Granada. Poco después, con las banderas al viento y bajo redoble de tambores, los ejércitos de Fernado e Isabel, encabezados por el gran cardenal de España don Pedro González de Mendoza, se encontraron con Boabdil, quien, acompañado de su séquito, y, saliendo por la puerta de los Siete Suelos, se presentó ante el cardenal y con triste tono le habló en estos términos:

—Id, señor; id en buena hora y ocupad esos mis alcázares en nombre de los poderosos reyes, a quienes Dios, que todo lo puede, ha querido entregarlos por sus grandes merecimientos y por los pecados de los musulmanes.

Después, Boabdil continuó el camino hasta encontrarse con el rey Fernando, que le esperaba a orillas del río Genil. El monarca granadino hizo ademán de querer bajar del caballo y besar la mano del rey Fernando, pero éste se lo impidió. Luego Boabdil, entregando las llaves de la ciudad al monarca de la cristiandad, pronunció la ya inmortal frase que sigue:

—Tuyos somos, rey poderoso y ensalzado; éstas son, señor, las llaves de este paraíso; esta ciudad y reino te entregamos, pues así lo quiere Dios, y confiamos en que usarás de tu triunfo con generosidad y con clemencia.

Después, Boabdil entregó su anillo al conde de Tendilla, que sería quien habría de gobernar en lo sucesivo la ciudad.

Mientras lo hacía, el último monarca nazarí dijo con voz temblorosa:

—Con este sello se ha gobernado Granada; tomadle para que la gobernéis, y Dios os dé más ventura que a mí.

Prosiguió viaje el rey Chico seguido de su séquito y, al llegar a la población de Armilla, tuvo un encuentro con la soberana cristiana. Isabel entregó a Boabdil a uno de sus hijos que había servido de rehén de los cristianos para garantizar el cumplimiento del pacto. Luego, una vez que recuperó a su hijo, Boabdil se dirigió a Santa Fe y se detuvo en el campamento cristiano.

Entretanto, los Reyes Católicos, en medio del profundo silencio que reinaba en Granada, vieron cómo relucía la cruz de plata que había sido plantada en la que luego se llamaría Torre de la Vela. Más tarde, el silencio fue roto por los gritos de ¡Granada, Granada por los reyes don Fernando y doña Isabel! que lanzaron los reyes de armas mientras eran tremolados el estandarte de Castilla y el pendón de Santiago.

Cuentan que los monarcas cristianos dejaron ese día el luto que guardaban por la inesperada muerte de su yerno, el príncipe don Alfonso de Portugal, y que vestían de gala para la ocasión. Otros que lo presenciaron refirieron cómo la emoción embargó a los presentes cuando el rey Fernando entregó a la reina Isabel las llaves de la ciudad. Ella misma procedió de igual modo pasándolas después a su hijo el príncipe don Juan, al gran cardenal de España y al conde de Tendilla.

Más tarde, Fernando e Isabel volvieron a Santa Fe para disponer los preparativos de la que habría de ser su entrada triunfal en la ciudad. Ésta tuvo lugar el día seis de enero y, a decir de muchos, se organizó en torno a ella el desfile más impresionante de cuantos se habían visto hasta la fecha en la Península. Lo encabezaban seiscientos cristianos recién liberados y a éstos los seguía una gran escolta de caballeros, tras los cuales aparecieron el príncipe don Juan, el gran cardenal Mendoza y otras altas personalidades del mundo de la nobleza y el clero. A continuación marchaban la reina, acompañada de sus damas, ricamente vestidas ese día, y el rey, que lo hacía a lomos de un majestuoso caballo. Finalmente, cerraban el desfile los ejércitos al son de tambores y trompetas.

La comitiva entró en Granada por la Puerta de Elvira. Desde allí efectuó un recorrido por calles y plazas de la ciudad y luego subió a la Alhambra, en uno de cuyos salones, el llamado de Comares, los reyes se sentaron y dieron a besar sus manos a nobles cristianos y a los musulmanes que quisieron rendirles pleitesía.

Ese día seis de enero de mil cuatrocientos noventa y dos, el último reducto musulmán de la Península caía en manos de la cristiandad.

Con respecto a Boabdil, después de permanecer algunos días en Santa Fe, marchó junto a su familia y allegados al territorio de la Alpujarra que le había sido asignado en la capitulación. Dicen que, emprendido el camino, en el monte último desde el que se podía divisar aún las torres de Granada y la Vega, el rey Chico dirigió mirada triste a la Alhambra y, con lágrimas en los ojos y profiriendo un gran suspiro, le dio su último adiós. Cuentan que la madre de Boabdil, la célebre Aisha, se encargó de reprocharle su falta de entereza, diciéndole las famosas palabras:

—Haces bien, hijo mío, en llorar como mujer, ya que no has tenido valor para defenderte como hombre.

Dicen que después, ya en la Alpujarra, Boabdil llevó durante algún tiempo vida placentera de gran señor y que, entre otras cosas, se dedicó a la práctica de la caza con galgos y azores.

Con el tiempo, el rey Fernando, incómodo con la presencia de Boabdil en la Península, ordenó que espiasen cada uno de sus movimientos y llegó a sugerirle que se marchase fuera del país. Y, aunque en un principio el otrora monarca nazarí se resistiera, finalmente, obligado por circunstancias que le fueron muy adversas, no tuvo más remedio que cruzar el Estrecho en dirección al norte de África.

Cuentan que tales circunstancias se debieron, principalmente, a que fue traicionado por el antiguo alcaide de Granada, que ahora defendía los intereses cristianos en la ciudad. Como resultado de la traición, Boabdil hubo de vender sus pertenencias y posesiones y, contra su voluntad, dispuso los preparativos para salir con cierta celeridad de la Península.

A la tristeza de la partida, hubo de unir Boabdil la de la pérdida de su esposa, su querida Morayma. Ésta murió antes de embarcar la comitiva granadina hacia el otro lado del Estrecho. Dicen los más atrevidos, no sabemos si con fundamento, que las dolencias de la sultana se agravaron desde el momento en que supo que debían salir del país y partir hacia tierras extrañas.

Boabdil y su familia embarcaron en el puerto de Adra (Almería) un mes de octubre triste y oscuro. Parece ser que, una vez en tierras africanas, fue recibido con la dignidad de un príncipe. Se instaló en Fez (Marruecos), y, al parecer, nada más llegar, ordenó levantar allí un palacio de similares características al de la Alhambra.

En Fez vivió más de treinta años ayudando con su colaboración al mandatario norteafricano de entonces. Dicen quienes así lo presenciaron que, finalmente, Boabdil murió de manera valerosa en el transcurso de un duro combate.

Capítulo VIII

Los árabes y el legado de al-Andalus

Tetuán, diecisiete de diciembre

Querida María: Hace más de una semana que empezó el mes de ramadán y creo que ya es buen momento para referirte algunas cosas propias de estos días. Supongo que algunas te sonarán por habértelas contado en la playa o, simplemente, por haberlas leído o escuchado en alguna parte.

Con las palabras árabes *sawm* o *siyam* hacen los musulmanes referencia al ayuno por excelencia; es decir, el ayuno que se practica a lo largo del mes de ramadán. Según me cuentan mis mayores, fue Mahoma quien, poco antes de morir, lo instituyó. Lo hizo, al parecer, imitando el ayuno que practicaban los judíos, que se conoce como ayuno del Perdón.

Según me explicó mi padre, Mahoma trataba de recuperar una tradición ya existente. A través de ella pretendía que los fieles musulmanes aprendiesen a tener control sobre sus apetitos. Fue también mi padre quien me dijo que la razón por la cual se instituyó esta tradición en el mes de ramadán fue porque durante esa época del año tuvieron lugar sus primeras revelaciones. Estoy seguro de que recordarás las cosas que te conté sobre Mahoma. ¿Recuerdas que nació en el seno de la tribu de Quraysh, una tribu árabe que habitaba La Meca y sus alrededores? ¿Recuerdas que, al poco de nacer, se quedó huérfano y se crió en el desierto como pastor de ganados? Te dije que en sus años jóvenes pasó a trabajar para una viuda rica llamada Jadiya, que terminó casándose con ella y que, una vez convertido en su esposo, se hizo cargo de sus negocios, relacionados con las caravanas de camellos. Según la tradición, ya en esa época comenzó a padecer multitud de crisis nerviosas y a sufrir continuas alucinaciones. Al parecer, solía retirarse al desierto y en aquellos retiros se le aparecieron los ángeles. Precisamente, a esto último es a lo que me refería cuando te hablaba de sus primeras revelaciones.

Todos los musulmanes están obligados a ayunar durante el mes de ramadán. Claro está, hay algunas excepciones. A los enfermos se les dispensa de esta obligación y lo mismo ocurre con los que, encontrándose de viaje, les resulta difícil o imposible practicarla. Es el caso también de las personas que están desequilibradas o faltas de juicio, las mujeres que atraviesan momentos especiales como el de dar a luz o tener la menstruación, o los niños pequeños que aún no tienen uso de razón, etc.

El ayuno es obligatorio durante todos los días del mes de ramadán. La aparición de la luna nueva es la que fija el comienzo del ayuno. Esta fase de la luna es anunciada pública y oficialmente a través de un decreto emitido por un cadí.

Los musulmanes están obligados a cumplir rigurosamente con el ayuno desde el mismo momento en que sale el sol hasta aquel en el que se pone. En ese intervalo de tiempo, al musulmán le está prohibido tomar todo tipo de sustancias, ya sean sólidas o líquidas. Tampoco se le permite fumar ni mantener relaciones sexuales. Por consiguiente, es durante el espacio que media entre la puesta del sol y el alba cuando el musulmán queda libre de esas prohibiciones.

El ayuno es también obligatorio en los casos en que éste se practica para compensar los días en que no ha sido posible ayunar o en otros en que se realice para expiar faltas que se hayan cometido durante el mes de ramadán. En éstas y en otras circunstancias especiales, el musulmán ha de reunir, de la forma y en la época en que le sean posibles, treinta días completos. Esto último no me quedó del todo claro hasta que mi padre se valió de un ejemplo para hacérmelo comprender. Me dijo que pensase en una mujer que estuviese dando pecho a un recién nacido. A esa mujer, según me explicó, le estaba permitido compensar los días durante los cuales no hubiese podido cumplir con el ayuno eligiendo otros a conveniencia en cualquier otra época del año.

Ya te hablé en una carta de la oración ritual que ha de hacer el musulmán cinco veces al día. Pero no te hablé de unas oraciones que reciben el nombre de *tarawih*, que son las que se hacen en grupo por la noche durante el mes de ramadán. Lo más habitual es que estos rezos nocturnos se practiquen en las mezquitas, pero también puede darse el caso de que los musulmanes se reúnan en alguna casa para hacerlos en grupo.

Finalmente, me gustaría indicarte que al final del mes de ramadán, celebramos los musulmanes una de las principales fiestas de nuestro calendario. Me refiero a la llamada *Id al-fitr* o Fiesta del fin de ramadán, también conocida como Fiesta de la ruptura o Fiesta pequeña. Entre otras cosas, tal fiesta lleva aparejada una oración común en la mezquita, a la que sigue el reparto de limosnas entre la población necesitada.

Paso ahora a hablarte de un capítulo que reúne curiosidades muy dispares. Después de que mi abuela terminara de hablarme de la historia de la España gobernada por musulmanes, yo no dejaba de plantearme cuestiones que para mí eran muy importantes: ¿Qué papel desempeñaron estas gentes en el desarrollo de la Península?, ¿qué aportaron a éste y a otros países de Europa?, ¿de qué forma intervinieron en la transmisión de conocimientos de unas épocas a otras?, ¿en qué campos del saber destacaron?, y , sobre todo, ¿qué nos legaron?, ¿dónde son visibles hoy sus huellas?, ¿se ha perdido todo lo que nos dejaron?, ¿permanece vivo algo de ellos?

Pregunté y pregunté a mi abuela y ella trató de dar respuesta a mis dudas. Espero saber explicártelo.

Como recordarás, María, Granada fue tomada por los Reyes Católicos el día dos de enero de mil cuatrocientos noventa y dos. Para la mayoría de los historiadores esa fecha supuso el fin político de al-Andalus. Al apoderarse de la ciudad, los monarcas cristianos hicieron pública promesa de respetar la religión de los musulmanes que se quedaran a vivir en las tierras que a partir de entonces pasarían a formar parte oficial de la cristiandad. Esos musulmanes, los conocidos mudéjares, contrariamente a lo que se les había asegurado, hubieron de padecer severas imposiciones desde el mismo instante en que se les apremió a que abrazasen la fe cristiana. Mudéjares y judíos fueron conminados a escuchar sermones cristianos, lo que se tradujo en un proceso gradual de cierto adoctrinamiento.

Hubo pretensiones de todo tipo. En algunos casos, se obligó a científicos musulmanes y judíos, lo quisieran éstos o no, a compartir conocimientos con los cristianos y se les retuvo sin escrúpulos mediante coacciones. Pero fueron también muchos los casos de musulmanes y judíos que, obligados por las circunstancias y prefiriendo el exilio a la humillación, no tuvieron más remedio que abandonar la Península, llevándose con ellos una privilegiada formación al otro lado del Estrecho.

Los cristianos europeos que se interesaron por asimilar nuevas teorías y prácticas en los más variados campos del saber y que estaban deseosos de contactar con eruditos musulmanes, hubieron de optar durante mucho tiempo bien por emprender un recorrido que los llevara a las tierras que habían conformado al-Andalus, bien por atravesar el mar y llegar hasta el norte de África.

María, una centuria después, en el mapa social de la Península quedaban reflejadas diferencias muy marcadas. Era fácil observar para alguien que llegara de fuera cómo al lado de los llamados cristianos viejos, cuyas familias practicaban la religión cristiana desde siempre, había una población integrada por antiguos musulmanes que habían acabado abrazando la fe cristiana —los llamados moriscos—, y otra compuesta por judíos que, como los anteriores, se habían convertido recientemente al cristianismo, si bien es cierto que en la intimidad, tanto unos como otros, seguían practicando en muchos casos su antigua religión.

Asegura mi abuela que estas poblaciones de moriscos y judíos conversos se hallaban permanentemente sometidas a controles rigurosos, de tal modo que cualquiera de sus miembros, por el solo hecho de pertenecer a ellas, quedaba bajo sospecha, siendo muy habitual que se les denunciara a diario por cuestiones concernientes a materia de fe. A los Reyes Católicos se debe la aparición de una institución creada ex profeso para controlar y dictaminar esos casos relacionados con la fe. Estoy seguro de que tus profesores te habrán hablado en alguna ocasión de la Inquisición, nombre de esa institución que ejerció implacable control sobre las comunidades conversas.

Dicen que su intervención se hizo rígida e inflexible. Hasta tal punto fue así que se llegó a torturar a los conversos con el fin de que éstos admitiesen ser responsables de haber cometido alguna falta relacionada con la fe. Desgraciadamente, se tiene constancia de que miles y miles de personas fueron condenadas y quemadas en la hoguera víctimas de esa insensible intolerancia.

Por unas u otras razones, a principios del siglo XVII se vivieron en la Península las últimas y definitivas expulsiones de estas comunidades. Hay quien lo argumenta desde el punto de vista social y quien defiende que todo se debió a intereses económicos. Un día oí decir a mi padre que de todo hubo en aquella época, pero que, además, tuvo mucho que ver en eso el temeroso recelo que estos grupos provocaban en el ánimo de los monarcas cristianos, convencidos de que los turcos*, caso de penetrar en la Península, encontrarían colaboración en la población conversa.

María, desde la atalaya en la que nos encontramos, con tantos siglos como nos separan de aquellas fechas, situaciones y circunstancias, son muchas las valoraciones que pueden hacerse de la época en que los musulmanes gobernaron la tierra que hoy pisas. Dar cuenta exhaustiva de tantas opiniones como han vertido tus antepasados españoles acerca de los bienes culturales que esos ocho siglos de historia legaron a tu país acabaría por desbordar estas páginas.

Sí te puedo decir de manera muy concisa que en el siglo XVII, ese mismo siglo en el que se produjeron las últimas expulsiones, no se concedió a la cultura andalusí el valor que realmente merece. Pero no queda ahí la cosa. Dice mi padre que en esos años el recuerdo de al-Andalus parecía haber desaparecido; era como si esos ocho siglos hubiesen sido encerrados en un cofre misterioso y éste perteneciera a alguien muy lejano, a alguien que no tuviera nada que ver con España.

Afortunadamente, la situación cambió en el siglo XVIII, época en la que muchos de tus antepasados, los conocidos pensadores de la Ilustración, empezaron a tener conciencia de cuál era para España el valor real de esos ocho siglos.

No me preguntes por qué, pero me llenó de orgullo oír a mi padre decir que, después de muchos debates, polémicas y discusiones, muchos de los tatarabuelos de la España actual concluyeron en el siglo XIX que, de haber dado España a lo largo de su historia algo de mérito a la ciencia, había sido precisamente en el transcurso de esos ocho siglos.

Supongo que en alguna ocasión habrás oído decir que el pueblo árabe, que tuvo bajo su dominio una buena parte del mundo, supo ampliar los horizontes culturales de las tierras donde vivió, sirviéndose para ello de una lengua y una religión propias. Tal y como dice mi abuela, es curioso observar cómo en las regiones que ya eran dueñas de una arraigada tradición en los campos de la ciencia y la literatura fue donde la cultura de este pueblo tuvo un desarrollo de mayor apogeo.

Me explica mi abuela que a cada pueblo se le debe atribuir el papel que le corresponde. Dice esto porque hemos de saber que los árabes, como tantos otros pueblos, no hicieron más que conformar una civilización y una cultura que eran deudoras de las de otros pueblos más antiguos. De ésos las recibieron y a otros se las entregaron. Por tanto, si tuviéramos que hablar de méritos, uno muy importante habría de reconocérsele a los árabes y es que supieron coger en su tiempo el testigo de la civilización y la cultura clásicas, elementos que sobrevivían bajo amenaza de extinción como consecuencia de los avances bárbaros.

María, me vienen ahora a la memoria las palabras de un profesor que no hace mucho tiempo nos insistía en el brillante papel desempeñado por los árabes en el desarrollo de la historia. De principio, me impresionó mucho oírle decir que el Renacimiento europeo era algo deudor de la cultura árabe. Este hombre defendía que buena parte de los conocimientos acumulados por la Europa medieval llegaron a ésta gracias a su posición de vecindad con los árabes, quienes, a través de al-Andalus, habían introducido en el continente una civilización muy superior si se la comparaba con la que distinguía entonces a los cristianos europeos, claramente inferiores en aquellos tiempos en aspectos del mundo de la cultura y la ciencia.

Ese mismo profesor nos propuso un juego de comparaciones entre el mundo musulmán y el de la Europa cristiana de entonces para que tratásemos de entender de dónde podían proceder tales diferencias. Al final, llegamos a algunas conclusiones. Por ejemplo, en tanto que en el segundo se prestaba casi exclusiva atención a los desarrollos aritméticos o al canto eclesiástico, lo que primaba en el primero era el envío de embajadas de intelectuales y eruditos que habían de buscar por todas las regiones del mundo el saber encerrado en los textos de procedencia griega y latina y teorías y prácticas que los formasen en los más diversos campos de la ciencia y el conocimiento humano.

Quiere esto decir que el camino de la cultura árabe no encontró su final en al-Andalus. Tuvo su prolongación en la Europa cristiana y, por tanto, no sólo la población de la Península fue la beneficiaria de los conocimientos que llegaron; también los cristianos europeos recibieron su correspondiente parte.

Hasta aquí, María, podrías pensar que a ese profesor le falta imparcialidad, pero, no creas, justo después de habernos convencido de que el rico fruto obtenido de aquel proceso vivido en al-Andalus se debió básicamente a los árabes, empezó a hablarnos de las influencias cristianas, de cómo éstas también habían logrado penetrar en los elementos artísticos, folclóricos, tradicionales y religiosos de los árabes; de cómo, en suma, la cultura de éstos también se había sabido aprovechar de los beneficios de la cultura de los cristianos.

¿Sabes cómo concluyeron aquellos largos minutos de charla en torno a las influencias aportadas y recibidas por unos y otros? Insistió en que debíamos almacenar una idea final, la de que tanto cristianos como judíos y musulmanes se repartieron las ganancias que el esplendor cultural produjo en la Península durante los ocho siglos en que fue llamada al-Andalus.

En definitiva, es en el papel desempeñado por al-Andalus, como puente de unión entre la cultura oriental y la occidental, donde debe buscarse el especial significado de los ocho siglos a los que vengo refiriéndome. En al-Andalus tuvieron lugar las traducciones al árabe de las obras de los grandes clásicos. María, me estoy refiriendo nada más y nada menos que a Platón, Aristóteles, Hipócrates, y un largo etcétera. Luego, de ellas se hicieron versiones redactadas en otras lenguas.

Viene muy a propósito refrescar tu memoria sobre algo de lo que, con toda seguridad, te habrán hablado en clase: Toledo y, más concretamente, la Escuela de Traductores de esta ciudad, se hizo célebre por la importancia y calidad de los trabajos de traducción que en ella se realizaron. Y ¿sabes quiénes trabajaban allí? Pues lo hacían y, además, codo con codo, judíos, cristianos y musulmanes que poseían una envidiable formación. Seguro que a ellos deben mucho las ciencias, las letras o las artes.

Te decía páginas atrás que, después de que mi abuela me hablase de la historia de al-Andalus, me habían quedado en el aire cuestiones tales como la de saber cuál había sido el papel desempeñado por los andalusíes en el desarrollo de la Península, qué habían aportado ellos a ésta y a otras regiones de Europa, o de qué forma habían intervenido en la transmisión de conocimientos de unas épocas a otras. No sé si acertadamente, pero creo que a través de las explicaciones de mi abuela he encontrado respuesta a mis preguntas. Espero haber satisfecho también tus posibles dudas.

Pero recuerda que mis preguntas eran más: ¿En qué campos del saber destacaron?, ¿qué nos legaron?, ¿dónde son visibles hoy sus huellas?, ¿se ha perdido todo lo que nos dejaron?, ¿permanece vivo algo de ellos?

Trataré de responder a todo eso por boca de mi abuela y mi padre.

Los especialistas suelen señalar que el hecho de que la literatura de tipo científico recibiese en la región europea occidental nuevos alientos pudo deberse en parte al papel desempeñado por los árabes. Nadie duda en tal sentido que, por ejemplo, gracias a los árabes penetraron en Europa el álgebra y las cifras arábigas, o grandes conocimientos sobre medicina, química, óptica, filosofía, teología o astronomía.

Los árabes dieron un impulso extraordinario al desarrollo de la astrología, la astronomía y la matemática. A propósito de esta última, parece ser que, ya antes del siglo XII, en Cataluña existía un cierto acercamiento a la matemática árabe.

Por lo que respecta al sistema de numeración, tengo entendido que los árabes, al igual que otros pueblos, emplearon primeramente las letras de su alfabeto como signos numéricos, pero que, más tarde, adoptaron la numeración por cifras, que tomaron probablemente de los indios. Después, serían los propios árabes los que, con ligeras modificaciones, introducirían el sistema de numeración actual que empleamos en Occidente. María, quizás nunca te habías parado a pensar que, principalmente a través de al-Andalus, tal sistema de numeración se introdujo en toda Europa.

Aseguran los especialistas que un buen número de autores occidentales recibieron marcadas influencias de los matemáticos árabes. Cuando se habla de este tema, casi siempre sale a la palestra el nombre del celebérrimo monarca cristiano Alfonso X el Sabio, rey de Castilla y León, que, al parecer, constituye en tal sentido un ejemplo relevante, por cuanto, además de mostrar gran afición por la astrología, supo en su obra sobre astronomía extractar de manera brillante muchísimos conocimientos procedentes de los árabes y, de manera general, de la erudición científica de la época.

Dicen que ya en el siglo IX los árabes realizaban algunos análisis de tipo astrológico con objeto de dar sentido al devenir de la historia. Los más diversos acontecimientos eran interpretados según las conjunciones de los planetas; principalmente, Saturno y Júpiter, y, en un segundo plano, Marte. Dicen también que, en fechas posteriores, los árabes formularon innumerables predicciones astrológicas.

María, me dijo mi padre que fueron también los árabes quienes transmitieron a Europa los conocimientos sobre álgebra y trigonometría.

Me contó que explotaron la industria de los metales y que, por ejemplo, fabricaron acero, productos para colorear y algunos tipos de tintas; que elaboraron perlas artificiales y pedrería falsa; que desarrollaron en general instrumentos industriales; que obtuvieron perfumes mediante destilación de rosas, etc.

Respecto al campo de la alquimia, mi padre también se encargó de aclararme algunas cosas. Según él, en general, la alquimia árabe propició el desarrollo del instrumental necesario para los trabajos de química. Dice que los árabes desarrollaron la técnica del lavado para conseguir oro y que fue un alquimista árabe quien, buscando la manera de extraer sintético este preciado metal, logró, entre otras, algunas sustancias nuevas como el carbonato de plomo y el arsénico. De igual modo, descubrió la forma de perfeccionar los metales, de preparar el acero y de tintar pieles, y supo hacer uso del dióxido de manganeso para elaborar el vidrio.

Ni mi abuela ni mi padre se olvidaron de hablarme de la medicina. Los dos coinciden en decirme que hubo grandes médicos en al-Andalus y que muchos de ellos desarrollaron de manera magistral las técnicas médicas. Me dieron nombres que, a buen seguro, te sonarán. Recuerdo ahora el caso del persa Avicena, que, para muchos, pasa por ser el médico más ilustre del Islam, si se tiene en cuenta la gran cantidad de ediciones que se hicieron de sus obras. Según pude entender, al margen de numerosos trabajos referidos a los más variados campos de la ciencia, redactó una valiosísima enciclopedia sobre ciencia médica, donde, por medio de miles y miles de términos, tendía un puente entre la ciencia antigua y la islámica. Al parecer, durante siglos y siglos, su obra fue tenida por la más relevante de cuantas se habían hecho en el campo de la medicina.

Dice mi padre que de otros importantes hombres de ciencia hispanomusulmanes se hicieron famosos sus trabajos relacionados con la especialidad oftalmológica o farmacológica y que incluso alcanzaron fama obras andalusíes referidas a campos tan actualmente en boga como el de la dietética o el de la higiene.

Muy ilustres debieron de ser otros personajes de gran erudición como Avenzoar o Averroes. Según parece, este último, aparte de por otras obras, se hizo muy famoso gracias a una que llamó *Kulliyyat*, valiosísimo trabajo que trataba sobre los principios básicos de la medicina.

Tampoco faltaron buenos geógrafos árabes. Me explicó mi padre que en todas las épocas ha existido entre este pueblo gran afición por viajar. Si a eso se le añade que uno de los pilares del Islam obliga a los buenos musulmanes a peregrinar a La Meca, entenderás que, pese a las grandes dificultades que los viajeros de aquellos tiempos encontraban en sus traslados, los desplazamientos eran relativamente muy frecuentes. En tales circunstancias, es fácil imaginar que de tales aficiones y obligaciones religiosas derivaran detallados conocimientos geográficos.

María, puedes imaginar mi cara de asombro cuando escuché decir que ya algunos viajeros árabes llegaron a explorar la muralla china, o que otros intentaron incluso avanzar por el Atlántico en dirección a su zona más occidental. Pero hay más: ya un geógrafo árabe superó a los antiguos a la hora de aportar pruebas que avalaban que la tierra era esférica.

En efecto, los estudiosos musulmanes estuvieron de acuerdo en considerar la esfericidad de la Tierra. A decir de algunos, este hecho pudo dejarse ver de alguna forma en las actuaciones que emprendieron quienes protagonizaron más tarde el descubrimiento de América.

Y los árabes también contribuyeron al desarrollo de los avances geográficos añadiendo nuevos conocimientos a los que aportara Ptolomeo, el famoso astrónomo griego cuya *Geografía* fue muy respetada durante toda la Edad Media.

Además, los árabes diseñaron mapas que describían nuevos territorios y elaboraron otros donde quedaban reflejados los accidentes geográficos de regiones ya conocidas.

Igual que a otros pueblos, al árabe también le preocuparon los grandes enigmas y los problemas filosóficos, tales como los relacionados con Dios, el hombre y el mundo. Entre los árabes descollaron ilustres pensadores como Avicena, Algacel o Averroes, quienes, como otros tantos autores, supieron asimilar los conocimientos de la Grecia clásica y beber de sus ideas filosóficas, en especial las de

الزيتونة

al-zaytuna
aceituna

الحبقة

al-habaqa
albahaca

الجب

al-yubb
aljibe

المهراس

al-mihras
almirez

المخدة

al-mijadda
almohada

بلوطة

balluta
bellota

غزالة

gazala
gacela

جبلي

yabali
jabalí

جرة

yarra
jarra

corte aristotélico y las neoplatónicas, que supieron integrar en su propia religión. Y es que, como seguramente sabes, los árabes musulmanes fueron unos grandes estudiosos y admiradores del mundo clásico grecorromano.

Un día oí decir en clase a uno de mis profesores que todos esos autores influyeron en mayor o menor grado en el despertar filosófico que Europa experimentó durante la Edad Media. Ese mismo profesor nos contó que ya en el siglo XII se detectaba clara presencia de los filósofos árabes en autores de la cristiandad y que, al parecer, la filosofía escolástica del siglo XIII supo en buena medida de la filosofía griega clásica y de la filosofía árabe a través de textos redactados en lengua árabe.

En aquella clase aprendimos que hay huellas de la filosofía árabe en las obras de Alberto Magno y de Santo Tomás de Aquino. Supongo que te sonarán estos nombres, ¿no? Hay incluso quien detecta en la obra teológica del último que te he citado posibles influencias de escuelas teológicas musulmanas.

Ese día también aprendimos que otros autores de corte neoplatónico se dejaron influir por escritores árabes. Durante la clase salieron los nombres de Roger Bacon, un monje franciscano inglés que hizo críticas muy duras de los métodos filosóficos de su época, o de Juan Duns Escoto, filósofo y teólogo inglés que protagonizó ciertos enfrentamientos con Tomás de Aquino.

María, seguro que en las clases de literatura habrás oído decir que la novela medieval recibió muchas influencias de la literatura árabe. En este sentido, parece ser que desde el siglo XII un buen número de cuentos que tenían un denominador común, cual era su procedencia árabe, venían alcanzando gran difusión en los ámbitos de la cristiandad.

En efecto, dicen los especialistas que la divulgación de gran cantidad de cuentos de procedencia india, persa o árabe, popularmente conocidos a lo largo y ancho del mundo, se debió a los árabes. Destacan entre ellos títulos que te resultarán tan familiares como a mí. Me refiero, por ejemplo, a *Aladino y la lámpara maravillosa*, *Alí Babá y los cuarenta ladrones*, *Simbad el marino*, u otros muchos.

Los estudiosos del campo de la literatura aseguran que en el siglo XI existía una poesía épica andalusí, si bien ya en los dos siglos anteriores se tenía constancia de una épica en forma de romance. Hay quien opina a propósito de esto que el célebre *Poema de Mío Cid* evidencia una notable influencia árabe.

Un profesor que en cierta ocasión nos habló de al-Andalus y de su literatura, nos dijo que en el siglo XIII surgió en la Península un género lírico que, conocido con el nombre de *muwashshaha*, era el resultado de influencias recíprocas entre cristianos, judíos y musulmanes. Estas composiciones, escritas por lo general en árabe clásico, se acompañaban de unos versos finales expresados en árabe o en romance, que, bautizados con el nombre de jarchas, condensaban el asunto y motivo de la *muwashshaha*.

Pero este profesor nos habló además de otra composición árabe llamada casida que, aunque también se escribía en lengua clásica, se distinguía de la anterior por no llevar jarcha. Y también nos habló del zéjel, un tipo de poema que reemplazó a la *muwashshaha* pero que se expresaba en árabe vulgar y a veces contenía palabras escritas en romance.

Nos dijo este profesor que hay opiniones para todos los gustos pero que hay un sector amplio que defiende la idea de que la poesía aparecida en el mundo cristiano peninsular tuvo su base de apoyo en la poesía árabe. Luego nos señaló que, lo mismo que la poesía provenzal arrancaba de la árabe, la música de los trovadores se sustentaba en la música árabe.

Por cierto, según creí entender, la música árabe está muy presente en las conocidísimas *Cantigas* de Alfonso X, y la música que aparece en éstas se deja ver en las canciones populares de los siglos XV y XVI.

María, la poesía árabe también influyó de manera notable en la temática de las que habrían de ser futuras composiciones de la literatura española. Tal y como leí en algún libro, me estoy refiriendo al tema del amor puro, el de la celestina, el del sufrimiento causado por la separación del ser amado, etc.

En ese mismo libro leí que son incuestionables las huellas árabes que han quedado impresas en las narraciones picarescas, en los proverbios, en las fábulas, en las moralejas, en los relatos épicos, etc., de la cultura hispana.

María, seguro que no soy capaz en estos momentos de recordar muchos de los nombres de autores hispanos en cuyas obras han visto los especialistas influencias de la literatura árabe. Me vienen ahora a la memoria algunos que tú conoces mucho mejor que yo: Gonzalo de Berceo, el infante Don Juan Manuel, el Arcipreste de Hita, Lope de Vega, Calderón de la Barca, Miguel de Cervantes, etc.

María, hablar de arquitectura y arte es hablar de algo más palpable, de algo que penetra más por todos los sentidos. Ya me dijiste en la playa que en muchos de los viajes que has realizado con tus padres por la Península has podido observar que la arquitectura árabe puede verse en gran cantidad de edificios de la España actual. Fuiste tú quien me dijo en aquella ocasión que te había explicado tu padre que algunos de ellos fueron realizados por los propios árabes de la Península, que otros se debieron a musulmanes que vivían en las tierras que habían sido reconquistadas por los cristianos, y que otros tantos eran obra de los propios cristianos, aunque te precisó que en estos últimos habían participado a veces obreros mudéjares.

Como habrás tenido ocasión de comprobar, los ornamentos utilizados por la arquitectura árabe toman como base primordial los motivos geométricos y florales y es muy frecuente en la decoración que se recurra a los caracteres de la escritura árabe. Supongo que recordarás lo que te dije en verano y es que, a diferencia de lo que puede apreciarse en los monumentos artísticos levantados por los cristianos, en los de los árabes no se representaban figuras humanas ni imágenes divinas.

María, ya sabes que tengo una familia que está enamorada de la historia de al-Andalus. Te digo esto porque hace unos días descubrí para mi sorpresa que un primo de mi padre tiene una magnífica colección de fotografías e imágenes de arte. Me confesó que tenía especial debilidad por el arte mudéjar y a propósito de él me enseñó diapositivas de un buen número de ejemplos de construcciones de este tipo. Me explicó que este arte responde a un estilo arquitectónico en el que se percibe cómo elementos de estilos cristianos penetran en el arte árabe y me señaló que hay numerosas muestras de él en la Península. Que recuerde ahora, me enseñó fotografías de las torres mudéjares de Teruel; de la catedral de esta ciudad y de la de Zaragoza; imágenes del claustro del monasterio de Guadalupe (Cáceres); de las capillas del Monasterio de las Huelgas en Burgos; y de un sinfín de torres mudéjares que pueblan la región de Aragón.

Aproveché la coyuntura para tratar de conocer algo más del arte y la arquitectura árabes presentes hoy en España. Cuando advirtió mi interés, empezó a explicarme que eran muchas las huellas arquitectónicas que hoy podían verse en España, pero que, quizás, a fuerza de dejar fuera a muchas de ellas, me hablaría de los monumentos que a él, particularmente, le habían llamado más la atención en sus muchas visitas a tu país:

Me habló en primer lugar de la Alhambra y de los jardines del Generalife de Granada. Me dijo que la Alhambra, que en árabe significa «la roja» debido al color de sus murallas, comenzó a construirse en el siglo XIII. Ya antes de esa época, en concreto a partir del siglo IX, existían en el emplazamiento donde se levanta algunas construcciones de tipo defensivo. En el siglo XI, el castillo allí existente, que permanecía casi abandonado, fue objeto de ampliaciones y reconstrucciones y luego, a lo largo del siglo XII, volvió a ser reconstruido y ampliado.

Fue más tarde, en el siglo XIII, cuando Abu Abd Allah ibn al-Ahmar decidió edificar murallas alrededor del castillo y dotar a éste de agua, para lo cual mandó abrir una acequia con caudal propio. En esa misma centuria, Muhammad II se encargó de ir transformando progresivamente la primitiva fortaleza en ciudad palatina, y fue en los comienzos de la siguiente cuando Muhammad III la definió como tal.

Respecto a las estancias, el trazado programado en el siglo XIII fue concluido un siglo después de manera bien distinta de lo proyectado originalmente. Fue durante esta última época cuando se emprendieron las obras de mayor envergadura y relevancia, quedando ya entonces conformada la Alhambra de manera aproximada a como la conocemos.

En sus momentos de mayor gloria, la Alhambra funcionó a todos los efectos como una auténtica ciudad donde tenían cabida desde las espléndidas viviendas de los familiares del monarca, de los miembros de su séquito, de los destacados hombres de poder y de los militares, hasta otras más sencillas habitadas por personal que trabajaba al servicio de la corte. Por supuesto, ésta estaba instalada en la Alhambra y en la ciudad se contaba con una mezquita, un baño público y una rauda real.

Consta que la Alhambra disponía de seis palacios. De ellos, cuatro quedaron prácticamente destruidos, mientras que los otros dos se conservan como edificios anexos a la Casa Real Vieja del palacio renacentista de Carlos V. Los dos palacios que subsisten reciben los nombres de «Comares» y de «Los Leones» y en ambos destacan sus patios interiores y la ornamentación de sus paredes, constituida por elementos geométricos, florales y epigráficos.

En el primero se encuentra el patio de los Arrayanes, y en el segundo, el famoso patio de los Leones. Sobresalen también sus incomparables salas, tales como la de los Abencerrajes y la de las Dos Hermanas. Según parece, éstas se empleaban como marco ideal para celebrar en ellas amenas reuniones donde la protagonista era la música.

María, dice el primo de mi padre que aún existe un tercer palacio que se conoce con el nombre de El Partal. De éste todavía queda en pie uno de sus cuatro costados primitivos y una mezquita con un edificio adyacente.

Al parecer, pese al cerco cristiano que Granada hubo de padecer durante más de dos centurias, los muros de la Alhambra nunca se resintieron de agresiones directas, debido a que la muralla de la ciudad les sirvió de gran protección. A propósito de esto, es inevitable el comentario de todos cuantos la visitan a diario, quienes se sorprenden de que, pese a la inconsistencia que caracteriza a los materiales con que está levantado el edificio, éste presente actualmente un estado de conservación tan excelente.

Se sabe que, apenas ganada la Alhambra para la cristiandad, los reyes Isabel y Fernando la declararon Casa Real. Dicen que la conservación del edificio fue objeto de máxima atención de los Reyes Católicos, interesados como estaban en que permaneciese indemne para que pasase a la posteridad como signo emblemático de su triunfo.

No obstante, cuando Carlos V llegó a Granada en el siglo XVI, ordenó construir en uno de los patios de la Alhambra —en concreto, en el de Comares— un palacio que, como sabes, lleva su nombre.

Más tarde, a partir del siglo XVIII, la Alhambra entró en un preocupante proceso de abandono por parte de la monarquía española; proceso que se prolongó hasta que, algo más tarde, ya en el XIX, las tropas napoleónicas la eligieron como lugar donde establecer su cuartel general.

Por lo que respecta al Generalife —el conocido *yinan al-arif* o jardín del alarife—, se sabe que fue ideado como casa de recreo rústica que habría de servir de reposo a los monarcas nazaríes. El proyecto no pudo guardar mayor consonancia con el fin que perseguía, pues dicen que, en general, el lugar, por sus características, era realmente apacible y tranquilo.

Situado frente a un mirador de similares características —el hoy llamado palacio del Convento de San Francisco—, el Generalife fue mandado construir en el siglo XIV por Muhammad III y se levantó en diversas alturas de la vertiente de una colina que da a la Alhambra.

El Generalife, una construcción con sistema de riego original, consta, en suma, de un espectacular jardín, un rico huerto y un palacio que, además, posee dos pabellones en sus extremos norte y sur. Éstos servían para que sus moradores pudiesen recrear la vista en su maravillosa vegetación.

El primo de mi padre me habló en segundo lugar de la mezquita de Córdoba, una de las primeras manifestaciones arquitectónicas de los musulmanes de al-Andalus. Me dijo que, en el siglo VIII, el emir Abd al-Rahman I fue quien inició su construcción sobre la base de un asentamiento previo de iglesias cristianas. Al parecer, para proceder a su levantamiento hubo de comprar a los cristianos parte de la iglesia que había allí en aquel momento.

Emires posteriores, tales como Abd al-Rahman II y al-Hakam II, continuaron la tarea de edificar esta fastuosa obra que llegó a contar con más de mil cuatrocientas columnas con arcos de herradura superpuestos de color rojo y blanco. Según los especialistas, su composición arquitectónica sigue la línea de lo que marca la tradición musulmana, que contempla vastas construcciones con variedad de espacios.

Destaca en la Mezquita la extraordinaria sala de oraciones que hizo construir Abd al-Rahman I, ampliada después por Abd al-Rahman II. Espléndidas obras de remodelación y ampliación se debieron después a los califas Abd al-Rahman III y al-Hakam II. En concreto, este último supo dar al edificio una impronta de ostentación y lujo califal muy especiales.

Posteriormente, fue Almanzor el responsable de que le fuesen añadidas a la Mezquita ocho naves. Al parecer, en esta ampliación primaron más los criterios de robustez y resistencia que los decorativos.

En el siglo XIII, cuando Córdoba cayó en manos de Fernando III de Castilla, la Mezquita se convirtió en lugar de culto para la cristiandad, al que fueron incorporándose capillas y enterramientos cristianos. En las postrimerías del siglo XV la Mezquita incluía una zona de escasas dimensiones que comprendía una nave y un coro de estilo gótico. Luego, un siglo después, en el centro de la Mezquita se levantó una catedral cristiana que presentaba como elemento más sobresaliente la Capilla Mayor, que hizo las veces de panteón real para los monarcas castellanos.

Una tras otra, las edificaciones cristianas se fueron sucediendo en el interior de la Mezquita y no concluyeron hasta finales del siglo XVIII, si bien ya antes, en el siglo XVII, se habían emprendido obras que afectaban a su aspecto más externo, como, por ejemplo, la sustitución del antiguo alminar por la torre actual.

En tercer lugar, el primo de mi padre me habló de la Giralda y del alcázar de Sevilla. Empezó por decirme que Sevilla había sido elegida por los almohades como residencia de sus califas en al-Andalus y que, en concreto, correspondía a Abu Yaqub Yusuf la responsabilidad de haber levantado en esta ciudad el templo musulmán más majestuoso de su califato.

Hoy día se dispone de pruebas suficientes para saber cómo era la mezquita originalmente construida. Los especialistas dicen que el inicio y el fin de su construcción tuvo lugar en el siglo XII y que el edificio abarcaba la enorme planta ocupada actualmente por la catedral de Sevilla. Sobresalía su sala de oración de diecisiete naves, vasto espacio desde el que se accedía a un patio a través de trece puertas.

La mezquita fue construida a base de ladrillo enlucido y encalado, y sus arcos, de herradura, tenían adornos de yeso tallado.

En la parte este de la mezquita sevillana se construyó su alminar, tratando de hacer con él una imitación del que ya existía en la mezquita de Córdoba. Ya sé que tú lo viste en un viaje que hiciste a Sevilla con tus padres y que, por tanto, conoces perfectamente que el alminar se caracteriza por guardar una perfecta proporción y por dar muestras de una decoración que, aunque en apariencia revela uniformidad, es rica en la variedad de sus elementos. También recuerdo que tú misma me contaste que la subida al alminar se hace a través de una rampa.

He averiguado que, antes de las muchas reformas por las que hubo de pasar, el alminar sevillano estuvo coronado por almenas escalonadas que imitaban el perfil del alminar de la mezquita cordobesa. He sabido, además, que el alminar, conocido hoy como la Giralda, estaba también entonces rematado por cuatro manzanas doradas.

Hoy la Giralda mantiene casi toda la decoración exterior que lucía en época musulmana, si bien en el siglo XVI los cristianos le añadieron el remate actual que, como sabes, es de estilo netamente renacentista.

Algunos estudios han demostrado que entre la mezquita y el alcázar sevillanos existía un acceso. Dicen que su finalidad no era otra que la de permitir que los gobernantes sevillanos pasasen cómodamente desde su palacio al lugar donde habían de orar.

El alcázar árabe hubo de padecer algunas transformaciones y ampliaciones a lo largo de su historia. Quizás, lo normal es que todo el mundo destaque sus construcciones de época almohade, tales como el llamado Patio del Yeso, caracterizado por una sorprendente red de arcos entrecruzados, o el patio-jardín, que dispone de acequias de riego y de una alberca circular.

Según me dijo el primo de mi padre, la decoración almohade empleada en el alcázar sevillano fue después imitada por los nazaríes granadinos, por los mudéjares, e incluso por los marroquíes.

Creo recordar que tú me contaste que, rodeando al alcázar, se conserva una gran muralla. Pues bien, he averiguado que se comenzó a construir en el siglo IX, pero que después fue objeto de transformaciones debidas a manos de muy distintos mandatarios musulmanes. Según me han dicho, al objeto de mejorar los elementos defensivos de la ciudad, esa muralla se extendió en época almohade hasta alcanzar el río.

El mismo pariente del que te vengo hablando aludió luego a la alcazaba de Málaga, que, como bien sabes, hace referencia a un conjunto arquitectónico compuesto por un palacio y una doble muralla levantados sobre un emplazamiento elevado. Supongo que recordarás tan bien como yo sus jardines y acequias interiores y cómo se trata de un lugar privilegiado desde el que se tiene acceso con la vista a terrenos donde abundan los huertos y los frutales.

Tratando de hacer un poco de historia, comenzó diciéndome que, a mediados del siglo XI, sobre una colina de Málaga, fue levantado primeramente un palacio y que luego, más tarde, en torno a él, se construyó un doble cerco defensivo compuesto por torres y muros.

Conforme me hablaba de ello recorrían mi cerebro las imágenes de la alcazaba del pasado verano. Según palabras de este familiar, priman en la alcazaba malagueña unos criterios que persiguen hacer de ella una construcción inabordable y, en ese sentido, la inexpugnable obra se aparta un tanto de la estética califal que caracteriza a otras edificaciones levantadas en al-Andalus.

Los elementos que se conservan del interior del palacio, que, en su mayor parte, como sabes, está en ruinas, presentan ciertas similitudes con la zona de la mezquita de Córdoba mandada edificar por al-Hakam II, si bien los arcos de esta última construcción tenían una función estructural en tanto que los de la alcazaba malagueña seguían unos criterios más bien decorativos.

¿Recuerdas lo que leyó tu padre a propósito de la ornamentación que destaca en la Alcazaba? ¿Recuerdas que dijo que era más geométrica que la hallada en obras andalusíes anteriores? Yo recuerdo perfectamente que nos explicó que, aunque la alcazaba malagueña se apoyó en los elementos arquitectónicos y ornamentales de las construcciones califales, ya podía observarse en ella nítidas características de la época de los taifas.

Por último, el pariente de mi padre me habló de la Aljafería de Zaragoza, un conjunto palaciego que data precisamente de la época de los reinos de taifas. También me contó algo de su historia, como, por ejemplo, que fue construido por orden del monarca al-Muqtadir y que se sabe que funcionó como fortaleza a causa de la posición estratégica que tenía la ciudad de Zaragoza al estar situada en una de las fronteras de al-Andalus.

El conjunto, cerrado al exterior, da la idea de fortaleza. Cuenta el monumento con una sala de audiencias y con una mezquita, cuyo diseño, a decir de los especialistas, difiere del que es habitual en la arquitectura andalusí, ya que su planta es octogonal; y, aunque los elementos que la decoran traen a la memoria los de la mezquita cordobesa, bien es verdad que los de la Aljafería llaman poderosamente la atención por estar sumamente recargados.

La arquitectura y ornamentación de la Aljafería muestran nítida relación con los elementos arquitectónicos y decorativos propios de las construcciones erigidas en al-Andalus. Caracteriza a la Aljafería una ornamentación vegetal que se deja ver en sus arcos entrecruzados, los cuales, tan recargados, evidencian tal deleite por lo ostentoso que recuerdan en algo el fasto de la Córdoba califal.

María, caigo de pronto en la cuenta de que, quizás, te esté aburriendo con tanta arquitectura. ¿Sabes qué quiere decir el término «arabismo»? Pues, entre otras acepciones, este término hace referencia a un vocablo de la lengua árabe que se emplea en otra lengua. ¿Te has parado a pensar en la gran cantidad de arabismos que pueblan la lengua castellana? Un día estuve con mi padre consultando algunos de los diccionarios que tenemos en casa y nos sorprendimos del rico caudal de palabras derivadas del árabe que ha llegado al castellano.

Podría enumerarte cientos y cientos de arabismos, pero, como creo que no procede hacerlo ahora, voy a intentar recordar algunos de los muchos que hoy en día se siguen empleando en la lengua castellana. Por ejemplo, la palabra «aduana», que deriva del árabe *al-diwana* (= el registro); la palabra «alberca», del árabe *al-birka* (= el estanque); o la palabra «alcoba», del árabe *al-qubba* (= la cúpula, la bóveda); o «alcohol», del árabe *al-kuhl* (= el colirio); o «arrecife», del árabe *al-rasif* (= la calzada); o «arriate», del árabe *al-riyad* (= los jardines); o «azafate», del árabe *al-safat* (= el canastillo); o «azar», del árabe *al-zahr* (= el dado para jugar); o «azulejo», del árabe *al-zulayy* (= el ladrillito); o «cafre», del árabe *kafir* (= infiel, incrédulo); o «cenefa», del árabe *sanifa* (= borde del vestido); o «chupa», del árabe *yubba* (= túnica); o «jofaina», del árabe *yufayna* (= escudilla, platillo hondo); o «zaga», del árabe *saqa* (= retaguardia); o «zambra», del árabe *samra* (=fiesta nocturna, sarao).

Además de tantas y tantas palabras que proceden del árabe, a lo mejor en tus viajes por la geografía española no has reparado nunca en que hay nombres de ríos peninsulares que derivan de la lengua árabe. Creo que te servirán de ejemplo el río «Guadalén», del árabe *wadi l-ayn* (= el río de la fuente); o el «Guadalmedina», del árabe *wadi l-madina* (= el río de la ciudad); o el «Guadalquivir», del árabe *al-wadi al-kabir* (= el río grande); o el «Jándula», del árabe *yandala* (= peñasco).

En esos mismos viajes, o consultando mapas de España, seguro que te has topado con cientos y cientos de nombres de pueblos y ciudades sin reparar en su procedencia árabe. Sólo te voy a poner unos pocos ejemplos: «Albacete», del árabe *al-basit* (= el llano); «Alcaraz», del árabe *al-karaz* (= el cerezo); «Algeciras», del árabe *al-yazira* (= la isla, la península); «Almería», del árabe *al-mariyya* (= la atalaya); «Almodóvar», del árabe *al-mudawwar* (= el redondo); «Azuqueca», del árabe *al-suqayqa* (= el mercadito); «Calatayud», del árabe *qalat* Ayyub (= fortaleza de Ayyub); «Calatrava», del árabe *qalat* Rabah (= fortaleza de Rabah); o «Medinaceli», del árabe *madinat* Salim (= ciudad de Salim).

En otro orden de cosas, estoy seguro de que muchas de las curiosidades de las que me ha ido hablando mi padre en los últimos meses llamarán tu atención. Por ejemplo, ¿tú sabías que en el siglo X los astrolabios y cuadrantes construidos en al-Andalus, mucho más sofisticados que los conocidos en la antigüedad, pasaron a conocerse y utilizarse en las zonas cristianas de la Península y del Occidente? ¿Sabes que desde el siglo IX los árabes fabricaban relojes de sol tanto en Oriente como en al-Andalus? ¿Sabes que, desde fechas muy tempranas, los árabes debieron de hacer uso de la brújula, un instrumento que, al parecer, tomaron de los marinos chinos?

Me contó mi padre que el pavo real, un animal originario de Persia y muy raro de ver en la Edad Media si no era en los palacios de los nobles o de los reyes, llegó a al-Andalus procedente del Oriente musulmán. Y me dijo que la cría del gusano de seda en la Península se debió a los árabes.

María, te sorprenderá saber que muchos de los árboles frutales y de las plantas ornamentales que pueblan el territorio europeo actual tienen una procedencia oriental. Te servirán de ejemplo el albaricoquero, el jacinto, el jazmín, la lila, el narciso, la palmera, el pistachero, el tulipán, etc. Y te sorprenderá saber que los árabes también fueron los responsables de introducir frutas poco comunes entonces, como el limón, la naranja o el albaricoque, y vegetales como la alcachofa o la zanahoria.

María, ¿sabías que los sistemas de regadío empleados por los árabes en al-Andalus, tomados de los que ya habían introducido en la Península los romanos, se hicieron muy famosos?

María, quizás ignores que los árabes desarrollaron industrias conocidas como la del jabón de sosa o la de tinte para el cabello. Y a lo mejor no sabes que el azúcar de caña, introducida en Persia desde la India, se extendió por todas las zonas del mundo de clima propicio para su cultivo gracias a los musulmanes.

Dice mi padre que, aunque se sabe que el papel fue inventado en Oriente por los chinos, fueron los árabes quienes lo dieron a conocer en Occidente y que, en concreto, se debió a los árabes de al-Andalus el haberlo difundido por toda Europa. A propósito de esto, me contó que la fábrica más importante de papel fue la de Játiva (Valencia), donde, al parecer, ya existían en el siglo X molinos papeleros. También me dijo que en Toledo, en el siglo XI, se fabricaba papel y que más tarde, en el siglo XII, Játiva, además de vender papel a las regiones occidentales, exportaba a Oriente.

Siguió diciéndome que los árabes introdujeron nuevas industrias en la Península, tales como la del cuero, la seda, la lana o el algodón, y que sobresalieron en el desarrollo de otras tantas, como la de la cerámica, la alfarería o la tapicería.

María, ¿sabías que algunos juegos, como el del ajedrez, de origen indio, también fueron introducidos por los árabes en Europa? ¿Sabías que otros juegos como el polo, de origen persa o indio, o el de la pelota —con el pie o con un bastón— eran ya conocidos por los árabes?

En cierta ocasión le oí decir a mi padre que la cetrería había sido una actividad muy practicada por los árabes y que la moda de cazar con halcones, tan en boga en la Edad Media, sirvió de nexo de unión entre los mundos musulmán y cristiano.

María, supongo que no sabrás que los árabes destacaron por sus aplicaciones mecánicas y que, así, por ejemplo, ya emplearon el órgano hidraúlico y los molinos de viento. Al hilo de esto, no me resisto a contarte algo de lo que me habló mi padre que suscitó toda mi atención. Me refiero a la curiosísima historia de un cordobés del siglo IX llamado Ibn Firnas que, mezcla de científico y poeta, construyó una máquina para volar.

Según dicen, Ibn Firnas cubrió su cuerpo de plumas y se puso unas alas que él controlaba como quería. Pues bien, parece ser que, gracias a este sistema, logró mantenerse en el aire durante un buen espacio de tiempo. Sin embargo, al descender a tierra de manera brusca, si no llegó a morir sí hubo de padecer las burlas de sus contemporáneos, lo que le hizo abandonar cualquier otra idea relativa a volar.

Dicen que el relativo fracaso de su experimento se debió a que no tuvo en cuenta que los pájaros, al posarse, mueven la cola como si ésta se tratase de un paracaídas. ¿Sabes, María, que, a propósito de todo esto, dicen que Ibn Firnas fue un precursor de las ideas que sobre vuelo tuvo siglos más tarde el polifacético Leonardo da Vinci?

Y a Ibn Firnas se le deben muchos otros aciertos y éxitos en sus iniciativas, como, por ejemplo, que supo separar el vidrio de los minerales, que logró fabricar un modelo de reloj mediante mecanismos desconocidos hasta la fecha, etc.

La curiosidad que todos estos detalles pueden despertar en ti o en mí es la misma que, según mi padre, mostraron los árabes por las excavaciones de tipo arqueológico. María, ¿sabías, por ejemplo, que ya ellos tuvieron interés científico al explorar las pirámides egipcias, movidos por su deseo de conocer cómo estaban diseñadas por dentro y de conservar los tesoros que encerraban?

María, lo oído unas veces a mi padre, otras a mi abuela y otras a mis profesores, me permite compartir contigo una serie de valoraciones que, quizás, puedan servirnos a los dos a manera de conclusiones.

En primer lugar, se me ocurre pensar que es curioso que al-Andalus, pese a las situaciones adversas en las que se vio inmersa, fuera capaz de desarrollar una cultura que en su época aventajó, sin duda, a las del resto de Europa.

Todos parecen coincidir en que al-Andalus hubo de sufrir dos problemas capitales: por un lado, el hecho de que los musulmanes no llegaran nunca a consolidar los territorios septentrionales de la Península fue algo que hubo que pagar muy caro, pues de esas regiones, convertidas en los reductos cristianos del país, habrían de surgir los reinos que finalmente expulsarían a los árabes. Por otro lado, no menos caro fue el precio que hubo que pagar por las divisiones tribales que existían en el seno de los propios territorios musulmanes.

Factor a tener en cuenta en la caída de al-Andalus fue la ruina económica a la que se vio abocado el país. Gran parte de ésta se debió, sin duda, a los excesivos gastos que ocasionó la contratación de fuerzas mercenarias que habrían de integrarse en los ejércitos musulmanes; pero tampoco hay que olvidar que no pocos gobernantes actuaron de acuerdo con sus intereses personales, sin preocuparles lo más mínimo que sus derroches particulares fueran vaciando las mermadas arcas del Estado y pusieran de esta forma en peligro la supervivencia del país.

Sin embargo, hay que reconocer que al-Andalus dispuso de una significativa unidad interna, debido especialmente a que contó con una cultura y una lengua comunes —la cultura y la lengua árabes— y una religión que la distinguió —el Islam—. En tal sentido, siempre convendría tener muy presente que someter a al-Andalus a un análisis particular que la contemple como un islote separado de otros contextos tales como el Islam, la cultura, el imperio o la lengua árabes, supondría por nuestra parte un grave error.

Ha de quedar bien entendido que el Islam abrió cauces favorables para que las poblaciones que lo abrazaban interviniesen activamente en el desarrollo intelectual y cultural con suficiente libertad. No obstante, en todo momento se pudo respirar una unidad ideológica que fue más allá de las propias fronteras de la religión islámica. Dicen algunos que, en este sentido, se produjo algo parecido a lo ocurrido en las antiguas Grecia o Roma.

Bien es verdad que llegó un momento en que al-Andalus se distanció de Oriente, pero no menos cierto es que nunca dejó de recibir influencias de aquella zona ni en sus tradiciones ni en su cultura ni en su manera de administrar políticamente el Estado.

Siempre hubo recíprocos influjos entre los musulmanes andalusíes y los orientales, y el modo de ser y de actuar de estos últimos se dejó ver marcadamente en la Península. Pero nunca se debe olvidar que también los eruditos y los hombres de saber de al-Andalus destacaron sobremanera y que, por tanto, su papel en nada fue inferior al desempeñado por las personalidades del Oriente musulmán. A este propósito, nos ha quedado sobrada constancia de que los propios andalusíes nunca fueron ajenos a una realidad, la de que ellos eran dueños de un núcleo cultural muy destacado en la época, y, en consecuencia, siempre supieron que el desarrollo de al-Andalus ejercía notables influencias en la evolución cultural de Oriente.

El intercambio cultural que se vivió entre al-Andalus y el Oriente musulmán no se debió únicamente a que la pasión por el desarrollo, el conocimiento y la sabiduría uniera a unas personas de un lado y otro del mundo. Otros factores ajenos a la cultura y más propios de las ideologías y los deseos de poder intervinieron. Por ejemplo, es claro a este respecto la política seguida por algunos gobernantes, a quienes no importaba lo más mínimo desembarazarse de personas de gran valía si éstas no comulgaban con sus ideas y formas de actuar.

Pero afortunadamente para el desarrollo de la civilización, esas egoístas actuaciones políticas, junto con otras muchas medidas más acertadas, emprendidas por mandatarios más hábiles y generosos, no sólo favorecieron el intercambio de culturas sino que dieron alas al desarrollo del

العود

al-ud
laúd

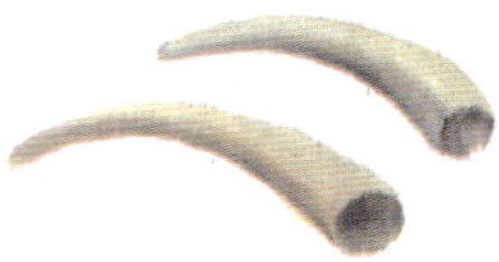

عظم الفيل

azm al-fil
marfil

مطمورة

matmura
mazmorra

موميا

mumiya
momia

نارنجة

naranya
naranja

نيلوفر

nilufar
nenúfar

ناعورة

naura
noria

طسة

tassa
taza

سراويل

sarawil
zaragüelles

comercio. Esto explica que, por ejemplo, productos de al-Andalus tales como el trigo, el papel, el vino o el aceite, fueran exportados a gran número de países bañados por el Mediterráneo. Y, por supuesto, fueron esos mismos factores los que permitieron que al-Andalus importara de las regiones cristianas, asiáticas y del norte de África muchos otros artículos, tales como alfombras, pieles, libros, etc.

Siempre que se habla en esa época de progreso cultural e intercambio de conocimientos y experiencias entre Oriente y Occidente hay que tener muy presente el destacado papel que desempeñó en todo ello el elemento religioso. Quiere eso decir que el Islam —en tanto en cuanto contiene entre sus pilares básicos la peregrinación a La Meca— contribuyó especialmente a que sus fieles, viajando y aprovechando la oportunidad que les brindaban sus desplazamientos por otras zonas del mundo, descubriesen nuevas fórmulas artísticas, espirituales, literarias o científicas.

María, uno de mis profesores defiende que el Islam dejó indudable huella en la cultura occidental, pero es también de los que suelen recordar que la religión musulmana recibió, a su vez, acusados influjos de esta civilización, cosa que, como él dice, olvidan algunos musulmanes.

Es evidente que no sólo del estímulo de los gobernantes y de las obligaciones religiosas podían derivar resultados tan ricos como los que se obtuvieron. Si las experiencias fructificaron y hoy podemos hablar de un desarrollo científico espectacular y de un panorama cultural pocas veces igualable a lo largo de la historia es porque también hubo gentes emprendedoras, ingeniosas y valientes que estuvieron dispuestas a apostar por el avance de la humanidad.

María, antes te hablaba del papel tan destacado que desempeñó la peregrinación en la transmisión del conocimiento. Pero no debes olvidar que, al margen de La Meca o Medina —ciudades santas que constituían para los fieles musulmanes de todo el mundo un permanente foco de atracción—, existían otros núcleos urbanos culturales en el Este, tales eran los casos de Basora, Kufa o Bagdad, en Iraq; o de Alejandría, en Egipto.

Desde al-Andalus, como desde otras tantas regiones del mundo musulmán, partían hacia aquellos centros culturales grupos y grupos de intelectuales interesados por recibir y aportar conocimientos. Esto es algo que siempre ocurrió a lo largo de todas las épocas.

Según algunos, en el transcurso del siglo XI se operó un cierto proceso de desvinculación cultural de los andalusíes con respecto a la zona de influencia cultural de Oriente. Desde esa discutida perspectiva, hay quienes han defendido que si los andalusíes andaban entonces algo más despegados de las corrientes que pudieran llegar de aquellas regiones era porque se sentían más maduros culturalmente y, en cierto modo, pensaban que ya no era tanto lo que tenían que asimilar y sí mucho lo que podían aportar.

Muchos son los testimonios que nos han llegado de escritores andalusíes que supieron describir con certera pluma las excelencias de al-Andalus y los rasgos que la definían. Ellos apreciaban del país desde la bella factura de sus construcciones o las gestas de sus famosos personajes hasta la calidad de sus obras literarias. Precisamente, en relación con esto último, muchos de esos escritores han incidido en el sobresaliente papel desempeñado por los poetas andalusíes, responsables de unos versos de contrastada calidad.

Y si por escritores de la tierra conocemos muchas de las maravillas del país, también a través de crónicas y relatos redactados por viajeros orientales sabemos que al-Andalus fue objeto de continuas alabanzas proferidas desde Oriente. Los andalusíes, con su especial forma de ser, con sus costumbres y tradiciones tan peculiares y con las características que les definían, eran muy positivamente valorados. Ponderada era la belleza de sus mujeres y la elegancia de sus ciudades. Altamente elogiadas eran sus lujosas construcciones o sus edificaciones defensivas, y lo mismo que solía destacarse el trazado de sus calles y jardines eran admiradas las condiciones naturales de su entorno, rico en montañas, ríos, vegas, huertos, etc.

En Oriente se tenía conocimiento de que en el siglo XII existían en al-Andalus relevantes centros culturales tales como lo eran Córdoba, Málaga o Almería, y se sabía que en el siglo XIV brillaba con luz propia una espléndida Granada. La capital del califato omeya de al-Andalus siempre fue conocida por sus realizaciones culturales y por la riqueza de sus libros y bibliotecas, en tanto que, tal y como aseguran muchos, Sevilla lo fue más por sus instrumentos musicales y por ser permanente escenario de encuentros y reuniones de intelectuales.

María, te adelanté en su momento que ya en el siglo XVIII algunos autores occidentales supieron reconocer la indudable y destacada huella que la cultura musulmana había dejado impresa en la literatura europea. De la misma manera, ya te apunté que hay opinión unánime en hacer del siglo XIX occidental, con su mirada fija en lo llegado de Oriente, la época que contribuyó a despertar la conciencia sobre una realidad dormida o que no se había querido ver: el rico legado que nos había dejado el Islam. Fue entonces cuando Occidente se sintió deudor del mundo árabe. Especialmente, como me dijo mi padre, en campos como el artístico, el literario, el astronómico, etc.

María, dice mi padre que en la Edad Media el proceso de arabización sufrió una evolución muy similar al de la islamización y que, en ocasiones, se llegó incluso a arabizar más que a islamizar. Me puso como ejemplo el caso de un buen número de judíos y cristianos que utilizaron la lengua árabe como vehículo de expresión cultural. Recuerda también, a propósito de esto, que la lengua árabe actuó también de puente a través del cual se intercambiaron recíprocos saberes entre Oriente y Occidente.

Bueno, ahora que te digo esto, aprovecho para insistirte en la destacada labor llevada a cabo por la ciudad de Toledo como puente de transmisión cultural entre el Islam y el cristianismo. Tal y como te dije, Toledo contó con una prestigiosa escuela de traductores que fue respaldada y financiada por soberanos cristianos. ¿Recuerdas el papel desempeñado por Alfonso X el Sabio? Pues bien, fue en el seno de esta Escuela donde trabajaron brillantemente muchos sabios y filósofos de la época.

Nadie duda hoy de que la época de esplendor de la civilización islámica coincidió con la de una Europa más atrasada. Gracias al intercambio cultural con los musulmanes, a Occidente le fue posible evolucionar positivamente hasta mejorar desde el punto de vista político, social y cultural.

Al-Andalus fue un centro cultural que supo atraer a gentes del saber procedentes de Francia, Italia, Alemania o Inglaterra, quienes muchas veces llegaban a la Península con el ánimo de aprender la lengua árabe.

Es curioso observar en ese sentido cómo hubo muchas épocas en que Occidente mostró una actitud positiva hacia la cultura árabe y, en cambio, manifestó rechazo por la religión musulmana. Dicen que tales contradicciones son claramente perceptibles en numerosos testimonios de intelectuales de la época.

María, tengo muy presentes las palabras de mi padre cuando trata de explicarme que la gran riqueza de la cultura musulmana surgida en al-Andalus no sólo derivó de los elementos aportados por los árabes. Él siempre me recuerda que, además de éstos, los beréberes, como los judíos o los mozárabes, colaboraron de manera decisiva para que al-Andalus se transformase en el núcleo cultural de Europa y en el puente que sirviese de enlace entre el Oriente musulmán y el Occidente cristiano.

María, me gustaría concluir estas páginas de la misma manera en que mi padre supo resumirme el sentimiento y el talante que han solido guiar a muchos españoles cuando han tenido que enjuiciar el significado de al-Andalus y el de sus ocho siglos de historia. Dice mi padre que ha escuchado y leído desde las versiones más extremas hasta las más ponderadas y juiciosas; que sabe de españoles que han exagerado hasta el punto de defender que si al-Andalus produjo algo de valor fue como resultado del componente hispano, y de otros para quienes las huellas árabes en el carácter español no han sido del todo positivas.

María, yo me quedo con la posición de mi padre, que creo que es sensata y equilibrada. Para él, como para otros muchos, el período de al-Andalus destaca muy por encima de otras épocas de la historia de España, sin duda más pobres y oscuras. Para él, como ya para mí, al-Andalus influyó decisivamente en el saber, en la cultura y en la manera de ser de los españoles.

María, yo he tratado de narrarte todo tal y como a mí me lo han contado. Te digo esto porque cabe en lo posible que a ti te lo cuenten de manera distinta. En todo caso, lo importante sería que ambos nos reconociésemos sin dificultad en el marco de esta historia; una historia que, por encima de adjetivos que queramos ponerle, por encima de opiniones, versiones o discusiones que pueda suscitar, por encima de excesos, aciertos o errores que pretendan verse en ella, no es más que una, nos guste más o nos guste menos. Lo deseable sería que siempre que un musulmán expusiese algo que afectase a los cristianos, éstos viesen que lo hace con objetividad. Y viceversa.

María, si a algo deberíamos aspirar tú y yo en estos tiempos que corren es a lograr una convivencia pacífica y comprensión recíproca. ¡Ya sería hermoso que tú y yo contribuyésemos a conseguirlo!

En verano me contarás si estás de acuerdo. Un beso muy fuerte.

Apéndice cronológico

Tetuán, veinticuatro de diciembre

Querida María: Como habrás podido comprobar, he omitido en mis cartas referencias a los años en los que ocurrieron muchos de los acontecimientos que te cuento. He preferido hacerlo así para no abrumarte. No obstante, con el ánimo de que puedas ubicar cronológicamente algunos sucesos que te sean de mayor interés, te envío ahora una relación de fechas que se corresponden con los períodos en que reinaron en al-Andalus sus distintos gobernantes.

Seguramente, no hace falta que te indique que las cifras que quedan a la izquierda del guión largo (—) se refieren al año en que cada mandatario comenzó a gobernar, mientras que las situadas a la derecha indican el último año de su reinado. Sí te ayudará saber que la barra (/) separa una misma fecha expresada en años correspondientes a dos calendarios distintos. Las que quedan a la izquierda de la barra (/) son fechas de la Hégira, mientras que las que figuran a la derecha proceden del Calendario Gregoriano.

Ya recordarás que te expliqué que la palabra «hégira», procedente del árabe *hiyra* (= emigración), hace referencia a la era de los musulmanes, la cual se cuenta a partir del año 622 de la era cristiana, año en el que emigró Mahoma desde La Meca a Medina. Aunque es algo más complicado de explicar, me contento con que sepas que se compone de años lunares de trescientos cincuenta y cuatro días y, según estiman muchos, parece coincidir su comienzo con el 16 de julio del año 622.

Más lejos me queda a mí eso del Calendario Gregoriano, llamado así porque fue el papa Gregorio XIII quien, en el siglo XVI, se encargó de reformar el Calendario Juliano, que, como sabrás, fue el establecido por el emperador Julio César para la totalidad del imperio romano. Según me explicó mi padre, la reforma de Gregorio XIII tuvo como finalidad la de hacer concordar el año civil con el solar. También me dijo que el Calendario Gregoriano es el que más se sigue en la actualidad en el mundo occidental. Por esto último es por lo que preferí encabezarte siempre mis cartas con fechas referidas a él.

No te canso más. Me recuerda mi familia que en estas fechas celebráis los cristianos la Navidad. Muchas felicidades.

GOBIERNOS EN AL-ANDALUS EN ÉPOCA DE LOS EMIRES

Los emires omeyas de Córdoba

Abd al-Rahmán I al-Dájil (138/756—172/788).

Hishám I (172/788—180/796).

Al-Hákam I (180/796—206/822).

Abd al-Rahmán II al-Mutawássit (206/822—238/852).

Muhámmad I (238/852—273/886).

Al-Múndir (273/886—275/888).

Abd Allah (275/888—300/912).

Abd al-Rahmán III al-Násir (300/912—316/929).

GOBIERNOS EN AL-ANDALUS EN ÉPOCA DE LOS CALIFAS

Los califas omeyas de Córdoba

Abd al-Rahmán III al-Násir (316/929—350/961).

Al-Hákam II al-Mustánsir (350/961—366/976).

Hishám II al-Muáyyad (366/976—399/1009): primer reinado.

Muhámmad II al-Mahdi (399/1009): primer reinado.

Sulaymán al-Mustaín (400/1009): primer reinado.

Muhámmad II al-Mahdi (400/1010): segundo reinado.

Hishám II al-Muáyyad (400/1010—403/1013): segundo reinado.

Sulaymán al-Mustaín (403/1013—407/1016): segundo reinado.

Abd al-Rahmán IV al-Murtada (408/1018).

Abd al-Rahmán V al-Mustázhir (414/1023).

Muhámmad III al-Mustákfi (414/1024—416/1025).

Hishám III al-Mutadd (418/1027—422/1031).

Los amiríes

Muhámmad ibn Abi Ámir al-Mansúr (Almanzor) (371/981—392/1002).

Abd al-Málik al-Muzáffar (392/1002—399/1008).

Abd al-Rahmán Sanchuelo (399/1008—399/1009).

Los hammudíes

Ali al-Násir (407/1016—408/1018).

Al-Qásim I al-Mamún (408/1018—412/1021): primer período.

Yahya I al-Mutali (412/1021—413/1022): primer período.

Al-Qásim I al-Mamún (413/1022—414/1023): segundo período.

Yahya I al-Mutali (416/1025—418/1027): segundo período.

GOBIERNOS EN AL-ANDALUS EN ÉPOCA DE LOS REINOS DE TAIFAS

Los hammudíes de Málaga

Ali al-Násir (400/1010—407/1016).

Al-Qásim I al-Mamún (407/1016—412/1021): primer reinado.

Yahya I al-Mutali (412/1021—413/1023): primer reinado.

Al-Qásim I al-Mamún (413/1023—414/1023): segundo reinado.

Yahya I al-Mutali (414/1023—427/1035): segundo reinado.

Idrís I al-Mutaáyyid (427/1036—430/1039).

Yahya II al-Qáim (430/1039).

Al-Hásan al-Mustánsir (430/1039—434/1043).

Idrís II al-Ali (434/1043—438/1046): primer reinado.

Muhámmad I al-Mahdi (438/1046—440/1048).

Muhámmad II al-Mutásim (440/1048).

Al-Qásim II al-Wáthiq (440/1048—446/1054).

Idrís III al-Muwáffaq (446/1054).

Idrís II al-Ali (446/1054): segundo reinado.

Muhámmad III al-Mustali (447/1055—449/1057).

Los abbadíes de Sevilla

Muhámmad I ibn Abbád (414/1023—433/1042).

Abbád al-Mutádid (433/1042—461/1069).

Muhámmad II al-Mutámid (461/1069—484/1091).

Los yahwaríes de Córdoba

Yáhwar (422/1031—435/1043).

Muhámmad al-Rashíd (435/1043—450/1058).

Abd al-Málik (450/1058—461/1069).

Los aftasíes de Badajoz

Abd Allah al-Mansúr (413/1022—437/1045).

Muhámmad al-Muzáffar (437/1045—460/1067).

Úmar al-Mutawákkil (460/1068—487/1094).

Los du l-nuníes de Toledo

Abd al-Rahmán ibn Di l-Nun (¿?).

Ismaíl al-Záfir (419/1028—435/1043).

Yahya al-Mamún (435/1043—467/1074).

Yahya al-Qádir (467/1075—478/1085).

Los amiríes de Valencia

Abd al-Azíz al-Mansúr (412/1021—453/1061).

Abd al-Málik al-Muzáffar (453/1061—457/1065).

Ocupación del reino por los du l-nuníes de Toledo (457/1065—468/1076).

Abú Bakr (468/1076—478/1085).

Al-Qadi Uthmán (478/1085).

Yahya al-Qádir (du l-nuní) (478/1085—483/1090).

Al-Qadi Yáfar (483/1090—489/1096).

Los tuyibíes de Zaragoza

Múndir I al-Mansúr (410/1019—414/1023).

Yahya al-Muzáffar (414/1023—420/1029).

Múndir II Muizz al-Dawla (420/1029—429/1038).

Los hudíes de Zaragoza

Sulaymán al-Mustaín (430/1039—438/1046).

Áhmad I al-Muqtádir (438/1046—474/1081).

Yúsuf al-Mutámin (474/1081—478/1085).

Áhmad II al-Mustaín (478/1085—503/1110).

Abd al-Málik Imad al-Dawla (503/1110—512/1118): bajo soberanía almorávide.

Áhmad III al-Mustánsir (513/1119—536/1142): bajo soberanía almorávide.

Los ziríes de Granada

Zawi ibn Ziri (403/1013—410/1020).

Habus ibn Máksan (410/1020—429/1038).

Badis ibn Habus (429/1038—465/1073).

Abd Allah ibn Buluggín (465/1073—483/1090).

Los Banu Sumádih de Almería

Maan ibn Áhmad ibn Sumádih (433/1041—443/1051).

Muhámmad al-Mutásim (443/1051—484/1091).

Áhmad Muizz al-Dawla (484/1091).

Los Banu Yahya de Niebla

(414/1023—443/1051).

Los Banu Muzáyn de Silves

(419/1028—445/1053).

Los Banu Razín de Albarracín

(402/1011—c. 500/c. 1107).

Los Banu Qásim de Alpuente

(c. 420/c. 1029—485/1092).

Los Banu Muyáhid y los Banu Gániya de Mallorca

(413/1022—601/1205).

GOBIERNOS EN AL-ANDALUS EN ÉPOCA DE LOS ALMORÁVIDES

Yúsuf ibn Tashfín (453/1061—500/1106).

Ali ibn Yúsuf (500/1106—537/1142).

Tashfín (537/1142—539/1145).

Ibrahím (540/1146).

Isháq ibn Ali (540/1146—541/1147).

GOBIERNOS EN AL-ANDALUS EN ÉPOCA DE LOS ALMOHADES

Abd al-Múmin (524/1130—558/1163).

Yúsuf I (558/1163—580/1184).

Yaqúb al-Mansúr (580/1184—595/1199).

Muhámmad al-Násir (595/1199—611/1214).

Yúsuf II al-Mustánsir (611/1214—620/1224).

Abd al-Wáhid I al-Majluu (620/1224—621/1224).

Abd Allah al-Ádil (621/1224—624/1227).

Yahya al-Mutásim (624/1227—626/1229).

Idrís al-Mamún (626/1229—629/1232).

Abd al-Wáhid II al-Rashíd (630/1232—640/1242).

Ali al-Saíd al-Mutádid (640/1242—646/1248).

Úmar al-Murtada (646/1248—665/1266).

Idrís al-Wáthiq (665/1266—667/1269).

GOBIERNOS EN AL-ANDALUS EN ÉPOCA DEL REINO NAZARÍ DE GRANADA

Muhámmad I al-Gálib (Ibn al-Áhmar) (634/1237—671/1272).

Muhámmad II al-Faqíh (671/1272—701/1302).

Muhámmad III al-Majluu (701/1302—708/1308).

Nasr (708/1308—713/1313).

Ismaíl I (713/1313—725/1325).

Muhámmad IV (725/1325—733/1333).

Yúsuf I (733/1333—755/1354).

Muhámmad V al-Gani (755/1354—760/1359): primer reinado.

Ismaíl II (760/1359—761/1360).

Muhámmad VI (el Bermejo) (761/1360—763/1362).

Muhámmad V al-Gani (763/1362—793/1391): segundo reinado.

Yúsuf II (793/1391—797/1395).

Muhámmad VII al-Mustaín (797/1395—810/1407).

Yúsuf III (810/1407—820/1417).

Muhámmad VIII (el Pequeño) (820/1417—822/1419): primer reinado.

Muhámmad IX (el Zurdo) (822/1419—830/1427): primer reinado.

Muhámmad VIII (el Pequeño) (830/1427—832/1429): segundo reinado.

Muhámmad IX (el Zurdo) (833/1430—834/1431): segundo reinado.

Yúsuf IV (835/1432).

Muhámmad IX (el Zurdo) (835/1432—849/1445): tercer reinado.

Muhámmad X (el Cojo) (849/1445): primer reinado.

Yúsuf V (849/1445).

Muhámmad X (el Cojo) (850/1446—851/1447): segundo reinado.

Muhámmad IX (el Zurdo) (852/1448—856/1452): cuarto reinado.

Muhámmad XI (el Chiquito) (855/1451—856/1452).

Sáad (857/1453—868/1464).

Abú l-Hásan Ali (Muley Hacén) (868/1464—887/1482): primer reinado.

Muhámmad XII (Boabdil) (887/1482—888/1483): primer reinado.

Abú l-Hásan Ali (Muley Hacén) (888/1483—890/1485): segundo reinado.

Muhámmad ibn Sáad (el Zágal) (890/1485—892/1487).

Muhámmad XII (Boabdil) (892/1487—897/1492): segundo reinado.

Glosario

Abbadíes. Dinastía musulmana que gobernó desde Sevilla la zona suroccidental de al-Andalus en el siglo XI.

Abbasíes. Dinastía musulmana que reinó en Bagdad (Iraq) entre los siglos VIII y XIII. Fue la segunda dinastía califal del Islam y reinó tras derrocar a los omeyas (véase omeyas). Más tarde, en 1258, con la toma de Bagdad por los mongoles y el saqueo de la ciudad, fue ejecutado el último de sus califas.

Aftasíes. Dinastía musulmana que gobernó desde Badajoz una gran parte del oeste de al-Andalus en el siglo XI.

Amiríes. Se llamó así a los descendientes directos de Muhammad ibn Abi Amir, el conocido Almanzor de las crónicas cristianas, y a personas que, bajo su protección, fundaron dinastías en algunas zonas del este de al-Andalus.

Árabes. Aunque de manera restringida este vocablo se refiera a la población natural de la Península Arábiga y a los habitantes pertenecientes a esta región de Asia, con él también se denomina genéricamente a otros pueblos que han hecho suya la lengua árabe.

Beréberes. Grupo étnico del norte de África asentado principalmente en las regiones montañosas de Libia, Túnez, Argelia, Marruecos o el Sáhara Occidental. Hay quienes opinan que, procedentes de Asia Central, descienden de Numidia, una región del África antigua que se correspondería con la actual Argelia.

Bizancio. Antiguo nombre de Constantinopla, que, a su vez, más tarde sería llamada Estambul.

Bizantinos. Naturales de Bizancio o pertenecientes al imperio bizantino. Este imperio se formó en el siglo IV en la zona oriental del imperio romano y existió hasta que a mediados del siglo XV Constantinopla fue tomada por los turcos (véase turcos).

Califa. Título adoptado por los monarcas del Islam que, a partir de la muerte de Mahoma, ejercieron el poder temporal y espiritual de la comunidad musulmana.

Compañeros del Profeta. Con tal expresión se suele hacer general referencia a todos los musulmanes que conocieron en vida a Mahoma.

Corán. Libro sagrado de los musulmanes que comprende textos redactados en lengua árabe atribuidos por

Mahoma a Dios. Consta de ciento catorce capítulos o azoras y es la base fundamental de la religión islámica (véase Islam).

Dinares. Plural castellanizado de la palabra dinar —del árabe *dinar* y éste, a través del griego, del latín *denarius*— que hace referencia al nombre de una moneda árabe de oro acuñada en la Edad Media. Actualmente se conoce con este nombre a la unidad monetaria de Bahrayn, Jordania, Libia, Kuwait, Argelia, Iraq y Túnez.

Dirhames. Plural castellanizado de la palabra dirham —del árabe *dirham* y éste del griego *drahmè* (= dracma)—, que hace referencia al nombre de una moneda de plata utilizada entre los árabes en la Edad Media. Actualmente se conoce con este nombre a la unidad monetaria de Marruecos y de los Emiratos Árabes Unidos.

Du l-Nun (íes). Dinastía musulmana que gobernó el reino de Toledo en el siglo XI, durante la época de taifas.

Emir. Del árabe *amir* —el revestido de *amr* (= autoridad)—, con este término se designaba a los jefes militares y a los gobernadores de provincia que, además de comandar las tropas, se encargaban de dirigir la oración. Actualmente, con esta palabra se hace referencia a «príncipe».

Eslavos. Una acepción global de este término se aplica a la población procedente del nordeste de Europa. No obstante, con tal nombre, en la Edad Media se aludía a los esclavos que, procedentes de Alemania, Francia, norte de España y países del este europeo, acababan integrándose en la vida de palacio de los mandatarios musulmanes, aprendiendo la lengua árabe y haciendo suya la religión y costumbres de los musulmanes. Muchos de ellos llegaron a ocupar puestos destacados de la administración.

Fatimíes. Dinastía que tomó su nombre de Fátima —hija de Mahoma de la que se consideraban descendientes— y reinó en África del Norte y luego en Egipto entre los siglos X y XII.

Fenicios. Los naturales o pertenecientes a Fenicia, región del Asia antigua situada en la costa occidental de Siria. Se asentaron al pie del Líbano, donde fundaron ciudades fundamentalmente marítimas, y desde allí partieron con sus naves para colonizar el litoral mediterráneo.

Francos. Tribus germánicas que se establecieron en la Galia romana y la conquistaron en el siglo V, fundando un reino que dio su nombre a Francia.

Germánicos (pueblos). Con tal expresión se hace alusión a las distintas comunidades de Germania, una extensa región de la Europa antigua en donde fue fundado un reino con una parte del Imperio carolingio. Aproximadamente se correspondería con lo que conocemos hoy con el nombre de Alemania.

Hammudíes. Dinastía musulmana que gobernó al-Andalus desde Córdoba en la segunda y tercera década del siglo XI.

Idrisíes. Dinastía musulmana con capital en Fez que reinó en el Magreb extremo entre los siglos VIII y X.

Islam. Etimológicamente, el término árabe «*islam*» se refiere a la entrega que se hace de sí mismo a la voluntad de Dios. Es, por otro lado, el nombre que se da a la religión recibida por Mahoma; una religión monoteísta formada por un conjunto de dogmas y preceptos morales que constituyen la religión musulmana.

Judíos. Nombre que se aplica a los descendientes de Abraham, naturales de Judea, país del Asia antigua, quienes se referían a sí mismos como «pueblo de Dios», «israelitas» y «hebreos».

Malikí (escuela). Nombre que recibe una de las cuatro escuelas jurídicas del Islam. Surgieron éstas a raíz de las divergencias habidas entre los juristas cuando en época abbasí se hicieron análisis más profundos del derecho musulmán. La malikí fue la escuela más antigua y debe su nombre a su fundador, Malik ibn Anas, un jurista de Medina del siglo VIII, autor de una famosa obra titulada *al-Muwatta (= El camino allanado)*. La malikí fue la doctrina oficial de al-Andalus y es en la actualidad la escuela que domina el norte de África y se extiende mayoritariamente por el África negra.

Mamelucos. Aunque el vocablo «mameluco» viene del árabe *mamluk*, que era uno de los términos que se utilizaban para referirse al «esclavo», con el plural «mamelucos» se suele aludir a una dinastía musulmana que reinó en Egipto y Siria entre los siglos XIII y XVI. Dejó de hacerlo justo en 1517, fecha en la que los países árabes fueron ocupados por los otomanos (véase turcos).

Mariníes. También conocidos por meriníes o benimerines, fueron una dinastía musulmana con capital en Fez que reinó en el Magreb entre los siglos XII y XV después de que lo hicieran los almohades.

Moriscos. Con tal término se denominaba a la población granadina que, tras la conquista de la ciudad por los Reyes Católicos, fue obligada a convertirse al cristianismo. Inmediatamente después también se aplicó a los mudéjares (véase mudéjares) de Castilla, Navarra y Aragón cuando a éstos, de igual modo, se les obligó a convertirse. En general, se llamó moriscos —musulmanes que se hicieron cristianos más de nombre que de corazón— a los cristianos nuevos que se quedaron en España hasta que fueron expulsados definitivamente en el siglo XVII.

Mozárabes. Con el nombre de mozárabes se designan los cristianos hispanos que, durante la dominación islámica en la Península, pese a estar sometidos por los musulmanes, conservaron la religión católica mediante protección que a título de tributarios se les concedía.

Mudéjares. Se aplicó este nombre a los musulmanes que, tras los avances cristianos, fueron quedándose en los reinos conquistados por estos últimos. Mediante pactos, los conquistadores les aseguraban respeto a sus vidas, leyes, haciendas y creencias, si bien en el caso de estas últimas surgieron conflictos cuando los Reyes Católicos, después de conquistar Granada, mandaron bautizarlos y dieron instrucciones para que, caso de que se negaran a convertirse, tuvieran que vender sus pertenencias y salir de la Península.

Muladíes. Se conocía con este nombre a los musulmanes que descendían de cristianos hispanos que se habían convertido a la fe islámica. En teoría, las leyes les concedían los mismos derechos que a los musulmanes, pero, a menudo, eran objeto de desprecio y vejaciones por parte del pueblo, lo que originó en algunos casos que se sublevaran.

Musulmanes. Se llama así a quienes profesan el Islam, la religión de Mahoma (véase Islam). Quienes forman parte de la comunidad islámica han de cumplir con los cinco pilares del Islam —la profesión de fe, la oración, el ayuno del ramadán, la limosna legal y la peregrinación—, han de reconocer la unicidad de Dios y han de aceptar el Corán —su Libro Sagrado— como palabra de Allah (véase Corán).

Nasríes. También conocidos por nazaríes —de Banu Nasr— o alahmares —de Banu l-Ahmar—, esta dinastía musulmana reinó en Granada desde el siglo XIII hasta finales del siglo XV.

Normandos. Pueblo originario de los países escandinavos, principalmente de Dinamarca y Noruega. Desde el siglo IX hicieron desembarcos en la desembocadura de los más importantes ríos de Francia, sitiaron París y llegaron a algunas zonas de la Península Ibérica: Lisboa, Isla Cristina o Algeciras. Ya en el siglo X ocuparon la región que hoy conocemos con el nombre de Normandía.

Omeyas. Con este nombre se hace referencia a dos dinastías árabes que gobernaron en dos épocas y lugares distintos. La primera de ellas lo hizo desde Damasco (Siria) entre la mitad del siglo VII y la mitad del siglo VIII y de mano de sus califas dio impulso a un vasto imperio que llegó a abarcar territorios situados entre la India y la Península Ibérica. Destronada por los abbasíes (véase abbasíes), esta primera dinastía tuvo continuidad en al-Andalus por medio de un descendiente omeya que fundaría una segunda. Éste, el conocido Abd al-Rahman I, y después sus descendientes —primero con el título de emires y después con el de califas— dirigieron la dinastía desde Córdoba entre los siglos VIII y XI.

Quraysh. Nombre que recibía una tribu que formaba parte del grupo de los árabes del Norte, constituida, a su vez, por clanes de distinta entidad. Entre otros, a ella pertenecían Mahoma, los cuatro primeros califas que sucedieron a éste, los omeyas y los abbasíes.

Ribat. El término árabe *ribat*, que tiene, entre otros, los significados de «lazo», «atadura», o «fortaleza», hace referencia al lugar donde se hallan enclavadas una o más ermitas musulmanas bien guarnecidas. La institución del *ribat* estaba ligada a la obligación de proteger los dominios del Islam, consolidar las fronteras de los imperios musulmanes y extender las posesiones territoriales por medio de la guerra santa. Los primeros *ribat*s vinieron a ser unos fortines bien guarnecidos en las fronteras desde donde los guerreros que los habitaban emprendían expediciones contra el enemigo, si bien luego, con el tiempo, combinaron la misión defensiva con la espiritual, de modo que sus moradores también celebraban allí la oración común y llevaban una vida austera difundiendo enseñanzas religiosas.

Taifas (reinos de). A partir del término árabe *taifa* (= partido, grupo) son conocidos con este nombre los pequeños estados surgidos en al-Andalus tras la caída del califato cordobés a principios del siglo XI.

Torá. O libro de la ley de los judíos, es el nombre dado por éstos a los cinco libros de Moisés, o Pentateuco.

Turcos. Con este nombre se designan varios pueblos de Asia que pertenecen, en su mayoría, a la raza turca. En los siglos VIII y IX, los turcos ocupaban la región del curso inferior del Oxus, o Amu Daria, el mayor río del Turquestán ruso. Posteriormente, de ellos surgirían, entre otras, las conocidas dinastías de los selyúcidas —dinastía que dominó en Asia occidental entre los siglos XI y XIII— y la de los otomanos —dinastía que duró hasta 1924 y que llegó a contar en el siglo XVI con un vasto y poderoso imperio que abarcaba los Balcanes y los países árabes—.

Vascones. Nombre que recibía un pueblo de la España Tarraconense, asentado en el siglo VII al norte de los Pirineos. De los vascones era casi toda Navarra.

Visigodos. De acuerdo con la separación clásica, el pueblo de Germania conocido con el nombre de godos se dividía en ostrogodos, o godos del Este, y visigodos, o godos del Oeste. Estos últimos invadieron la Galia en el siglo V y, posteriormente, se hicieron con la Península, que dominaron hasta comienzos del siglo VIII.

Ziríes. Nombre con que son conocidas dos dinastías beréberes aparecidas en la zona occidental de los territorios musulmanes. La primera de ellas reinó en Ifriqiya —aproximadamente, los territorios de la actual Túnez— entre los siglos X y XII y fue fundada por un beréber que anteriormente había sido un gobernador nombrado por los fatimíes (véase fatimíes) cuando éstos se establecieron en Egipto. La segunda, formada por una rama de estos ziríes norteafricanos, gobernó en al-Andalus en el siglo XI tomando por capital Granada.

Glosario